本书获得"2012—2013年度北京大学卡西欧奖教金"出版资助

日本文言助动词用法例释

潘金生　编著

图书在版编目（CIP）数据

日本文言助动词用法例释 / 潘金生编著 .—北京：北京大学出版社，
2014.9

ISBN 978-7-301-24860-7

Ⅰ.①日… Ⅱ.①潘… Ⅲ.①日语—助动词—高等学校—教材 Ⅳ.① H364.2

中国版本图书馆 CIP 数据核字（2014）第 221356 号

书　　　　名：日本文言助动词用法例释
著作责任者：潘金生　编著
责 任 编 辑：兰　婷
标 准 书 号：ISBN 978-7-301-24860-7/H · 3583
出 版 发 行：北京大学出版社
地　　　　址：北京市海淀区成府路 205 号　100871
网　　　　址：http://www.pup.cn　　新浪官方微博：@北京大学出版社
电 子 信 箱：zbing@pup.pku.edu.cn
电　　　　话：邮购部 62752015　　发行部 62759634
　　　　　　　编辑部 62765014　　出版部 62754962
印　刷　者：三河市北燕印装有限公司
经　销　者：新华书店
　　　　　　　650 毫米 ×986 毫米　16 开本　27.5 印张　380 千字
　　　　　　　2014 年 9 月第 1 版　2014 年 9 月第 1 次印刷
定　　　价：69.00 元

未经许可，不得以任何方式复制或抄袭本书之部分或全部内容。
版权所有，侵权必究
举报电话：010-62752024　　电子信箱：fd@pup.pku.edu.cn

前　言

　　本书共收入八篇文章，除其中一篇外其余的均已发表过，在此七篇中除第二篇仅作个别文字修改外，其余的均历经数次修改，改正了其中一些错误以及不明确、不完备的表述，此外也增加了若干补充性的说明和例句。

　　再就内容而言，第一篇至第五篇讲述助动词，第六篇至第八篇虽不专述助动词，但其中也程度不同地涉及一些表示"可能、希望、推量、使役和尊敬（即"ゆ・らゆ、る・らる""たし、まほし""べし""しむ""る、らる、す、さす、しむ、す"）"等助动词的意义用法、接续及其变迁等方面的内容，我想此亦当有利于初学者对该词的学习与理解吧。

　　在我撰写、尤其在修改以前所写的有关文言助动词、敬语等文章时深有以下感受，或有助于学习者参考，故陈述如下：

　　其一，宜多以规范、完整、简明的例句，印证句中所使用的助动词、敬语等的意义用法及接续是否得当、正确；同时，亦可藉此加深对助动词等的理解。

　　其二，如文中所示，有些助动词之间存在着微小差异，一时难以识别，如"き"与"けり"均称"回忆助动词"，但前者表示"直接经验的回忆"，后者表示"间接经验的回忆"。又如"如し、如、如くなり、様なり"等四词均称"比况助动词"，但其"活用型"却不尽相同。"如し"为"形容词ク活用型"、"如"为"特殊型"、"如くなり"与"様なり"二者均为"形容动词ナリ活用型"，而且四词的接续也存有差异。对此，窃以为宜采用比

较的方法，即从词源、意义用法、接续及其变迁等角度逐一进行比较，在严格的比较中找出相互之间所存差异，然后从差异中分辨并把握各自的特点，此当有利于识别和使用。

其三，语言也是随着时代、社会的变化、发展而逐渐发生变迁的。这一现象在日本国语史上尤以中世（镰仓、室町）最为剧烈、明显，故应予以重点关切，不断探索。例如，"侍り（自ラ变）"与"候ふ"（自ハ四）二词在上代均为谦让语（＝伺候する、側近くお仕えする），但进入平安时代后二词日渐主要用做郑重语（＝おります、ございます）。但由于"候ふ"的敬意程度要比"侍り"强，故其例日益增多，及至平安末"院政期"后"候ふ"几乎取代了"侍り"，"侍り"则日渐衰微。又如，在平安时代，对人敬语是使用"尊敬动词、尊敬补助动词、尊敬助动词"三者表示的（如"車持の皇子おはしたり。""…起きおはします。""…いみじう驚かせ給ふ。"等）。但进入中世镰仓时代后，除了依然使用上述尊敬语的敬语表达方式外，还使用另一种、即由"御＋名词＋あり（なる）"构成的尊敬语复合动词的敬语表达方式。此种方式虽早见于平安时代，却不多见，但及至中世镰仓时代后，由于当时崇尚汉文化的背景，故汉字与汉文化也随之日益普及、昌盛。此种可谓刚健有力的表达方式鲜明地体现了时代的特点，其例多见于《平家物语》等"和汉混淆文"中。

再如"连体终止法（連体止め）"，又称"余情表现"，是一种不用终止形、而以连体形结句的终止法。此法早见于上代，及至平安时代中期后，为当时的贵族社会和时人所好，例句也随之增多。及至平安末"院政期"，出现了以连体形表示单纯结句的例句（如"今は昔、…相知る人も無き尼有りける。"等）、且日渐增多的现象。自进入中世镰仓时代，此法遂得广泛普及。及至室町时代的中后期，几乎取代了终止形，遂多以连体形结句了。此重大变化对"终止形与连体形同化"的形成、以及对动词活用种类的变迁

均产生了重要的影响。

　　如上所示，在学习文言语法时必须强调语言变迁的现象，及时把握其对助动词、敬语等所带来的变化和影响。

　　多年来，我通过教学、译注以及撰写一些有关古代日语助动词、助词、敬语等方面的文章，逐渐感到日本文言中的柔和、含蓄纤细以及情感的细微变化，大多与富有语言表现力的助动词、助词有关[1]，故而认为，此二者对学习日本文言语法、阅读日本古典文学均十分重要。退休后，我有意通过修改、补充以前发表的一些有关助动词、敬语等文章，尝试编写一本有助于文言学习者的参考书，现终成此稿。虽经数次修改、补充，力求其完善，但限于水平，所写文章大多偏于实用，缺乏理论上的解释与说明。此外，文中定然尚有疏漏、不当以至谬误之处，恳请读者指正、批评。

---

1 参见『明解更級日記全』（山岸德平著，新塔社，1972年出版）第8页。

目 录

比较日本文言比况助动词"如し""如""如くなり""樣なり"等四词在活用、意义用法、接续上的主要异同……………… 1

比较日本文言完了助动词"つ"与"ぬ"、"たり"与"り"，以及"つ、ぬ"与"たり、り"之间的主要异同……………… 48

比较日本文言回忆助动词"き"与"けり"在词源、意义用法和接续等三方面的主要异同…………………………………… 65

日本文言否定助动词"ず"的合成、各活用形在意义用法上的主要特点及其差异………………………………………… 114

浅析日本文言断定助动词"なり"的接续及其连用形"に"在意义用法上的主要特点………………………………………… 175

浅析日本文言中的可能表现——以"ゆ・らゆ"等"否定表现"为中心…………………………………………………………… 213

日本文言敬语及其表达方式——以平安时代敬语为中心…………250

从日本文言语法的历史变迁中考察随笔集《徒然草》一书所受若干中世语法的影响及其表现……………………………………………… 351

后　　记……………………………………………………………… 430

比较日本文言比况助动词"如し""如""如くなり""様なり"等四词在活用、意义用法、接续上的主要异同

　　文言助动词"如し",及其类义词"如""如くなり""様なり"等四词均称为比况助动词。此四词无论是词源、活用,还是在意义用法、接续等方面确有诸多相同、相近抑或相似之处,但也存在一些细微的差别。若仅就其意义用法而言,"ごとし"等四词均可表示类似、等同之意,但"ごとし"和"やうなり"还可表示例示,以及委婉地表示不确定的断定之意,而其他二词均不能。又,"やうなり"还可表示状态、愿望之意,其他三词均不能。再又,约于平安末"院政期","ごとし"曾出现一些不规则的特殊用法,而其他三词均无此现象,等等。

　　如上所示,"ごとし"等四词间的差异十分细微,易于混淆难以识别,不免会影响学习者对"ごとし"等四词的把握。笔者以为:若从梳理、比较"ごとし"等四词之间的异同入手,或可帮助大家从其细微的异同中发现并把握各自的特点。本文拟举大量实例,从活用、意义用法、接续等三方面对"ごとし"等四词的主要异同做一较为详细的梳理、比较。

活 用

(一) "ごとし(如し、若し)" ——

"ごとし"早见于上代,如《万叶集・三——477》"あしひきの山さへ光り咲く花の散りにしごときわが大君かも。"[1]等。日本学者多认为:此词系由二者、即表示"それと同様に"、"同様だ"之意的体言(一说为"副词")"ごと"(但此"ごと"原为清音"こと",如《万叶集・七——1402》"こと放けば沖ゆ放けなむ湊より辺つかふ時に放くべきものか。"、《万叶集・五——897》"……年長く病みし渡れば月累ね憂へ吟ひことことは死ななと思へど……。")与形容词词尾"し"构成的[2]。其活用当属"形容词ク活用型",见表1。

表1

词	未然形	连用形	终止形	连体形	已然形	命令形	活用型
ごとし	ごとけ ごとく	ごとく	ごとし	ごとき	〇	〇	"形容词ク活用型"

但需注意:

其一,此词的活用虽属"形容词ク活用型",但其活用形并不完备,如无音便形"ごとい""ごとう",无已然形和命令形,而且也无补助活用"ごとかり"等,故此词也有"形容词型的不完

---

1 本书的例句及其现代日语的译文均采自日本古语辞典、日本文言语法书等。例句的中译文,除主要参考上述现代日语的译文外,有时也参考相关的中译本,如《日本古代随笔选》(清少纳言、吉田兼好著,周作人、王以铸译,人民文学出版社,1988年版)、《平家物语》(申非译,北京燕山出版社,2000年版,著者不详)、《源氏物语・上》(紫式部著,丰子恺译,人民文学出版社,1980年版)等。以下诸篇同此。
2 见『岩波古語辞典』(大野晋等编,岩波书店,1975年版)1441页;『古典語現代語助詞助動詞詳説』(松村明编,学灯社,1976年版)303-304页;『新明解古典文法(教授資料)』(金子金治郎等监修,尚文出版,1988年版)48页;『改訂増補国文法入門』(松尾聪著,研究社,1984年版)159-160页。

用言"之谓[1]。

其二,此词有"ごとけ"和"ごとく"两个未然形[2]。前者见于平安时代的"训点资料",如《西大寺本金光明最胜王经平安初期点·十——31》"人の為に解説(せ)むヒト所獲の功徳も亦復是如む。"等。后者"ごとく"仅与接续助词"ば"相接,构成"ごとくば""ごとくんば"(由于有时为强调上述"ごとくば",而在"ごとく"与"ば"之间介以"ん",遂成此形)等假定表达形式。此形式主要见于"院政期"的《今昔物语集》等"汉文训读系"的文章中。如:

1. 夢の如くんば、疑ひなく極楽に参たる人となむ語り伝へたるとや。(《今昔物语集·十二——39》)
(もし、夢の通りであれば、必ず極楽に往生した人々である、とこう語り伝えているということだ。)
(据传,若〈阿阇利〉与梦中所见一般,则必为往生极乐净土之人。)

2. 彼等が身、聞くごとくば、浮きたる雲の如くして、居たる所を定めず。(《今昔物语集·廿五——1》)
(彼らの身は、聞くとおりならば、浮いている雲のようで、住んでいるところを決めない。)
(若与所闻一般,彼等犹如浮云,居无定处。)

此外,也见于如《长门平家·一》"よしよし当時の如くば、貧者にて久しからんよりは、一時に富で名を上んと思ひ

---

1 见『日本文法大辞典』(松村明编,明治书院,1983年版)242页;『文語文法詳説』(汤泽幸次郎著,右文书院,1977年版)376页;『日本文法·文語篇』(时枝诚记著,岩波全书,1978年版)34页。
2 见『研究資料日本文法·第7卷』(铃木一彦等编,明治书院,1985年版)87页;『必携古語辞典』(山田俊雄等编,角川书店,1988年版)322页;『新明解古典文法(教授資料)』48页;『新版角川古語辞典』(久松潜一编,角川书店,1979年版)478页。

て、……。"、《谣曲•盛久》"この文のごとくば(但世阿弥的亲笔本则为"ごとくんば")もろもろの悪趣をも三悪道はのがるべしや。"等例中。

但也有学者认为"ごとし"并没有未然形"ごとく",上述所谓假定表达形式"ごとくば"系由其连用形"ごとく"下接系助词"は"构成,云云(本文从前说)。

(二)"ごと(如)"——

"ごと"与"ごとし"一样早见于上代,如《万叶集•五——897》"たまきはる……重き馬荷に表荷打つといふことのごと老いにてある吾が身の上に病をと加へてしあれば……。"等。此词原为"ごとし"的词干,但它可以脱离词尾"し"而单独使用,故也有学者将其视为独立的比况助动词[1]。其活用形则为"特殊活用型",见下表2:

表2

词	未然形	连用形	终止形	连体形	已然形	命令形	活用型
ごと	〇	ごと	ごと	〇	〇	〇	"特殊活用型"

如上表所示,此词仅有连用形"ごと"和终止形"ごと",且无活用形变化,故而也有学者仅将"ごと"视为"ごとし"的词干,并非独立的比况助动词(本文从前说)。

(三)"ごとくなり(如くなり)"——

"ごとくなり"见于平安时代,如《圣语藏地藏十轮经•元庆七年点》"三千大世界ニ遍満セラムコト稲麻算竹葦甘蔗叢林ノ如

---

[1] 见『文語文法詳説』384頁、『全訳読解古語辞典』(铃木一雄等编,三省堂,1995年版)467頁、『詳説古語辞典』(秋山虔等编,三省堂,2000年版)520頁、『考究古典文法』(中田祝夫著,新塔社,1974年版)226頁。

クナラム。"等。日本学者多认为：此词先有"ごとし"的连用形"ごとく"与助词"に"相接而成"ごとくに"（此形见于中古"汉文训读系"文章），其后再由"ごとくに"与"ラ変"动词"あり"相约而成。其活用属"形容动词ナリ活用型"[1]，见下表3：

表3

词	未然形	连用形	终止形	连体形	已然形	命令形	活用型
ごとくなり	ごとくなら	ごとくなり ごとくに	ごとくなり	ごとくなる	ごとくなれ	ごとくなれ	形容动词ナリ活用型

但需注意：

其一，此词在中古时并无连用形"ごとくなり"和命令形"ごとくなれ"的用例，及至中世后方见出现，如《古今著闻集・草木第二》"嘉応二年九月上旬、京中、桜・梅・桃・李、花開きて、春の天のごとくなりけり。"、《曾我物語・一》"神祭る時は、神のいますごとくせよ、死に仕ふる時は、生に仕ふるごとくなれ。"等。

其二，此词于平安末"院政期"后曾出现了相当于其终止形的"ごときなり""ごとしなり"等特殊形（见下例3、4、5等）。然其例并不多见，且主要出现于"汉文训读系"的《今昔物語集》以及"训点资料"等中，如：

3. 其の人、三明六通明かにして、人を利益する事仏の如し也。（《今昔物語集・四――4》）
（この人は三明六通に達し、衆生を済度すること仏のごときであったが、……。）
（此人明达三明六通，济渡众生，如同佛祖一般，然

---

[1] 见『研究資料日本文法・第7巻』89-90页；『古語大辞典』（中田祝夫編監修，小学館，1984年版）630页；『新明解古典文法（教授資料）』48页；『国語大辞典』（尚学图书編，小学館，1982年版）956页。

而……。)

4. 而も御史、斐の同節、亦云く、「数人の説を見る事、亦、此の如き也」となむ語り伝へたるや。(《今昔物语集・九——31》)

(しかも、御史の斐同節もまた、「数人の説を聞いてみたが、すべてこれと同じであった」といった、とこう語り伝ているということだ。)

(据传，御史斐同节也言道："听了数人之说，然全与此相同。")

5. ……少しも我が心に違ふ者をば其の頸を取り、足手を切る。然れば、皆人、風に靡く草の如き也。(《今昔物语集・十一——1》)

(……〈この王は、〉すこしでも自分の命令に従わぬ者があると、その首を断ち、足手を切った。そこで人々は、風になびく草木のように恐れ従った。)

(……若有即便稍稍违背自己的命令者，〈此王〉便断其首级，砍其手足。故而人们都很恐惧，皆如随风摇曳的草木一般，唯有〈俯首听命而已〉。)

此外，在"训点资料"的《三藏・师传承德点》中也见有"ごときなり"的用例。

(四) "やうなり（様なり）"——

"やうなり"也见于中古，如《宇津保物语・俊阴》"かかる程に、この子はすくすくと引き延ぶるもののやうに、大きになりぬ。"等。日本学者多认为：此词由表"様子"之意的体言（一说为

"形式名词")的"様やう"与断定助动词"なり"构成[1]。其活用与上述"ごとくなり"相同，当属"形容动词ナリ活用型"，见表4：

表4

词	未然形	连用形	终止形	连体形	已然形	命令形	活用型
やうなり	やうなら	やうなり やうに	やうなり	やうなる	やうなれ	○	"形容动词ナリ活用型"

但需注意，"やうなり"的活用型虽与"ごとくなり"同属"形容动词ナリ活用型"，但无命令形，也未见其有上述"如くなり"于平安末"院政期"所出现的"ごときなり""ごとしなり"等这种特殊形。

简约归纳

（一）"ごとし"和"ごと"均早见于上代，前者的活用属"形容词ク活用型"，但无已然形、命令形。后者原为"ごとし"的词干，其活用属"特殊活用型"，且无活用形变化。

（二）"ごとくなり""やうなり"均见于平安时代，其活用同属"形容词ナリ活用型"。但前者于此期的"院政期"前并未出现"ごとしなり""ごときなり"等特殊型，后者"やうなり"虽与"ごとくなり"为同一活用型，但无命令形，也无"ごとしなり"等的特殊型。

意义用法

"ごとし"等四词的意义用法较为复杂、多样。除其四词各持

---

1 见『研究資料日本文法・第7巻』91頁；『ベネッセ古語辞典』(井上宗雄等编，Benesse，1999年版)1234頁；『詳説古語辞典』1217頁。

自身的特点外，随着时间的推移也不同程度地受到社会语言变迁的影响。为叙述方便，兹将其分为"意义用法的变迁"和"意义用法的比较"这两个部分加以分析、梳理，供学习者参考。

——意义用法的变迁——

（一）"ごとし"——

"ごとし"早见于上代，为当时的口语，一直广泛地用于散文和韵文中[1]，如见于《古事记》《万叶集》等文献中。

6. 国稚く浮きし脂の<u>ごとく</u>して、くらげなすただよへる時、……。（《古事记・上》）

（国土がまだ出来上がらないで、〈水の上に〉浮いた<u>油のよう</u>になって、クラゲのようにただよっている時、……。）

（国土尚未形成，犹如浮在水面上的油脂，水母般地漂浮不定时，……。）

7. 青丹よし奈良の都は咲く花のにほふが<u>ごとく</u>今盛りなり。（《万叶集・三——328》）

（奈良の都は、咲く花の<u>にほうように</u>、今まったくあることだ。）

（奈良今逢其全盛，恰如花香满京城。）

8. ……緑子の乳乞ふが<u>ごとく</u>天つ水仰ぎてぞ待つ……。（《万叶集・十八——4122》）

（……幼児が乳を<u>欲しがるように</u>、天の恵みの雨を仰いで待っている、……。）

---

[1] 见『古語大辞典』631页；『古典語現代語助詞助動詞詳説』311页；『岩波古語辞典』1441页；『文法早わかり辞典』（国文学编辑部编，学灯社，1981年版）148页；『全訳古語例解辞典・第三版』（北原保雄编，小学馆，1999年版）435页；『研究資料日本文法・第7巻』88页。

（……犹如幼儿渴求乳水一般，〈百姓们〉期盼着恩赐雨水……。）

9. 世間の術なきものは年月は流るるごとし……。（《万叶集・五——804》）

（この世の中が何とも仕様のないものであることは、まず年月は流れるように去って行くことだ。……）

（……世上令人无奈事，岁月逝去似流水。……）

此外，还有如《万叶集・七——1269》"巻向の山辺とよみて行く水の水沫のごとし世人我等は"等。

但自进入平安时代后，由于"ごとし"受到此期盛用于"和文"的"やうなり"的影响，其使用范围日趋狭窄，遂成为书面语言，语感强、硬的男性用语，多用于"汉文训读系"的文章，以及郑重场合的男性对话，很少见于"和文系"的文章。据统计，在《枕草子》中仅有一例，在《源氏物语》中也仅有10例，而"やうなり"于此书中却有其十余倍之多。由此可见当时多用"やうなり"之盛况。例如：

10. 善悪の報は影の形に随ふが如し、苦楽の響きは、谷の音に応ふるが如し。（《灵异记・上——1》）

（善悪の報いは、影が形に離れないようなものである。苦や楽が人々の行いに応じて的確に現われることは、返ってくるようなものである。）

（善恶之报如影随形，苦乐之声如应谷之音。）

11. 目は浄く脩く広くして青蓮のごとし。（《金光明最胜王经・平安初期点》）

（目は浄く脩く広くて青蓮華のようである。）

（目净、脩、广，犹如青莲华一般。）

12. 頭の髪を見れば、剣を立てたるがごとし。面を見れば、焰を焚けるがごとし。(《宇津保物语・俊荫》)

(頭の髪を見ると、剣を立てているようだ。面を見ると、焰を焚いているようだ。)

(见头发,犹如立剑。见面容,犹若焚烧火焰。)

13. 大王がこれを見るに、本の五百は螢の如し。女人は日月の如し。(《今昔物语集・三——26》)

(大王がこれを見ると、いままで五百人の后は螢のように光がうすれ、この女は日月のごとくである。)

(大王见此女后,〈顿觉〉原五百后妃犹如萤火虫一般光亮微弱,而此女子却宛若日月。)

但需注意,在"和歌"等中却依然使用"ごとし"[1]。例如:

14. ……春たちしより年月の射るがごとくも思ほゆるかな。(《古今集・春下——127》)

(……春になったときから、〈新しい〉年月が矢を射たように〈たちまち過ぎていくように〉思われるよ。)

(……不觉立春起,岁月逝瞬息,犹如离弦箭。)

15. 目には見て手にはとられぬ月のうちの桂のごとき君にぞありける。(《伊势物语・73》)

(目では見ていながら、手に取ることはできないあの月の中の桂のようなあなたなんである。)

(君如月中桂,虽见不可取。)

进入中世镰仓时代后,"ごとし"承袭了前代多用于"汉文训读系"的传统,盛用于《方丈记》、《平家物语》等"和汉混淆

---

[1] 见『研究資料日本文法・第7巻』88页。

文"中。例如:

16. ……檜皮・葺板のたぐひ、冬の木の葉の風に乱るるが如し。(《方丈记・旋风》)

(屋根の檜の小板や葺板の類は、まるで冬の木の葉が風に吹き飛されて散乱するようなありさまである。

(葺盖在屋顶上的桧皮和薄板之类,犹如冬日之枯叶被风吹得漫天飞舞似的。)

17. 少将は本の如く院に召しつかはれて、宰相中将にあがり給(たま)ふ。(《平家物语・三——少将归都》)

(少将はもとのように院に召し使われて、宰相中将に昇進される。)

(少将〈成经〉还和原来一样地侍奉于法皇左右,并晋升为宰相中将。)

18. 末代の賢主にてましましければ、世の惜しみ奉る事、月日の光をうしなへるがごとし。(《平家物语・六——上皇晏驾》)

(末代の賢主でいらっしゃったから、世人が惜しみ申し上げる事は、月日の光を失ったようだ。)

(〈高仓上皇〉乃末世之贤主,故而世人为之十分痛惜,此如失去日月之光辉。)

但"ごとし"与见于中古的"ごとくなり"二词,及至室町时代后均日渐衰微[1],故而此期的"ごとし"只是使用"如くな""如くに""如くの""如きの"等予以表示,此后它便逐渐从口语世界中消失,终为"やうなり"的连体形"様な"、连用形"様

---

[1] 见『高等学校文語文法改訂版』(山岸德平等编,角川书店,1970年版)235页;『新版角川古語辞典』1154页;『古語大辞典』1652页;『ベネッセ古語辞典』1234页。

に"所取代。如《毛诗抄・四》"府蔵ノワラニ物ヲ積ンデ置タヤウナト云心ゾ"《天草版平家・一》"幼い者の乳母や母などを慕ふやうに足ずりして、……。"等。及至近世后，仅用其连用形"ごとく"，至于终止形"ごとし"等除了特别的情况外一般不用。然而，其终止形"ごとし"、连用形"ごとく"、连体形"ごとき"却依然残留在近代乃至现代的文言或惯用表达形式当中[1]，如《森・舞姫》"されど、詩人ハツクレンデルが当世の奴隷といひしごとく、……。"、《石川・落日》"爛爛と火のごとき日は、海に落ちむとす。"，以及"人生朝露の如し""綸言汗の如し""炎のゴトキの情熱""山の如きの波""赤子が母を慕うごとく彼になついた"等。

（二）"ごと"——

诚上所述，"ごと"在上代和中古，与"ごとし"的连用形"ごとく"、终止形"ごとし"并用，但其用例多作连用修饰语，用作终止法的则很少，如《万叶集・十四——3358》"さ寝らくは玉の緒ばかり恋ふらくは富士の高嶺の鳴沢のごと"等。它主要见于"和歌"，也用于"和文"，其极少用于"汉文训读系"的文章[2]。例如：

19. 乃ち其の道に乗りて住でまさば、魚鱗の如造れる宮室、其れ綿津見神の宮ぞ。（《古事记・上》）
（そこで、その潮路に乗ってお進みになったならば、魚の鱗のように家をならべ手造った宮殿があって、それがワタツミの神の御殿。）

---

[1] 见『例解古語辞典・第二版』（佐伯友梅等编，三省堂，1980年版）333页；『ベネッセ古語辞典』513页；『全訳古語例解辞典・第三版』435页。
[2] 见『新訂国語史要説』（土井忠生著，修文館，1978年版）124页，179页；『よくわかる国文法』（塚原鉄雄等著，旺文社，1974年版）303页等。

(若随此道而行，〈可见〉盖着鱼鳞般地一排排宫殿，此即为海神之宫殿。)

20. 道の後　古波陀孃子を　雷の如　聞えしかども、……。

（《古事记・中——歌谣46》）

(遠い国の古波陀の乙女を、雷鳴のとどろくように評判高く聞こえていたが、……。)

(远国少女古波陀，名震〈国中〉如雷鸣，……。)

21. 虫のごと声にたてては泣かねども涙のみこそ下にながるれ。(《古今集・恋二——581》)

(虫が鳴くように声をあげて私は泣かないのだが、涙だけは心中ひそかに流れているのです。)

(我虽不像虫鸣似地放声哭泣，但泪水却悄悄地在心中流淌。)

22. 麓にある泉は、鏡のごと見えたり。(《蜻蛉日记・中》)

(麓にある泉は、鏡のように見えている。)

(位于山麓下的一泓泉水，看去宛如镜子似的。)

自进入中世后，已很少看到"ごと"的用例了，如《宇治拾遗物语・二——5》"いとかしこく、あはれ、飛ぶがごと走りてまうで来たる童かな」とほめて……。"等。此时也已专用"ごとし"表示了[1]。

(三)"ごとくなり"——

诚上所述，"ごとくなり"见于中古，实际上其起着弥补"ごとし"所缺"カリ活用"(一说为补充"ごとし"所缺的活用形)的作用，但其用例不多。此期，他与上述"ごとし"相同，作为书面

---

[1] 见『学研国语大辞典』(金田一春彦等编，学习研究社，1980年版)669-670页；『日本文法大辞典』118页；『広辞林・第六版』(三省堂编修所编，三省堂，1986年版)706页。

语言、男性用语多用于"汉文训读系",少见于"和文系"的文章中[1]。例如:

23. ……磯の波は雪のごとくに、貝の色は蘇芳に、五色に今一色ぞたらぬ。(《土佐日记・2月1日》)

(……磯の波は雲のように白く、貝の色は蘇芳の色で、五色にもう一色足りない。)

(……〈冲击着〉海滨的波浪白得宛如雪花似的,〈海岸的〉贝乃暗红色,在五色中尚少一色。)

24. 太子亦眉の間より光を放給ふ事、日の光の如くなり。(《今昔物语集・十一——1》)

(太子もまた眉間から日光のような光をお放ちになった。)

(太子也从眉宇间放出日光般的光芒。)

25. わが知恵は、小さき箱の水の如くなれども、……。(《今昔物语集・四——25》)

(わが知恵は小さい箱の水のようなものだが、……。)

(我的智慧犹如小箱子中的水一般,然而……。)

26. 男は凍の如くなる刀を抜て、一の猿を捕へて、俎の上に引臥て、頭に刀を差宛て、……。(《今昔物语集・廿六——7》)

(男は氷のような刀を抜き、首領猿を捕えてまた板の上に引き伏せ、首を刀にさし当て、……。)

(男子拔出一把冰一般〈锋利的〉刀来,抓住头猴,将其按躺在砧板上,再把刀架在脖子上,……。)

　　进入中世镰仓时代后,"ごとくなり"与上述"ごとし"同,也承袭了前代多用于"汉文训读系"的传统,盛用于《平家物语》等"和汉混淆文"中。例如:

---

[1] 见『全訳読解古語辞典』467页。

27. ある朝、磯のかたより、蜻蛉なんどの<u>ごとくに</u>、痩せ衰へたる者、よろぼひ出で来たり。(《平家物语・三――有王》)

(ある朝、磯の方から、蜻蛉などのように、痩せ衰えた者が一人、よろめき出てきた。)

(某一天早晨，有一蜻蛉似的极其瘦弱的人从海岸那边步履跟跄地走了过来。)

28. 大空かい暗がりて、車の輪の<u>ごとくなる</u>雨降り……。(《宇津保・俊荫》)

(にわかに大空がかき曇って、まるで<u>車輪のような</u>はげしい雨がふり出し、……。)

(忽然天空阴沉下来，急速地下起倾盆大雨，……。)

29. 官兵は雲の<u>如くに</u>集まりければ、賊徒は霧の<u>如くに</u>散じけり。(《源平盛衰记・二》)

(官兵は<u>雲のように</u>集まったので、賊徒は<u>霧のように</u>退散してしまった。)

(官兵如云一般聚集，故而反贼遂同雾一般〈纷纷四处〉逃散。)

30. 悔ゆれど取り返さるるよはひならねば、走りて坂をくだる輪の<u>ごとくに</u>衰へゆく。(《徒然草・188》)

(〈年をとって〉後悔してみても、取り返すことのできる年齢ではないから、走って坂をくだる<u>車輪のように</u>、〈たちまちに〉衰えてゆくのである。)

(即便〈年老〉后悔了，〈逝去的〉年龄也是不可能挽回的，故而犹如飞奔下坡的车辆似地转眼间便衰弱下去。)

及至近世后，尚见有"ごとくなり"的用例。

(四)"やうなり"——

"やうなり"见于崇尚朦胧表现形式的平安时代，但该词此时尚处于由连语向助动词转化时期，及至中世后方始完全助动词化了。该词为语感柔和的女性用语，也是当时的口语。其盛用于"和文系"文章，不见于"和歌"和"汉文训读系"文章。该词在不用于"汉文训读系"这一点上，与上述"ごと"一样，成为区别此期主要见于汉文训读系的"ごとし"的一大鲜明特点[1]。例如：

31. ……腹(はら)いとふくれ、こなたかなたの目には、李(すもも)を二つつけたるやうなり。(《竹取物语・龙首珠》)

（〈大納言(だいなごん)は、〉……腹が大層ふくれ、左右(さゆう)の両眼には、李を二つ附(あ)けたように腫(は)れ上(あ)がっている。）

（〈大纳言〉……肚子鼓鼓的，左右两眼上像长着两只李子似地肿了起来。）

32. これを見れば、春の海に秋の木(こ)の葉(は)しも散(ち)れるやうにぞありける。(《土佐日记・1月21日》)

（この有様(ありさま)を見ると、ちょうど春の海に秋の木の葉が散っているようである。）

（见此情景，宛若在春天的海面上飘散着一片片秋日的树叶似的。）

33. ……女の新しき折敷(をしき)のやうなるものを笠(かさ)に着て、いとおほく立ちて歌をうたふ。(《枕草子・226》)

（……女の人が新しい折敷のかたちをしたものを笠にかむってとても多勢(たぜい)立(た)って〈いて〉、唄(うた)をうたっている。）

（……女子在头上戴着宛若新的托盘样子的草帽，许多人站着唱歌。）

34. 大人(おとな)になり給ひて後(のち)は、ありしやうに御廉(みす)の中にも入れ給

---

[1] 见『全訳読解古語辞典』432-433页；『日本文法大辞典』385页。

はず。(《源氏物語・桐壺》)
(〈源氏が元服して〉おとなにおなりになってあとは、以前とおなじように〈藤壺は源氏を〉御簾の内にもお入れになることはなさらない。)
(〈在源氏元服〉成人后,〈藤壺〉已不同于过去那样让〈源氏〉进入簾内了。)

自进入中世后,"やうなり"在镰仓、室町时代仍得以广泛使用,而且也日益见其用于"和汉混淆文"等的用例[1]。例如:

35. 僧都……渚にあがり倒れ伏し、幼き者のめのとや母なんどを慕ふようと、足ずりをして、「これ、乗せて行け、具して行け」と、喚き叫べども、……。(《平家物語・三——頓足搥胸》)
(僧都は……渚にあがって倒れ伏し、幼い者が乳母や母などを慕うように、足ずりをして、「おい、乗せて行け、連れて行け」とわめき叫ぶけれども、……。)
(僧都(=僧官名)……爬上岸便伏倒在地上,犹如幼儿思念乳娘和母亲似地顿足呼号:"喂喂!让我坐船去吧!带我去吧!",可是……。)

36. ……筧の水をまかせたれば、石や鉄などの焼けたるように、水ほどばしって寄りつかず。(《平家物語・六——入道死去》)
(……筧の水を引いてお体に流しかけたが、焼けた石や鉄にあたるように水はほどばしって寄りつかない。)
(……引导水管的水浇在清盛公的身上,此恰如碰到炽热的石

---

1 见『日本文法大辞典』869页;『旺文社古語辞典』(守随憲治等編,旺文社,1979年版)1140页。

头和铁似地水一下子溅散开来，难以接近其身。）

此外，还有《十训抄·七——二》"此人は、かく行徳ある様なれども、無智の間、終には魔界のためにたぶらかざるべし。"等用例。由此观之，进入中世的"やうなり"与"ごとし"在文体上的差异终在社会语言变迁的影响下也变得日益不甚明显了。其后，此词渐为日后的口语"ような"、"ようだ"所取代，并仅仅用作书面语了。

简约归纳

一、"ごとし"广泛用于上代的散文和韵文中，进入平安时代后由于受到此期的"やうなり"的影响，遂与另一见于此期的"ごとくなり"作为男性用语多用于汉文训读系的文章，但在"和歌"中仍用"ごとし"。及至中世镰仓时代后，二词均盛用于《平家物语》等"和汉混淆文"中，但自进入室町时代后便日趋衰微，前者终为"やうに"等所取代。

二、"ごと"在上代、中古与"ごとし"的连用形和终止形并用，主要见于"和歌"，而见于中古的女性用语"やうなり"盛用于"和文系"的文章，然不见于"和歌"。但它与"ごと"一样也不见于"汉文训读系"的文章。及至中世后已很少见到"ごと"的用例了。但"やうなり"于镰仓时代、室町时代仍得广泛使用，且有用于"和汉混淆文"的用例。其后渐为"ような"等口语所取代。

——意义用法的比较——

有关"ごとし"等四词各自所表意义用法的分类诸说不尽相

同，其间存有细微的差异，现仅就常见的、并被广泛认可的主要的意义用法及其异同做一个梳理、比较[1]。

（一）"ごとし"等四词均可表示类似（也称表示"类似，比喻）之意（=…似ている、…のようだ）。——

Ⅰ．"ごとし"：

37. ……行く水の帰らぬごとく吹く風の見えぬがごとく……。
    （《万叶集・十五——3625》）
    （……流れて行く水が、再び帰らないように、吹く風が、目に見えないように、……。）
    （……犹如流水不再回，好似风吹眼不见，……。）
38. 紅蓮の水の中より出でたるがごとし。（《金光明最胜王经》）
    （紅蓮は水の中からでているようである。）
    （红莲仿佛出自水中。）
39. 涙、雨の脚のごとくこぼる。（《宇津保物语》）
    （涙は雨脚のようにしきりにこぼれる。）
    （泪水犹若大雨如注似地不断地流淌出来。）
40. おごれる人久しからず、ただ春の夜の夢のごとし。（《平家物语・一——祇园精舍》）
    （おご〈り高ぶっ〉ている者もいつもまでも続かず、全く春の夜の夢のようだ。）

---

[1] 见『研究資料日本文法・第7巻』87-91页；『角川最新古語辞典』（佐藤謙三等編，角川书店，1984年版）218页，219-220页，582-583页；『古典語現代語助詞助動詞詳説』310-312页；『日本文法大辞典』240-242页，868-869页；『全訳古語例解辞典・第三版』432-433页，434页，435页，1108页；『全訳読解古語辞典』467页，468页，469-470页，1121-1122页。

（骄奢者不得长久，全若春日夜梦一场。）

41. 塵灰立ちのぼりて、盛りなる煙のごとし。（《方丈記・地震》）
   ちりはい

   （塵灰が立ちのぼって、盛んに吹きあげる煙のようだ。）

   （灰尘升空飞扬，犹若不断喷出的浓烟。）

42. 扇をひろげたるがごとく末広になりぬ。（《方丈記・大火》）
   あふぎ　　　　　　　　　　　　　すゑひろ

   （〈火事の火は〉扇を広げたように末広がりになった。）

   （〈火灾的大火〉犹若展开的扇子似地〈渐向四周〉扩散开去。）

43. 金はすぐれたれども、鉄の益多きにしかざるがごとし。
   こがね　　　　　　　　　くろがね　やくおほ

   （《徒然草・122》）

   （〈それはちょうど〉金はすぐれているけれども、鉄の効用
                                                    こうよう
   の多いのに及ばないようなものである。）
              およ

   （〈此正〉如金子诚然可贵，然不及铁之多益也。）

44. 松島は笑ふがごとく、象潟はうらむがごとし。（《奥州小道・松島》）
   まつしま　　　　　　　きさかた

   （松島は笑っているようであり、象潟は何かを恨んでいるようである。）

   （松岛似笑，象潟似恨。）

此外，还有《沙石集》"一期の身命は露のごとく、電光のごとし"等。
　　　　　　　　　　　　　いちご　しんめい　つゆ　　　　　でんくわう

II. "ごと"：

45. ……夢のごと道の空路に別れする君。（《万叶集・十五——3694》）
   いめ　　　　そらち　わか　　　　きみ

(……まるで夢のようにはかなく旅路の途中で別れてゆくあなたよ。)

(……旅途与君别，虚幻若梦境。)

46. 梅の花今咲けるごと散り過ぎすわが家の園にありこせぬかも。(《万叶集・五——816》)

(梅の花よ、今咲いているようにいつまでも散ってしまわずに、わが家の園に残っておくれ。)

(宛如梅花今已开，留我家园永不谢。)

47. そこらの年ごろ、そこらの黄金賜ひて、身を変へたるがごとなりにけり。(《竹取物语・升天》)

(この長い年月の間、多くの黄金をお授けになって、〈なんじは〉身分が変わったように〈金持ち〉になった。)

(在这长年的岁月里，你〈蒙恩〉得到许多金子，犹如身份都改变了似地成了一个富翁。)

48. 花のごと世の常ならば過ぐしてし昔はまたも帰り来なまし。(《古今集・春下——98》)

(毎年めぐって来る花のように、この世が常住不変であるならば、今まで過ごしてしまった若い時代は、またふたたびかえてこようものを。)

(人世若同每年所开放的花儿似地常住不变，则昔日年轻时代之岁月则将再回来的吧，然而……)

Ⅲ. "ごとくなり"：

49. ……その名きこゆる、……はやしにしげきこのはのごとくにおほかれど、……。(《古今集・假名序》)

(……名前が知られている者は、……林に茂る木の葉のように数は多いのでありますが、……。)

（……这些著名的歌人……犹如林中茂密的树叶似地多不胜数，然而……。）

50. 信濃の国に更級といふ所に男すみけり。若き時に親死にければ、伯母なむ親の如くに若くよりあひ添ひてあるに、……。（《大和物语・156》）

（信濃の国の更級という所に、一の男が住んでいた。若い時に親は死んだので、伯母が親のように若い時代からそばについて世話をしていたが、……。）

（在信浓国名谓更级的地方住着一个男子。在他年轻时父母双亡，故而其伯母从年轻起便如父母般地予以悉心照料，但……。）

51. 然るに、八日と云ふ朝に、俄に空陰り、暗夜の如く也。雷鳴り雨降て、露物見えず。（《今昔物语集・十一——24》）

（ところが、八日目の朝、一天にわかにかき曇り闇夜のようになった。雷が鳴り雨が降ってきて何も見えない。）

（但是，就在第八天的早晨，天空突然阴云密布，犹如黑夜一般。因打雷下雨，故而什么也看不见。）

52. 村上帝……ただ一所おはしましけるに、影のごとくなるもの、空より飛び参りて、……。（《十训抄・十一——19》）

（村上皇が、……お一人でいらっしゃった時であったが、影のようなものが空から飛び降りてきて、……。）

（村上天皇……〈在其〉独自一人时，影子一般的东西从空中飞降下来，……。）

53. 人の命ありと見るほども、下より消ゆること、雪のごとくなるうちに、……。（《徒然草・166》）

（人の場合も、まだ命のあると思っている間も、下の方から消えて行くことは雪のようである。そのうちにあって、……。）

（人的情况亦然，就在意识到尚存命于世期间，〈其生命也〉由下方开始逐渐消融，如雪一般，于此期间……。）

Ⅳ．"やうなり"：

54. ある時は風につけて知らぬ国に吹き寄せられて、鬼のやうなるもの出で来て殺さむとしき。（《竹取物语·蓬莱玉枝》）

(ある時には、風の吹くにつれて知らぬ国に吹き寄せられて、鬼のようなものが出て殺そうとした。)

（有时，随风吹到不知名的国度，出现犹若鬼一般的东西，欲杀死〈我等〉。）

55. ……なりは塩尻のやうになむありける。（《伊势物语·9》）

(……形は、ちょうど塩尻のようであった。)

（……其形状恰如盐滩上的砂堆。）

56. 例の風いで来て、飛ぶやうに明石につきたまひぬ。（《源氏物语·明石》）

(例の〈不思議な〉順風が吹き出して、〈源氏は〉飛ぶように明石にお着きになった。)

（由于刮起与上次一样〈令人不可思议〉的顺风，故而〈源氏〉飞一般地抵达明石。）

57. 髪は、扇をひろげたるやうに、ゆらゆらとして、……。（《源氏物语·若紫》）

(〈若紫の〉髪は扇を広げたみたいにゆらゆらと揺れて、……。)

（〈若紫的〉头发，如若展开了的扇子一般〈在肩上〉摆动摇曳，……。）

58. ……燈籠の火のやうなる物の、おとどの御身より出でて、ばっと消ゆるがごとしくして失せにけり。（《平家物

语・三——医师问答》）

（……燈籠の火のような物の、大臣の御身より出て、ぱっと消えるようになって見えなくなった。）

（……宛若灯笼的火似的东西从大臣的身上出来，然一下子熄灭了似地看不见了。）

（二）"ごとし"等四词均可表示等同（也称"等同，同一"）之意（=…とおなじだ，…のとおりだ）——

Ⅰ．"ごとし"：

59. 翁いはく、「思ひの如くも宣ふかな。……」。（《竹取物语・狩猎》）

（翁はいうには、「〈俺の〉思う通りにもおっしゃいますね。……」。）

（伐竹翁言道："〈您说的〉同我想的一样。……"。）

60. 五日、風波やまねば、なほ同じ所にあり。……六日、昨日のごとし。（《土佐日记・1月5、6日》）

（五日、風や波がおさまらないので、やはり同じ所に停泊している。……六日、昨日の日と同じである。）

（五日，风和浪尚未平息，所以船依然停泊在原处〈大湊〉。……六日，同昨天一样，〈依然停在原处〉。）

61. 瑞相の如くば、必ず極楽に生たる人也となむ人皆云ける。（《今昔物语集・十三——19》）

（あの瑞相のとおりならば、平願は必ず極楽往生を遂げた人であろう、人々はみな言いあったことである。）

（众人皆道："若平愿同其瑞相一般，〈此人〉必将如愿地极乐往生吧。"）

62. 人々怪しむ大殿の戸を開て見るに、妃と共に隠れ給ひにけり。其の皃、生給へりし如し。(《今昔物語集・十一——1》)

(人々が不思議に思い、ご寝所の戸を開いて見ると、お妃とともにおなくなりになっていた。其のお顔はご生存の時のままである。)

(人们感到不可思议,于是便打开寝室的门一看,〈只见〉与皇后一同归天了。而此〈已故圣德太子的〉面容却与生前一般。)

63. 老いて智の若き時にまされること、若くしてかたちの老いたるにまされるがごとし。(《徒然草・172》)

(年老いて、知恵が若い時よりまさっていることは、若い時に、容貌が年老いた者よりまさっているのと同じである。)

(年老后其智慧胜于年轻时一事,则同年轻时其容貌胜于年老者一样。)

此外,如《源氏物語》"長恨歌、王昭君などやうなる絵は、おもしろくあはれなれど、……。"等。

Ⅱ. "ごと":

64. 秋の夜のあくるも知らず鳴く虫はわがごとものやかなしかるらむ。(《古今集・秋上——197》)

(長い秋の夜が明けるのも気がつかないで鳴きしきる虫は、私と同様に悲しい思いになやんでいるのである。)

(虫鸣不觉秋夜月,其情凄戚与我同。)

65. 故里は見しごともあらず……。(《古今集・雑下——991》)

(久々に戻った故郷にかつての面影はすこしもありませ

ん……。)

(阔别日久回故乡，不见昔日原景象，……。)

66. 男は心かはりにければ、ありしごともあらねば、かの筑紫に親はらからなどありければ、……。(《大和物語・141》)

(夫は心が変わってしまい、以前のとおりにもかわいがらなくなったので、女はあの筑紫に親兄弟などいたということもあって、帰っていったが、……。)

(丈夫变心了，也不像以前那样地疼爱她了。此女子在筑紫也有同胞兄弟姐妹，故而回去了，然……。)

67. 前栽の露は、なほかかる所も同じごときらめきたり。(《源氏物語・夕顔》)

(植込みの葉末の露は、やはりこんな所でも同じようにきらきらと光っている。)

(〈落在〉庭中花草叶尖上的露珠，即便在这样的地方也同样闪闪发光。)

III. "ごとくなり"：

68. 海の上、昨日のごとくに風波見えず。(《土佐日記・2月1日》)

(海上のようすは、昨日と同じに風や波がない。)

(海上的情况同昨天一样，并无风和浪。)

69. 即ち地を掘りて封を開く。封、皆替らずして本の如くなり。(《今昔物語集・九——37》)

(すぐに地面を掘り、瓶の封を開いた。封には、異状がなくもとのままである。)

(立即挖开地面，打开瓶封。此封并无异常，同原来的一样。)

比較日本文言比況助動詞"如し""如""如くなり""様なり"等四詞在活用、意義用法、接續上的主要異同

70. ……「されば、国の政をも息へ、物をもよく納めさせたまひて、御思ひのごとくにて上らせたまへば、……。」など言ひてぞ、……。(《今昔物語集・廿八——38》)

（〈年配の目代は〉「……それゆえ、任国をも平らかに治め、租税もきちんと収納なさって、すべて思いのままで上京なさるのですから、……。」と言って、……。）

（〈年长的目代(=国守的代理)〉言道："……正因如此，您使任国的政治安定，又〈顺利地〉将租税全部收了上来，如愿以偿地任满归京，所以……。"……。）

71. まことに聞くがごとくならば、不便なることなり。(《古今著聞集・十七——596》)

（ほんとうに聞くとおりならば、気のどくなことだ。）

（若确实如同所闻，那就太可怜了。）

Ⅳ."やうなり"：

72. 工匠等いみじう喜びて、「思ひつるやうにもあるかな」といひて帰る。(《竹取物語・蓬莱玉枝》)

（細工人たちはひどく喜んで、「思った通りですわい」といって帰る。）

（工匠们非常高兴，言道："〈这与我等〉想的一样。"〈言毕〉便回去了。）

73. かかる所に思ふやうならむ人を据ゑて住まばや。(《源氏物語・桐壺》)

（こういう所に、理想どおりの人を迎えて、いっしょに暮らしたいものだ。）

（多么想在这样的地方迎娶一位理想中的女子，〈与其〉共同生活啊！）

74. 神無月に御八講したまふ。世の人なびき仕うまつること、昔のやうなり。(《源氏物語・航标》)

(十月に御八講をお催しになるのである。世の人々がこぞって〈御八講に〉お仕え申しあげることは、昔のとおりだ。)

(定于十月举办法华八讲会。世人全都参加〈八讲会〉,〈其盛况〉犹同昔日。)

75. 思ふやうに〈水車が〉めぐりて、水を汲み入るることめでたかりけり。(《徒然草・51》)

(〈その水車が〉思いとおりによく回転して、水を汲み上げて池に入れることが、実にみごとなものである。)

(〈此水车〉自如地旋转,将水不断地汲入〈池内〉,此景令人赞叹不已。)

76. ……また武勝に、「さらば、おのれが思はんやうに付けて参らせよ」と仰せられたりければ、……。(《徒然草・66》)

(……もう一度、武勝に、「それならば、お前の思う通りに雉をとり付けて差し出せ」とお命じになったので、……。)

(……〈冈本关白〉再次命令武胜道:"那么就按自己所想,〈在枝上〉绑上一只鸟呈上!"所以,……。)

(三)"ごとし"和"やうなり"可表例示之意(=たとえば、…のようだ),但"ごと""ごとくなり"均不能——

Ⅰ. "ごとし":

此词表示"例示"的用法始于平安末的"院政期"(一说此法始于中世)[1]。此法可用"体言+の+ごとき+の"的形式,如《虎宽本狂

---

1 见『全訳古語例解辞典・第三版』435页;『新明解古典文法(教授資料)』49页;『全訳読解古語辞典』469-470页;『古語大辞典』631页。

言・宗論》"我らのごときの者は参りませぬか。"等，同时也用"体言+ごとき"的形式(见下例77)，但多以"体言+ごとき+の"的形式予以表示[1](见下例78)，如：

77. その中に、楊貴妃ごときは、あまり時めきすぎてかなしきことあり。(《大鏡・道長上》)

    (その中で、楊貴妃のような人〈など〉は、あまり寵愛がすぎて悲しい出来事がある。)

    (其中有过这样的事，即像杨贵妃这样的人由于〈帝王〉过分宠爱而招致可悲的〈后果〉。)

78. ……あまッさへ伊豆国へ流罪せられ候へ。遠路の間で候、土産糧料ごときの物も大切に候。……(《平家物語・五——文覚流放》)

    (……おまけに、伊豆国へ流されることになりましたが。遠い道のりです。引出物、食糧みたいなものも大切でございます。……)

    (……最后，我〈文覚〉反被流放到伊豆国。〈此段〉路程很长。礼物、食粮一类东西也十分重要。……)

此外，也见有以"斯(副词)+ごとき+体言"的形式表示"例示"的用例。

但请注意：

其一，在上述"ごとし"所表"例示"的用法中，也有内含鄙视、卑下之意的用例(其中多以"…ごとき(の)"的形式接代名词和人名之下予以表示)[2]，如《源平盛衰记》"かくのごとき輩、なか

---

[1] 有关"ごとし"表示"例示"用法时的接续请见后文相关叙述。
[2] 见『日本文法大辞典』241页；『研究資料日本文法・第7巻』88页；『広辞林・第六版』706页。

なかとかく言ふに、及ばずとて、追放せられけり。"、《中华若木诗抄・上》"晁錯ごときの者に、知行を掠め取れんこと。"、《假・恨之介》"いはんや我ら如きの者、知らぬこそ道理なり。"等。

其二，诚如所示，"ごとし"在表示"例示"时大体限于连体形"ごとき"[1]，但仍依稀可见其他活用形的用例，如《方丈记・方丈之庵室》"いはば、旅人の一夜の宿を作り、老いたる蚕の繭をいとなむがごとし"等。

其三，"如き"也见于现代日语，其中既有表示一般"例示"之意的用例（同上77，78例），如"小山のごとき巨体"、"炎のゴトキの情熱"、"今回のごとき希有のケースと言うべきだ"等，也有含有鄙视、卑下之意的用例（见上文"其一"所引之例），如"彼のゴトキは人間のくずだ""汝等のごとき初心者に負けるもんか"等。

在接续方面，除"体言+ごとき……"外，还有"连体形+が+ごとき……""连体形+ごとき……"等形式，如"眠るがごとき最期だった。""大地をゆるがすごとき喚声。"等。

Ⅱ."やうなり"：

此词表示"例示"的用法始于平安时代，它与上述"ごとし"略有不同，也见其以连用形"やうに"予以表示的例子。例如：

79. 雀などのやうに、常にある鳥ならば、さむ覚ゆまじ。(《枕草子・14》)
    (〈鶯が例えば〉雀なんかのようにいつもいる鳥だったら、そうも思えないだろう。)

---

[1] 见『全訳古語例解辞典・第三版』435页。

(若〈莺〉像麻雀一类常见于身边的鸟儿，我自然也不会这样想吧。)

80. 内供大きに腹立ちて、……「……心なしの乞児とはおのれがやうなる者をいふぞかし。……」とて、……。(《宇治拾遗物语・二——7》)

(内供は、すごく腹を立てて、……「……無分別の乞食は、おまえのような者をいうのだぞ。……」といって、……。)

(内供非常气愤，言道："……不知好歹的要饭坯子，此话就是说你这种人的！"……。)

(四) "ごとし"和"やうなり"尚可委婉地表示不确定的断定之意(＝どうも…ようだ、…らしく思われる)。此用法始于进入中世镰仓时代后(一说始见于近世文言中[1])，但"ごとくなり"和"ごと"二词皆不能——

I．"ごとし"：

81. 療治も術道も験を失ひ、仏神の祈誓も空しきが如し。(《源平盛衰记・六》)

(治療も術道も験を失い、仏神の祈誓もむなしいようである。)

(无论治疗还是道术均失去效验，向神佛祈愿也似枉然。)

82. 松の緑こまやかに、枝葉汐風に吹きたわめて、屈曲おのづからためたるがごとし。(《奥州小道・松岛》)

(松の緑は色が濃く、枝葉は強い海風に吹き曲げられて、その曲がり方は自然に枝ぶりを整えたようだ。)

---

1 見『文語文法詳説』379頁；『よくわかる国文法』202頁；『例解古語辞典・第二版』334頁。

（松树呈深绿色，其枝叶被海风吹得弯弯曲曲的，此种弯曲的姿态犹如自然地梳理并美化了枝条的样子。）

此外，这一用法也见于明治后期的近代文言中，如《石川·一把砂》"わが抱く思想はすべて金なきに因するごとし秋の風吹く。"、《石川·可悲的玩具》"何となく、今朝は少しくわが心明るきごとし。手の爪を切る。"等。

Ⅱ．"やうなり"：

"やうなり"虽也表此法，但其用例似不多见。例如：

83. 筑紫に、なにがしの押領使などいふやうなるもののありけるが、……。（《徒然草·68》）
（筑紫に、何々押領使などいうような者がいたが、……。）
（在筑紫有一称某某押领使这样的人，但……。）

（五）"やうなり"尚可表示状态之意(=…のようすだ、…状態だ）等，但其他三词均不能——

84. 内外なる人の心ども、物におそはるるやうにて、相戦はむ心もなかりけり。（《竹取物語·升天》）
（家の内にいる人の心も、外にいる人の心も何か恐ろしいものにおそわれるようで、とても合戦する心もなかったとさ。）
（听说，无论屋里的人还是屋外的人，心中均像是遭到什么令人恐惧的袭击似的〈样子〉，也都根本无心交战了。）

85. 中垣こそあれ、ひとつ家のやうなれば、望みてあつかれる

なり。(《土佐日記・2月16日》)

(中を隔(へだ)てている垣はあるけれど、同(おな)じやしきのようであるから、〈向(む)こうのほうから〉望んで預(あず)かっていたのである。)

(虽在其间夹有篱笆墙，但像一个宅院似的，故而对方主动〈提出〉给予照顾。)

86. さりとも少将(せうしやう)は情(なさけ)ふかき人なれば、よき様(やう)に申(まう)す事あらんずらんと憑(たの)みをかけ、……。(《平家物語・三——頓足捶胸》)

(それにしても、少将は情深(なさけぶか)い人だから、都に帰ってからよいようにとりなしてくれるであろうと、それを頼りにして、……。)

(即便如此，〈俊宽〉相信少将是个重情义的人，所以回家后会替他说情的吧。)

87. わがため面目(めんぼく)あるやうに言はれぬる虚言(そらごと)は、人いたくあらがはず。(《徒然草・73》)

(〈だれでも〉自分のために名誉(めいよ)になるように言はれたうそは、人は〈それに対して〉あまり反駁(ばく)しない。)

(〈无论谁都是如此〉，人们对于被说的、而有利于自身名誉的那种谎言，于此大抵是不会太反驳的。)

88. 暁(あかつき)近(ちか)くなりて待(ま)ち出(い)でたるが、いと心深(こころぶか)う、青(あを)みたるやうにて、……。(《徒然草・137》)

(明(あ)け方(かた)近くなって、待っていた月がやっと出(で)たので、たいそう趣(おもむき)も深く、青みをおびているようすで、……。)

(时近拂晓，待而始出的月亮极富情趣，似带着青色的〈样子〉，……。)

(六)"やうなり"尚可表示愿望、意图之意(=……するよう

に)，但"ごとし"等其他三词皆不能。此法多用其连用形"やうに"予以表示。上接"やうに"的则多为表示状态或无意志动词[1]——

89.「……もの騒がしからぬやうに」など思はんには、えさらぬ事のみいとど重なりて、……。(《徒然草・59》)

(「……〈ともかくあまり〉せっかちにならないように」など考えたならば、とても避けられない事ばかり、ますます重なってきて、……。)

(倘若如此考虑——"……总之，不要太着急了。"等等，则难以避免之事势必层出不穷，……。)

90. すべて男をば、女に笑はれぬやうにおほしたつべしとぞ。(《徒然草・107》)

(すべて、男は、女に笑われないように育てあげなければばらばいということである。)

(据闻，凡男子均需培育成〈自身〉具有不为女子嘲笑的〈素质〉。)

91. されば、盗人をいましめ、ひがごとをのみつみせむよりは、世の人の餓ゑず寒からぬやうに、世をばおこなはまほしきなり。(《徒然草・142》)

(だから、盗人を捕らえて縛り、悪い事だけを罰するようなことをするよりは、世の人が餓えず寒くないように世の政治を行いたいものである。)

(因此，与其捕捉盗人，唯行惩罚恶事，莫如期盼不让世人受饥寒之苦而治理世政。)

92. 心惑はすやうに返り事をしたる、よからぬ事なり。(《徒然草・234》)

---

[1] 见『ベネッセ古語辞典』1234页；『全訳読解古語辞典』1121-1122页等。

(相手を惑わすように返事をしたのは、よくないことだ。)
(回答〈询问者〉一事，当不宜使对方感到迷惑不解〈为好〉。)

（七）"ごとし"约于平安末"院政期"，由于用法上的混乱导致其主要在"训点资料"和"汉文训读文"的《今昔物语集》等中出现一些不规则的用法[1]。而"ごと"等其他三词均无此现象。

其一，终止形"ごとし"一般用于终止法，但它在下例93中却用作连用修饰语，以修饰用言。例如：

93. 其の後、一部を読み畢りぬるに、髪・眉皆本の如し生ぬ。
（《今昔物语集・七——25》）
（その後、『法華経』一部を読み終わると、髪・眉などすべてもとのようになった。）
（其后，〈当他〉读完一部《法华经》后，头发、眉毛全〈无变化〉，与原来无异。）

其二，连体形"ごとき"一般用作连体修饰语，以修饰体言，但在下例94等中却作连用修饰语，以修饰用言。例如：

94. 人会て問ひて云く、「是は何より来れる聖人の如の此き走り給ふぞ」と。（《今昔物语集・一——1》）
（里の者が大師の姿を見て、「そんなにまあ走りになって。聖人はどこからおいでになったのです」と聞く。）
（村里人见了大师便问道："您跑得如此地〈快啊〉！圣人是从何处而来？"）

---

1 见『研究資料日本文法・第7巻』87页，89页；『国語大辞典』956页。

此外，尚有以下诸例，如《今昔物语集・三》"汝ぢ如此き思ひて、……。""舎利弗の如此き宣ふに"、《今昔物语集・六》"如此き可答し"以及《观无量寿经及阿弥陀经同延书》"是の如き我聞給へき"等[1]。

简约归纳

（一）"ごとし"等四词均可表示类似和等同之意。"ごとし"和"やうなり"尚可表示例示，以及委婉地表示不确定的断定之意，但"ごとくなり"和"ごと"皆不能。

（二）"やうなり"尚可表示状态，以及表示愿望、意图之意，但"ごとし"等其他三词皆不能。

（三）"ごとし"于平安末"院政期"出现一些不规则的用法，即终止形"ごとし"和连体形"ごとき"可修饰用言，但"ごとくなり"等其他三词均无此现象。

接　续

关于"如し"等四词的接续较为复杂多样，其中以"ごとし"尤甚，现将其分为"上接"和"下接"两部分予以分析、梳理。

——上接——

（一）"ごとし"等四词在上接体言时，其间需介以助词"の"，即："体言+の+ごとし等"。

---

[1] 见『古典語現代語助詞助動詞詳説』309-310页；『改訂増補国文法入門』160页。

Ⅰ．"ごとし"等四词：

95. ……信願馬より落ちて死ににけり。道に長じぬる一言、神のごとしと人思へり。(《徒然草・145》)

    (……信願は〈そのことばのとおりに〉馬から落ちでしまったそうである。その道に達した〈人の〉一言は、〈まさに〉神のように〈正確だと〉人々は思った。)

    (……信愿〈果然如秦重躬所言〉从马上摔下而亡。人们感到：精通此道者，正如神一般地〈准确无误〉。)

96. さればうちつけに海は鏡の面のごとなりぬ。(《土佐日記・2月5日》)

    (そうすると、たちまち海は鏡の面のように〈平らかに〉なってしまったので、……。)

    (于是，大海宛如镜面似地平静下来了，然而……。)

97. 蟻のごとくに集まりて、東西に急ぎ、南北に走る。(《徒然草・74》)

    (〈人間は〉まるで、蟻のように集まって、東へ西へ急ぎ、南へ北へ走る。)

    (〈人〉如蚂蚁般地集聚，急于奔南北，赶东西。)

98. ……金椀のやうならむも、おそろし。(《枕草子・233》)

    (〈男子の目〉……金属製の碗のようであろうのも、おそろしい。)

    (〈男子的眼睛〉……〈大得〉像金属碗似的，这也〈让人感到〉害怕。)

但需要注意：

其一，在"ごとし"表示"例示"的用例中，有的虽在其间介以助词"の"(即"体言+の+ごとき"，见已出前例)，但在进入中

世后也见有不介以"の"而是直接接体言下的用例[1]，如已出的《方丈记・闲居日野山》"和歌・管弦・往生要集ごときの抄物を入れたり。"的一例。此外，还有《谣曲・苅萱》"われらごときのあら入道多く集まり、……。"等。

其二，在"ごとし"和"ごと"二词上接体言中的"代名词"（"我""吾"等）时，其间则需介以助词"が"，而不是"の"，即为："代名词(我・吾)+が+ごとし""代名词(我・吾)+が+ごと"[2]。例如：

99. ……吾がごとく君に恋ふらむ人はさねあらじ。（《万叶集・十五——3750》）

（……わたしほど夫君に恋する人は決していないでしょう。）

（……恐难还会有此人，似我如此恋夫君。）

100. あしひきの山郭公わがごとや君に恋ひつつ寝ねがてにする。（《古今集・恋一——499》）

（山から出てきたほととぎすも私と同じように、いとしい方に恋いこがれて寝られないのであろうか(夜どおし鳴き声が聞こえるか。)）

（山上来杜鹃，与我同相怜。迷恋心中爱，终夜难入眠。）

(二)"ごとし""ごと""ごとくなり"等三词均可上接"かく""しか""さ"等副词，但其间多需介以助词"の"，即："副词(如上述"かく"等)+の+ごとし"等三词（一说"かくの+ご

---

[1] 见『新版角川古語辞典』478页；『文語文法詳説』379页等。
[2] 见『研究資料日本文法・第7巻』87页，『日本文法辞典』118页，但未见有"ごとくなり"和"やうなり"在上接代名词（"我"、"吾"）时其间介以助词"が"的用例。

とし"为连语)[1]。例如：

101. 世の中にある、人と住家と、またかくのごとし。（《方丈記・序》）

（世の中にいる、人間とその住家とがやはりまたこの通りである。）

（存于此世的人与住家的关系，也依然〈与此喻〉相同。）

102. かくの如くの句はまたせんとはいひがたし。（《三册子》）

（このような句は、また、ふたたびつくれるかどうかは言い難い。）

（很难说，能否再写出这样的俳句来。）

103. この歌もかくのごとくなるべし。（《古今集・假名序》）

（この和歌もまったくこれとおなじである。）

（此歌也完全与此相同。）

104. しかの如くに入道殿の御栄えを申さむと思ふほどに、……。（《大镜・序》）

（そのように、入道殿のご栄華を申し上げようと思ううちに、……。）

（正在想要如此地讲述入道殿（＝道长公）的荣华一事的时候，……。）

此外，还有《宇津保物语・贵宫》"さぶらひのむすめ、ひすまし二人、みなかくのごとし"、《源平盛衰记・七》"筑前・筑後も同じ事、肥前・肥後もしかの如し。"等。

至于"かくのごと"（一说为"连语"）的用例似不多见，如《万叶集・十六——3793》"白髪し児らに生ひなばかくのごと若けむ児らに罵らえかねめや。"、《万叶集・廿——4304》"山吹

---

1 见『日本文法大辞典』241-242页；『全訳古語例解辞典・第三版』260页；『全訳読解古語辞典』291页。

の花の盛にかくのごと君を見まくは千年にもがも。"等。

(三) "ごとし"等四词均接活用词连体形下，但——

Ⅰ． "ごとし" "ごと" "ごとくなり" 在上接活用词连体形时，一般其间需加助词"が"，即："活用词连体形+が+ごとし"等三词。例如：

105. 在原業平は、その心余りて、ことば足らず。しぼめる花の色なくて、にほひ残れるがごとし。(《古今集・假名序》)
（在原業平の歌は、その内容があまり、表現する詞が足りない。例えば、萎んでしまった花がすでに色があせて、なお香りだけが残っているようなものである。）
（在原业平之歌，其心有余而词不足，恰如枯萎的花朵虽已色褪，而唯其香气犹存。）

106. このあらむ命は、葉の薄きがごとし。(《源氏物语・习字》)
（この寿命は、まるで木の葉のように薄いものだ。）
（此命简直薄如树叶。）

107. 入道相国やまひつき給ひし日よりして、水をだにのどへも入れ給はず。身の内のあつき事、火をたくがごとし。(《平家物语・六——入道死去》)
（入道相国は病にかかられた日からして、水をさえのどへもお入れにならない。体内の熱いことは、火をたいているようである。）
（入道相国从患病即日起甚至滴水未进。体内热如火焚。）

108. ……羽根ならば飛ぶがごとくに都へもがな。(《土佐日记・1月11日》)

(……〈この場所〉が羽根(此处的"羽根"为地名)ならば、〈私たちもその羽根(此处的"羽根"为鸟之羽毛)を使って〉飛ぶように早く都へ帰りたいものですわ。)

(……若〈此处〉真是羽毛，〈我们也〉多么想〈以此羽毛〉飞一般地速返京都啊！)

109. 気比(けひ)の宮(みや)は栄(さか)えたれども、厳島(いつくしま)はなきが如(ごと)くに荒れ果てて候(さぶらふ)。(《平家物语・三——大塔建成》)

(気比の宮は栄えているけれども、厳島はないと同然に荒れはてています。

(气比宫虽依然繁荣、兴盛，而严岛却如同不存在似的已是满目荒芜。)

110. その雪の時じきがごとその雨の間なきがごと……。(《万叶集・一——26》)

(その雪の絶(た)え間(ま)もないように、その雨の休(やす)みもないように、……。)

(……犹如此雪也不间断地降，此雨也一刻不停地下似的……。)

111. ……わがせしがごとうるはしみせよ。(《伊势物语・24》)

(……いつも私がお前を愛してきたように、お前もその人を大事にするのがよい。)

(……像我往常疼爱你似地〈你〉也可要珍惜、疼爱此人。)

112. 雪こぼすがごと降りて、ひねもすにやまず。(《伊势物语・85》)

(雪がこぼれるように盛んに降って、一日中やまず。)

(雪像洒落下来一般，纷纷扬扬地一天也没见停过。)

但需注意，上述"ごとし"等三词有时也可直接接活用词连体形(但其中的"ごとくなり"与上述的"ごとし"等三者有所不同，

其始于中世[1]，其间无需加助词"が"，即：活用词连体形+"ごとし"等三词、例如：

113. 世の中を何と譬へむ朝開き漕ぎいにし船のあと無きごとし。(《万叶集・三——351》)

（この世の中を何にたとえよう。朝、港を漕ぎ出していった舟の跡形もないようなものだ。）

（如何比喻此世间，犹如出港一舟船，风狂浪打无踪形。）

114. 水の上に数書くごときわが命妹に会むと祈誓つるかも。(《万叶集・十一——2433》)

（水の上に数を書くようにはかないわが命であるが、あの子に会おうと神に祈誓したことよ。）

（我命无常若浮云，犹如水上画数字，只因盼见我爱妹，祈誓神灵多护佑。）

115. 秋さらば今も見るごと妻恋ひに鹿鳴かむ山ぞ……。(《万叶集・一——85》)

（秋になったら、今ご覧のように、妻を恋うて雄鹿がしきりに鳴く山です。……。）

（时若已至秋，犹如今所见，雄鹿思恋妻，声声鸣山间。……）

116. 落ち激つ片貝川の絶えぬごと今見る人も止まず通はむ。(《万叶集・十七——4005》)

（たぎり落ちる片貝川の絶えないように今見る人も絶えず通おう。）

（奔腾而下片贝川，河水滚滚不间断，今日所见与此同，人们往返不见息。）

117. 火を打ち消つ如くにて、光も失せぬ。(《宇治拾遺物語・

---

1 见『全訳古語例解辞典・第三版』434頁。

八——6》）

(火をうち消すようにして、光も消えてしまった。)

(犹如熄灭了火似地，光亮也就消失了。)

Ⅱ．但"やうなり"与上述的"ごとし"等三词不同，直接接活用词连体形下，其间无需加助词"が"即："活用词连体形+やうなり"。例如：

118. 西富(にしとみ)といふ所の山、絵よくかきたらむ屏風(びやうぶ)をたて並(なら)べたらむやうなり。（《更级日记・相模之旅》）

(西富という所の山は、〈まるで〉絵をじょうずに書いてある屏風を立て並べてあるようである。)

(在名谓西富这个地方的山，简直像排立着的一张极其精致的屏风。)

119. 古めかしきやうにて、いたくことことしからず、つひえもなくて、……。（《徒然草・81》）

(……古風な感(ふ)じで、ひどく大げさでなく、費用もかからなくて、……。)

(〈……所持器物〉……看去存有古风，且并不硕大、张扬，也无须多少费用，……。)

简约归纳

（一）"ごとし"等四词在接体言时其间需加助词"の"，但需注意：Ⅰ．"ごとし"在表示"例示"的用例中，有的虽于其间加"の"，但大多数却直接接体言下。Ⅱ．"ごとし""ごと"在接体言中的代名词（"我""吾"）时其间则应加"が"，而不是"の"。

（二）"ごとし" "ごとくなり" "ごと"等三词均可接"かく"等副词下，但其间需加"の"。

（三）"ごとし"等四词均接活用词连体形下，但需注意：Ⅰ．其中的"ごとし" "ごとくなり"和"ごと"等三词在其间一般需加助词"が"，但也直接接活用词连体形下。Ⅱ．"やうなり"皆直接接活用词连体形下，无需加"が"。

——下接——

此部分仅限于"ごとし"的连用形"ごとく"、终止形"ごとし"、连体形"ごとき"等三者的接续。诚如前言，于平安时代末"院政期"由于"ごとし"在用法上的混乱致使其在接续上也出现一些不规则的特殊接续法，而"ごと"等其他三词均无此现象[1]。

（一）连用形"ごとく"一般用作连用修饰语，修饰下接的用言，如《古今集·杂下—978·歌序词》"……「おのが思ひはこの雪のごとくなむ積れる」と言ひける折によめる"等。但在此期却出现"ごとく"下接助词"の"的接续法，即："…ごとく+の（+体言）"。例如：

120. 父母これを聞きて驚き怪むで、「幼き程に何ぞかくの如くの事を云ふべき。若し、これ、鬼神の詫きて云はしむる事か」と疑ひて恐れける間に、……。（《今昔物语集·十二——33》）

    （父母はこれを聞き、驚き怪み、「こんなに幼い子がこういうことを言うはずがない。ひょっとしたら、これは鬼神がこの子にのりうって言わせたのだろうか」と疑い恐れているうちに、……。）

---

1 见『文語文法詳説』377-378页；『研究資料日本文法·第7巻』89页。参见38页注1。

(父母听后十分惊奇，并感到疑惑、惧怕："这样幼小的孩子是不会说这样的话的.也许是鬼神附在这孩子的身上，让〈他〉说的吧。"正在此时，……。)

121.「……かくの<u>如く</u>の優婆夷などの身にて、比丘を堀へ蹴入れさする、未曾有の悪行なり」と言はれければ、……。

（《徒然草・106》）

(〈証空上人〉"……このような〈一番賎しい〉優婆夷なんぞの分際で、一番尊い比丘を堀の中へ蹴落させるとは、古今未曾有の悪行じゃ」と仰しゃった所が、……。)

(〈证空上人〉言道："……像你这种〈最为卑贱的〉优婆夷(=在家佛道皈依者，女性)竟将地位最为尊贵的比丘推落到沟里。这真是古今未曾有的恶行！"……。)

此外，还有《平治物语・一》"凡人においては、いまだ此の<u>如く</u>の例を聞かず。"，《长门本平家・十六》"さすがに耳目を驚かす事にてこそあるべきに、かたの<u>如く</u>のいとなみあはれ也。"等例。

(二) 终止形"ごとし"一般用于终止法，表示结句，如《十训抄・第六序》"すべて人の腹立したる時、こはく制すれば、さかりなる火にすくなき水をかけむが<u>ごとし</u>。"等。但在此期却出现用作连用修饰语，修饰下接用言的接续法(见已出用例93)。

(三) 连体形"ごとき"一般用作连体修饰语，直接修饰体言，如《万叶集・三——477》"あしひきの山さへ光り咲く花の散りゆく<u>ごとき</u>わが大王かも"等。但在此期却出现以下的接续法：

"ごとき"在表示例示之意时可接助词"の"，即："ごとき+の(+体言)"。例如：

122. 始皇生き給へりし時も、此の<u>如き</u>の政、常の事なれば、

此を怪ひ疑ふ事無し。(《今昔物語集・十一──1》)
(始皇帝が生きておられるときにも、このような変ったことをいつも行なっておられたので、これを怪しく思う人はなかった。)
(始皇帝在世时也经常做出此类不同于寻常的事情，故而无人对此感到怀疑。)

123. 万人是を見て、首を低て礼拝す。此の如きの霊験、幾ばかりぞ。(《今昔物語集・十一──9》)
(すべての人はこれを見て頭をたれて礼拝した。このような霊験が数知らぬほどであった。)
(所有人见此均低头礼拜、此类灵验之谈几〈多得〉不可胜数。)

此外，还有已出前例《方丈记・闲居日野山》"和歌・管弦・往生要集ごときの抄物を入れたり。"等。

诚上所见，连体形"ごとき"一般用作连体修饰语，修饰体言，但在此期却出现用作连用修饰语，修饰下接用言的接续法(如前例94中的"……「是は何より来れる聖人の如の此き走り給ふぞ」と。")，以及《今昔物語集・三》"汝ぢ如此き思ひて、……。"等。

简约归纳

(一)连用形"ごとく"用作连体修饰语时出现"ごとく+の(+体言)"的接续法。

(二)终止形"ごとし"用作连用修饰语时出现其修饰用言的接续法。

(三)连体形"ごとき"在表示"例示"时出现了"ごとき+の(+体言)"的接续法。

关于"ごとし"等四词的活用、意义用法、接续法等已分别在上述的"简约归纳"中予以梳理，在此恕不赘言。窃以为，要确实厘清把握"ごとし"等四词的意义用法和接续，除了注意不同时代所引起的社会语言变迁对其所带来的影响外，切不可疏忽"ごとし"等四词在构词上的特点对其所产生的重要作用(如"四词"均可表示类似、等同之意，又"四词"均可上接体言等)。

比较日本文言完了助动词"つ"与"ぬ"、"たり"与"り",以及"つ、ぬ"与"たり、り"之间的主要异同

"つ"、"ぬ"与"たり"、"り"四个助动词,在文言中均称"完了助动词",表示动作、作用或状态的"完了"[1]。日本语法学家多将这四个助动词分成"つ、ぬ"和"たり、り"两类来论述或比较,认为"つ、ぬ"主要表示"完了",而"たり、り"则主要表示"存续("存在"和"继续")"。并指出,即使主要表示完了的"つ"与"ぬ"二者意义基本相同,但它们之间仍存在着细微的差异。"たり"与"り"之间也是如此,所以掌握"つ"与"ぬ"、"たり"与"り",以及"つ、ぬ"与"たり、り"之间的主要异同,有利于对这四个助动词的使用特点和对古典作品的理解。本文就有关资料,试从词源、意义、接续等三方面,对以上的异同进行初步的整理和比较。

---

[1] 这四个助动词与时间无关。它们既可表示过去的,也可表示现在或未来的动作、作用、状态的"完了"。见岩渊悦太郎著『新版文語文法・教授資料』(秀英出版)63页。

"つ"与"ぬ"的主要异同

一、词源[1]

1. 关于"つ"的词源尚无定说，一般推定为：它是表示"完了"（物を意志的に眼前に放り出してしまう）意思的动词"棄つ"（タ行下二段）的活用词尾。例如："食べ"+"棄つ"→"食べ棄つ"（tab<u>e</u><u>u</u>tu）。因其"e"与"u"两元音相约而成"食べつ"（tab<u>e</u>tu）[2]。"つ"属"下二段型"活用。见表1。

表1

基本形	未然形	连用形	终止形	连体形	已然形	命令形
つ	て	て	つ	つる	つれ	てよ

2. "ぬ"的词源，一般推定为：它是表示"完了"（眼前にいたものがいつの間にかどこかへ去ってしまう）意思的动词"去ぬ"（ナ変）的活用词尾。例如："咲き"+"去ぬ"→"咲き去ぬ"（sak<u>i</u><u>i</u>nu）。因其"i"与"i"两元音相约而成"咲きぬ"（sak<u>i</u>nu）。"ぬ"属"ナ变型"活用。见表2。

表2

基本形	未然形	连用形	终止形	连体形	已然形	命令形
ぬ	な	に	ぬ	ぬる	ぬれ	ね

如以上对词源的分析所示，完了助动词"つ"与"ぬ"分别由表示"完了"的动词"棄つ"和"去ぬ"的活用词尾构成，因而它们的基本意义是表示"完了"（"…た"、"…てしまう"、"…て

---

[1] 见『岩波古語辞典』中的"基本助動詞概説"，1432页；岩渕悦太郎著『新版文語文法・教授資料』65-67页。
[2] 关于"つ"的词源，也有语法学家认为：或"棄つ"，或"果つ"（ハ行下二段）。见此島正年著『助動詞・助詞概説』（学灯社）41页。

しまった")。

二、意义

"つ"与"ぬ"的基本意义表示"完了",然而其终止形还可表示"并列";与"む"、"べし"和"き"、"けり"等助动词复合,可以表示"强意"和"过去完了"等意。但由于上述两者词源上的细微差别,使我们看到"つ"与"ぬ"在意义上确实也存在一些差异[1]。关于"つ"与"ぬ"之间的差异,历来各说不一,现归纳其要点如下:

1. "つ"表示有意识的、人为的动作、作用或状态的"完了"。主观性和动作性强,语势强、硬、急。多接于他动词下。

例如:"言ひつ""取りつ""返しつ""暮らしつ""植ゑつ""結びつ""定めつ""過ぐしつ"等。

"ぬ"表示有无意识的、自然推移的动作、作用或状态的完了。客观性和状态性强,语势弱、软、缓。多接于自动词下。

例如:"咲きぬ""暮れぬ""満ちぬ""絶えぬ""帰りぬ""越えぬ""経ぬ""成りぬ"等[2]。

如上所示,他动词多接"つ",自动词多接"ぬ",但也有一些动词,如:"あり""思ふ""来""鳴く"等既能接"つ",也可接"ぬ"。

2. "つ"与"ぬ"从奈良时代(710—792)至平安时代(794—1192),一直广泛地使用于"和歌"和散文中。到了镰仓时代(1192—1333)的后半期,两者均开始逐步衰退。

3. "つ"与"ぬ"之间的差异,尽管很细微,而且随着时间的推移,日渐变得不明显了,但依然体现在以下的主要用法之中。例如:

---

1 见中田祝夫等著『新選古典文法』(尚学图书)56-57页;松村明等编『古典語現代語助詞助動詞概説』(学灯社)115-116页。
2 见岸田武夫著『高等古典語法』(京都书房)51页。

比较日本文言完了助动词"つ"与"ぬ"、"たり"与"り"，以及"つ、ぬ"与"たり、り"之间的主要异同

A：表示"完了"（"…だ""…てしまう""…てしまった"）：

1. 秋田、なよ竹のかぐや姫とつけつ。（《竹取物语》）
   （秋田はなよ竹のかぐや姫と名づけた。）
   （秋田取其名为嫩竹的辉夜姬。）
2. 死にければ、門の外に引き棄てつ。（《枕草子》）
   （〈犬は〉死んだので、門外に引きずりだしてすててしまった。）
   （〈狗〉已死，故将其拖出门外弃之。）
3. はや、舟に乗れ、日も暮れぬ。（《伊势物语》）
   （早く舟に乗りなさい。日も暮れてしまうよ。）
   （速上船，天将黑了。）
4. その事果てなば、とく帰るべし。（《徒然草》）
   （その用事が終わったら、早く帰るのがよい。）
   （若其事毕，则速归为宜。）

B："つ"与"ぬ"还多与表示推量、意志的助动词"む"、"べし"等相接，构成复合助动词，表示"强意"（也称"确信"），相当于口语："きっと…だろう""必ず…しよう"。例如："返してむ""降りなむ""入れつべし""吹きぬべし"等。

5. み船返してむ。（《土佐日记》）
   （御船をぜひ引き戻そう。）
   （务必将船返回。）
6. 来む世には虫に鳥にもわれはなりなむ。（《万叶集》）
   （来世では、虫にでも鳥にでも私はなりましょう。）
   （来世我为虫鸟也无妨。）

7. 楊貴妃の例も引き出でつべうなりゆくに……。(《源氏物語》)

("べう"系"べし"的连用形"べく"的ウ音便)

(楊貴妃の例もきっと引き合いに出すにちがいないような状態になってゆくので、……。)

(这势必也会引出杨贵妃的先例,所以……。)

8. 潮が満ちぬ。風も吹きぬべし。(《土佐日記》)

(潮が満ちた、風もきっと吹き出すであろう。)

(潮满了,风也定会刮起来吧。)

如上所示,"つ"与"ぬ"虽多与"む""べし"等复合表示"强意",但它们也可单独表示"强意"[1],然而用例不多。

9. この後も讒奏する者あらば、当家追討の院宣を下されつとおぼゆるぞ。(《平家物語》)

(今後も讒言して奏上する者があるなら、平家を追討せよとの院宣がきっと下されると思われぞ。)

(若此后有人谗奏,定会下院宣讨伐平家。)

10. 今度の戦には相違なく勝ちぬとおぼゆるぞ。(《平家物語》)

(今度の戦いには、必ず勝つとおもわれるぞ。)

(此次作战,定可取胜。)

C. "つ"与"ぬ"的终止形,可表示并列("…たり…たり"),这种用法始于平安时代末期[2]。

---

[1] 见『新版文語文法・教授資料』66-67页。
[2] 见远藤嘉基监修『対照日本文法』(中央图书)62页,但也有语法学家认为:"つ"与"ぬ"表示"并列"始于镰仓时代。见松村明『新選文語文法』(第一学習社)62页。

比較日本文言完了助動詞"つ"与"ぬ"、"たり"与"り"，以及"つ、ぬ"与"たり、り"之間的主要異同

11. 僧都(そうづ)船に乗っては降り<u>つ</u>、降りては乗つ<u>つ</u>、あらまし事をぞし給ひける。(《平家物語》)

   (僧都は舟に乗っては下り<u>たり</u>、下りては乗っ<u>たり</u>、いかにも乗せてもらいたそうな様子をなされた。)

   (僧都上船又下，下船又上，是何等盼望让他乘此船回京啊。)

12. 泣き<u>ぬ</u>笑ひ<u>ぬ</u>ぞしたまひける。(《平家物語》)

   (泣い<u>たり</u>笑っ<u>たり</u>なさった。)

   (忽而哭忽而笑。)

D. "つ"与"ぬ"的連用形"て""に"一般不单独使用，多与过去助动词"き""けり"构成复合助动词，表示"过去完了"("…た""…ていた""…てしまった")等意[1]。例如："頼みそめ<u>てき</u>""刈りは<u>てけり</u>""止み<u>にき</u>""なり<u>にけり</u>"等。

13. この枝を折り<u>てしか</u>ば、さらに心もとなくて……。(《竹取物語》)

   ("しか"，"き"的已然形)

   (この枝を折っ<u>てしまった</u>ので、いっそう不安になって……。)

   (既已折得此枝，故更感不安，……。)

14. 命を惜(を)しまず戦ひて、皆追ひ返し<u>てけり</u>。(《徒然草》)

   (命をすてて戦って、皆追い返し<u>てしまった</u>。)

   (殊死奋战，将其全部击退。)

---

[1] 此处仅限于表示"つ"与"ぬ"，以及下面的"たり"与"り"可与"き"、"けり"构成复合助动词的功能，所以对"てき""てけり""にき""にけり""たりき""たりけり""りき""りけり"等各自意义及它们之间的异同，此处不作论述。

15. 一夜のうちに塵灰となりにき。（《方丈记》）

(一夜のうちに塵灰となってしまった。)

(一夜之间，化为灰烬。)

16. ぬす人なりければ、国の守にからめられにけり。（《伊势物语》）

(盗人であったので、国守に捕らえられてしまった。)

(因是盗贼，已由太守捉拿归案。)

三、接续

1. "つ"与"ぬ"，均接于动词、形容词（カリ活用）的连用形下。"つ"还接于形容动词下，但用例不多。"ぬ"则不接形容动词下。

17. さることもなかりつ。（《源氏物语》）

("なかり"，形容词"なし"的连用形)

(そのようなこともなかった。)

(并无此等事。)

18. 何かをたてまつらむ。まめまめしきものは、まさなかりなむ。（《更级日记》）

("まさなかり"，形容词"まさなし"的连用形)

(何をさしあげようか。実用むきなものは、きっとだめでしょう。)

(赠以何物？一般实用的，定为不妥吧。)

19. あはれなりつること忍びやかに奏す。（《源氏物语》）

("あはれなり"，形容动词"あはれなり"的连用形)

(じみじみとお気の毒に思ったことをひそかに奏上する。)

(悄悄地奏上极其悲惨的景象。)

2. "つ"，接于使役助动词"す""さす""しむ"的连用形下。"ぬ"，则接于被动、自发、助动词"ゆ""る""らる"的连用形下。

20. 三人の聖人極めてたふとくいひて勧めて出家せしめつ。
（《今昔物语集》）
（"しめ"，"しむ"的连用形）
（三人の聖人は、まことに尊い言葉をもって彼をすすめて出家を遂げさせた。）
（三圣人以极其尊贵的言辞劝导他，使他终于出家。）

21. 人知れずうちなかれぬ。（《更级日记》）
（"れ"，乃自发助动词"る"的连用形）
（人知れず自然に泣けてしまった。）
（不禁悄悄地哭泣。）

3. "ぬ"，在古代不接于"ナ変"动词后，直到平安时代末期才出现接"ナ変"动词的用例[1]。例如："死にぬ""去にぬ""死ににけり"等。

22. そのことば終はらざるに、すなはち死にぬ。（《今昔物语集》）
（そのことばもおわらないうちに、すぐ死んでしまった。）
（其言未尽，便即刻死去。）

23. この若き男、にはかに倒れて死にぬ。（《今昔物语集》）
（この若い男は、急に倒れて死んでしまった。）
（此年轻男子猝然倒地而死。）

---

1 见松村明『古典文法』（明治书院）68页。

4. "つ"与"ぬ"，不接于否定推量助动词"じ""まじ"下，也不接于否定助动词"ず"下。但有一例外，即"ず"的连用形之一"ざり"可下接"つ"，成"ざりつ"[1]。例如："し給はざりつる"（源氏物语）、"あはざりつれ"（宇治拾遗物语）等，但用例不多。

24. などか今まで参り給はざりつる。（《枕草子》）
　　（どうして今までおいでになりませんか。）
　　（为何迄今未去？）

5. "つ"与"ぬ"的未然形可下接"む""まし"，其连用形可下接"き""けり"，其终止形可下接"べし""らし"等。它们的下接词例（"助动词"和"接续助词"）基本相同，但也存在一些差异。例如："ぬ"的连用形"に"，可下接完了助动词"たり"，成"にたり"，但"つ"的连用形"て"，则不接"たり"。所录下表3，仅表示它们主要的、相同的下接词例。

表3

未然形	连用形	终止形	连体形	已然形	命令形
てな	ムマシバ	てに	キケリ	つぬ	ベシラシラム（结句）	つるぬる	ナリ（体言）	つれぬれ	ドモバ	てよね	○

从以上整理和比较中可看出，"つ"和"ぬ"尽管在词源、意义和接续上都存在一些细微的差异，但它们表示"完了"的基本意义是相同的，主要用法也是相同的。这也是语法学家多将"つ"与"ぬ"二者归为一类加以论述的理由吧。

---

[1] 见『岩波古語辞典』"基本助動詞概説"，1433页。否定助动词"ず"的连用形有"ず"、"ざり"和"に"（用于奈良时代）。

"たり"与"り"的主要异同

一、词源[1]

1. 关于"たり"的词源,一般推定为:它由完了助动词"つ"的连用形"て",与表示"存在"的动词"あり"(ラ变)结合而成[2]。例如:"(食べ)て"+"あり"→"(食べ)てあり"(te<u>a</u>ri)。因其"e"与"a"两元音相约,遂成为"(食べ)たり"(t<u>a</u>ri)。

2. "り"的词源,一般推定为:它由四段和"サ变"活用动词的连用形与"あり"结合而成。例如:"摘み"+"あり"→"摘みあり"(tum<u>ia</u>ri)。因其"i"与"a"两元音相约,遂成为"摘めり"(tum<u>e</u>ri)。又,"し"+"あり"→"しあり"(s<u>ia</u>ri),因其"i"与"a"两元音相约而成为"せり"(s<u>e</u>ri)。

3. 如上所示,"たり"与"り"均与表示"存在"的动词"あり"结合而成,所以说,"たり"与"り"虽称完了助动词,但其基本意义则表示"存续"("…ている""…てある"),两者均属"ラ变型"活用。见表4。

表4

基本形	未然形	连用形	终止形	连体形	已然形	命令形
たり	たら	たり	たり	たる	たれ	たれ
り	ら	り	り	る	れ	れ

二、意义

1. "たり"与"り"的基本意义表示"存续",然而也可与"き""けり"复合,表示"过去完了"等意。"たり"的终止形

---
1 同49页注1。
2 关于"たり"的词源,也有语法学家认为它是由接续助词"て"与"あり"结合而成。见时枝诚记著『日本文法・文语篇』154页。

还可表示"并列"。但由于上述两者词源上的细微差别,"たり"与"り"在意义上也存在一些差异。一般认为:"たり"主要表示动作、作用或状态完了后结果的存续,而"り"主要表示动作、作用或状态的"存续"[1]。

2. "り"在平安时代初期,与"たり"相比尚占优势,如下表5所示[2],在《古今集》《土佐日记》中,使用"り"较多。但到了中期逐渐衰退,多用其终止形"り"和连体形"る",而其他活用形的用例日益减少。与"り"相反,"たり"却逐渐得到广泛使用,从下录表5中的《枕草子》等作品使用"たり"与"り"的统计,当可清楚地看出"り"逐渐衰退的趋势。

表5

作品	古今(歌)	古今(歌以外)	后撰(歌)	后撰(歌以外)	土佐日记	竹取物语	蜻蛉日记	枕草子	源氏物语	紫式部日记	更级日记	中纳言物语	古本说话集
たり	15	62	28	133	43	95	777	1540	4293	319	244	181	484
り	87	350	84	64	106	61	98	182	3356	90	32	64	45

如上所述,"たり"在平安时代中期得到广泛使用,但到中世后,其命令形"たれ"也逐渐衰退,代之以"てあれ"。其连体形"たる"的词尾"る",从镰仓时代起就产生脱落倾向而日渐成为"た"。此"た"遂成为现代日语中的助动词"た"的终止形和连体形[3]。

3. "たり"与"り"之间在意义上的差异早在平安时代已不很

---

1 见尚学图书编『新古典文法』(尚学图书)48页;秋本守英著『古典の文法』(中央图书)52页。
2 表5引自『古典語現代語助詞助動詞詳説』137页。
3 见『国語大辞典』(小学馆)1583页。

明显了，但仍依稀表现在它们的主要用法之中。例如：

A. 表示"存续"（"…ている""…てある"）：

25. 屋のうちは暗き所なく光り満ちたり。（《竹取物语》）
   （家の内は暗いところがなく光が満ちている。）
   （满室生辉，无一暗处。）

26. 道知れる人もなくて、まどひ行きけり。（《伊势物语》）
   （道を知っている人もなくて、迷いながら行った。）
   （因无人识途，故茫然走去。）

27. 闇もなほ螢の多く飛びちがひたる。（《枕草子》）
   （闇のころであってもやはりほたるが飛びかっているのがいい。）
   （即便夜间，甚多萤火虫飞来飞去，也颇有情趣。）

28. 心持ただ痴れに痴れてまもりあへり。（《竹取物语》）
   （心持がただもう茫然として見守り合っている。）
   （只觉神志恍惚，面面相觑。）

B. 表示"完了"（"…た""…てしまう""…てしまった"）：

29. 父はこれ〈わが子〉をうち捨て十余町こそ逃げのびたれ。（《平家物语》）
   （父は自分の子供をうちすてて十余町ほど逃げのびた。）
   （父弃子逃出十余町之遥。）

30. 車持の皇子は優曇華の花持ちて上り給へり。（《竹取物语》）
   （車持の皇子は、優曇華の花を持って都へお上りになった。）

（车持皇子手持优昙华之花回京。）

C. "たり"的终止形还可表示"并列"（"…たり…たり"），此用法始于镰仓时代，但"り"却无此功能。

31. はい<u>たり</u>、のごう<u>たり</u>、ちり拾ひ、手づから掃除せられたり。（《平家物语》）
(はい<u>たり</u>、ふい<u>たり</u>、塵を拾い、自身で掃除をなさった。)
(又扫又擦，又捡拾尘埃，亲自打扫船只。)

D. "たり"与"り"的连用形"たり""り"，一般不单独使用，多与"き""けり"构成复合助动词，表示"过去完了"等意。如"遣はし<u>たりき</u>""打ち寄せられ<u>たりけり</u>""すぐれ給へ<u>りき</u>""立<u>りけり</u>"等。

32. 京にて生まれ<u>たり</u>し女子、国にて俄かに失せにしかば……。（《土佐日记》）
(京で生まれた女の子が、土佐の国で急に死んでしまったので……。)
(在京所生的女儿于土佐国突然死去，所以……。)

33. その日の軍に射て少々残り<u>たりける</u>を首高(かしらだか)に負(お)ひ成し……。（《平家物语》）
(その日の戦いには射て少し残っていた矢を高めに背負い……。)
(高高地背着那日作战剩下的几只箭……。)

34. 沖つ波高く立つ日にあへ<u>りき</u>……。（《万叶集》）
(沖の波が高く立つ日には会っていた……。)
(遇险于海上波涛汹涌之日……。)

35. その女、世人にはまされりけり。（《伊势物语》）

（その女は世間普通の女よりは一段とすぐれていた。）

（此女子远比世间一般女子优秀、出众。）

三、接续

1. "たり"接动词（但不接ラ变动词）以及助动词"る""らる""す""さす""しむ""ぬ"等连用形下。"り"仅接于"四段"动词的已然形和"サ变"动词的未然形下[1]。

2. "たり"与"り"的未然形，可下接否定助动词"ず"，但用例不多。如：

36. 世の中におしなべたらぬをえりととのへすぐりて……。（《源氏物语》）

（世間で容易に得られないような美人をえり整えて……。）

（严选世间少有、容貌出众的那样的美人……。）

37. 船子・かぢ取りは、舟歌うたひて、何とも思へらず。（《土佐日记》）

（水夫や船頭は舟歌を歌って何とも思っていない様子である。）

（船夫和船头哼着船歌，显得不以为然。）

3. "たり"与"り"的未然形，还可下接"む""まし"，其连用形可下接"き""けり"，其连体形可下接"べし""な

---

[1] "り"也有接"四段"和"サ变"动词命令形之说。此系日本语法学家根据奈良时代"万叶假名"的研究，发现カ、ハ、マ三行"四段"动词已然形的词尾发音（例："咲け"〈kě〉）和命令形的词尾发音（例："咲け"〈ke〉）是有区别的，而完了助动词"り"所接的，正是与命令形词尾相同的发音（例："咲け"〈ke〉），而不是已然形（例："咲け"〈kě〉）。另则，"サ变"动词的命令形，在古代是"せ"，而不是"せよ"，故而有以上接"命令形"之说。一般认为：奈良时代接"四段"和"サ变"动词的命令形是成立的，但平安时代以后，则接"四段"的已然形和"サ变"动词的未然形。见中田祝夫等编『古语大辞典』（小学馆）1732页。尚可参见『新版文语文法・教授资料』69页。

り"等助动词。它们的下接词例基本相同,然而也存在一些差异,例如:"り"的连体形"る"可下接"まじ",成"るまじ"。但"たり"的连体形"たる"一般不与"まじ"相接。下表6,仅表示它们主要的相同的下接词例:

表6

未然形	连用形	终止形	连体形	已然形	命令形
たら ﹛ム ズ マ シ バ﹜	たり ﹛キ ケ リ ツ﹜	たり (结句)	たる ﹛ベ シ ナ リ 体言﹜	たれ ﹛ド ド モ バ﹜	たれ ○

从以上的比较可以看出:"たり"与"り"尽管在词源,意义和接续上都存在一些细微的差异,但它们表示"存续"的基本意义是相同的,其主要用法也是相同的。这也是语法学家多将"たり"和"り"二者归为一类加以论述的理由吧。

"つ、ぬ"与"たり、り"的主要异同

通过上文对"つ"与"ぬ","たり"与"り"的主要异同的比较,已可大致看出"つ、ぬ"与"たり、り"间在词源、意义和接续上的主要异同。现将其整理、比较如下:

一、词源

1."つ"与"ぬ"分别由表示"完了"的动词"棄つ"和"去ぬ"的活用词尾构成,而"たり"与"り"则是与表示"存在"的动词"あり"结合而成。所以,"つ、ぬ"主要表示"完了","たり、り"主要表示"存续",这两者的基本意义切不可混淆。

2."たり、り"属"ラ変型"活用,"つ"与"ぬ"分别属"下二段型"和"ナ変型"活用。

二、意义

1. "つ、ぬ"与"たり、り"均可表示"完了"，其连用形（"て""に""たり""り"）均可与"き""けり"构成复合助动词，表示"过去完了"等意。

2. "つ、ぬ"与"たり"的终止形，可表示"并列"。但"り"则不能。

3. "つ、ぬ"与"む""べし"等推量助动词相接，可表示"强意"。"たり、り"虽可与"む""べし"等相接，但不能表示"强意"[1]。

三、接续

1. "つ、ぬ"接于动词、形容词（カリ活用）的活用形下。"つ"还可接于形容动词连用形下，但用例不多。"ぬ"则不接。

"たり、り"不接于形容词、形容动词下。

"たり"接于动词（但不接于ラ变动词）的连用形下；"り"接于"四段"的已然形和"サ变"的未然形下。

2. "つ、ぬ"与"たり、り"的主要下接词及其异同，详见下表7。

表7

未然性	连用形	终止形	连体形	已然形	命令形
てな / ムマシバ	てに / キケリ	つぬ / べしらラム	つるぬる / ナリ体言	つれぬれ / ドドモバ	てよね / ○
たら / ズ	たり / ツ	たり / 结句	たる / ベシナリ	たれ	たれ

---

[1] 见铃木一雄等『古典語文法』（滨岛书店）75页。

以上，从词源等三方面对"つ"与"ぬ"、"たり"与"り"，及"つ、ぬ"与"たり、り"等的主要异同进行了初步的比较，仅供文言初学者参考。要彻底理解这四个助动词的用法及其异同，除对这方面的研究尚待深入外，还需大量阅读古典作品，多比较，多琢磨，在实践中加深理解，逐步掌握。

参考文献：
塚原鉄雄著『よくわかる国文法』旺文社
江湖山恒明等編『日本文法辞典』明治書院
三矢重松著『高等日本文法』明治書院
大野晋監修『新編文語文法』中央図書

　　（本文1986年3月发表于《日语学习与研究》（《日语学习与研究》编辑委员会编，《日语学习与研究》杂志社）第二期。1990年被选入《中国日语教学研究文集・2》（中国日语教学研究会编，上海译文出版社））

比较日本文言回忆助动词"き"与"けり"在词源、意义用法和接续等三方面的主要异同

诚如大家所知,"き"与"けり"均为日本文言的回忆助动词(也称"过去助动词")[1]。二者虽都称为"回忆助动词",均可表示回忆、过去等意,但在词源、意义用法和接续等诸方面皆存在着细微的差异,加之受到时代变化所引起的社会语言变迁的诸种影响,遂成为日本文言助动词中较为不易把握的一个难点[2]。本文试参考有关论述,并以大量实例对"き"与"けり"在词源、意义用法、接续等三方面所存主要异同做一梳理和比较。

词　源

(一)关于"き"的词源虽尚无定论,但多认为:它多由"カ行系统"和"サ行系统"二者混合而成[3],见下表:

---

[1] "き"与"けり"又称"过去助动词",但二者并不是客观地表示某一事实或现象在过去确已发生,而是作者或说话者主观的判断:"回忆起来此事该已过去了"。由此可见,其与欧美语言中的"过去"这一时态的概念根本不同,故而称"き"与"けり"二者为"回忆助动词"较为妥当。此见『キ・ケリの研究』(加藤治司著,1998年版,和泉书院)119页;『古典読解の基本語法』(加藤是子著,新塔社)47页;『古文研究法』(小西甚一著,洛阳社,1979年版)166-167页。
[2] 见『古典語現代語助詞助動詞詳説』(松村明編,学灯社,1976年版)107-111页。
[3] 见『文法早わかり辞典』(国文学编辑部编,学灯社,1981年版)144-145页;『古語辞典・第八版』(松村明編,旺文社,1994年版)351页。

表1

词	未然形	连用形	终止形	连体形	已然形	命令形
き	け	○	き	○	○	○
	せ	○	○	し	しか	○

即如表1所示，未然形"け"、终止形"き"来自"カ变"动词"来"；连体形"し"和已然形"しか"来自"サ变"动词"為"。终止形"来"和"為"原为两个不同系统的词，而且均缺少活用形，不得充分使用，故而二者合为一个系统，遂成为回忆助动词"き"，其活用则属"特殊型"，见表2：

表2

词	未然形	连用形	终止形	连体形	已然形	命令形	活用型
き	(け)(せ)	○	き	し	しか	○	"特殊型"

（二）关于"けり"的词源，日本学者多认为：它由"きあり"，即"カ变"动词"来"的连用形"き"与"ラ变"动词"あり"融合而成，遂为回忆助动词"けり"[1]。其活用当属"ラ变型"，见表3：

表3

词	未然形	连用形	终止形	连体形	已然形	命令形	活用型
けり	けら	○	けり	ける	けれ	けれ	"ラ变型"

---

[1] 见『古語大辞典』（中田祝夫编监修，小学馆，1984年版）573页；『日本文法大辞典』（松村明编，明治书院，1983年版）209页；『助動詞・助詞概説』（此岛正年著，樱枫社，1993年版）51页。关于"き"和"けり"在活用上的差异，因在"词源"中对其活用的构成等已有所说明，故未赘述。以下为便于把握，兹将其主要的异同做一简约的归纳，以供参考。其一，"き"属"特殊型"活用，"けり"则为"ラ变型"活用。其二，"き"有未然形"せ"和"け"，而"けり"仅有"けら"。其三，二者的未然形多见于上代（可见本文所引之用例）。

读者不仅可以从上述"けり"的词源中，而且从文献所使用的诸如"来あり""来而有""来経有""きにてあり""来""在"等标记（即"万叶假名"）中，大体可推定出它的基本意义了吧。

如上所示，二者在词源上存在着细微的差异，正是这一差异对其活用以及意义用法、接续等诸方面均产生了重要的影响。

意义用法

"き"和"けり"的意义用法较为复杂、细微。兹将其分为"二者的变迁及其基本特点""二者的主要异同"这两部分予以梳理和浅析。

——二者的变迁及其基本特点——

（一）"き"与"けり"从上代至中世镰仓时代初一直作为常用词得以广泛使用。其后，二者开始衰微，在用法的区别上也变得日渐模糊，及至近世尤甚。但"き"的衰微早于"けり"，其终止形"き"、已然形"しか"愈益减少，连体形"し"也多作为书面语言取代终止形的"き"用于终止法，表示单纯的过去之意。自进入室町时代后（一说为室町时代中期后），"き"遂作为文言助动词日渐从口语世界中消失，唯其连体形"し"却很晚仍留在当时的口语中，如《闲吟集・36》"さて何とせうぞ一目見し面影が身を離れぬ。"等。进入近世后，乃至近代，此"し"仍然广泛地用于上述表示单纯过去的终止法，如《奥州小路・室八岛》"同行曽良が曰く、……縁起の旨、世に伝ふ事も侍りし。"、《报知新闻・明治31・10・22》"小山の別荘に静居する事と為り、昨日を以て小山

に向け出発する筈なりし。"等[1]。

而"けり"则与"き"略有不同，早在平安末"院政期"后其连体形"ける"已出现表示单纯结句的终止法的用例了。但进入中世室町时代后，"けり"始在口语中日趋衰微，但其连体形"ける"与上述的"き"一样，也还多少残存在此期的口语中，如《史记抄·11》"通例の人かと思たれば、天下の名人ちやけるよ。"、《蒙求抄·8》"始皇もさては沾て居たける、かわいいと云て……。"等。不久，"けり"也成为了仅用于书面语的文言助动词了，及至近世后便从口语世界中日趋消失[2]。据称，"そんな事もあったっけ""ずいぶんけんかをしたっけね"等现代口语中的"け"应为"けり"的残余表现。

（二）如二者的词源所示，"き"的基本意义为：回忆过去亲身经验过的事实，具有行为性、直叙性、主观性以及多用于对话等特点。它既用于"和文系"的和歌、物语等，也见于"汉文训读文"中，但在汉籍、佛典等的"汉文训读文"中，原则上无论亲身经验或非亲身经验的皆用"き"予以表示。

而"けり"的基本意义则为：回忆过去发生的，并一直存续至今的事情，具有说明性、叙事性、客观性以及多用于记述的，即文章的叙述部分(=地の文)等的特点。它多用于"和文系"的物语、和歌等，极少见于"汉文训读文"中[3]。

——二者的主要异同——

（一）诚上所示，"き"与"けり"均可表示回忆之意，但二者

---

[1] 见『研究資料日本文法·第7卷』(铃木一彦等编，明治书院，1985年版)60-51页；『考究古典文法』(中田祝夫著，新塔社，1974年版)186页；『よくわかる国文法』(塚原铁雄等著，旺文社，1974年版)275-277页。

[2] 见『助動詞·助詞概説』51-52页；『研究資料日本文法·第7卷』54-55页；『ベネッセ古語辞典』(井上宗雄等编，Benesse，1999年版)467页。

[3] 见『古語大辞典』(中田祝夫编监修，小学馆，1984年版)573页。

之间存有细微的差异——

Ⅰ."き"表示回忆过去亲身经验过的事实，故谓"直接经验的回忆"（也称"目睹回想""体験の回想"等）。此意为"き"所表意义中的最常见的一种用法。例如：

1. 霍公鳥思はずあり<u>き</u>木の暗のかくなるまでになにか来鳴かぬ。（《万叶集・八・1487》）
  （ほととぎすよ、私は思いも<u>よらなかった</u>。木の葉が茂ってこんなにほの暗くなるまでにどうして来て鳴かないのか。）
  （叶茂林暗好啼叫，杜鹃不来多蹊跷。）
2. わが宿に蒔き<u>し</u>瞿麦いつしかも花に咲きなむ……。（《万叶集八・1448》）
  （我が家の庭に<u>まいた</u>ナデシコは、いつになったら、花に咲くことだろう……。）
  （我家庭院种瞿麦，不知何时始开花。……）
3. ある時は、風につけて知らぬ国に吹き寄せられて、鬼のやうなもの出で来て殺さむとし<u>き</u>。（《竹取物语・蓬莱玉枝》）
  （ある時は、風の吹くにつれて知らぬ国に吹き寄せられて、鬼のようなものが出て来て、〈私を〉殺そうと<u>した</u>。）
  （有时候，随风被吹到不知名的国度。〈于此〉出现像鬼那样的怪物，〈他〉要杀害〈我〉。）
4. ……男ども参りて申すやう、「龍の首の玉をえ取らざり<u>し</u>かばなむ殿へもえ参らざり<u>し</u>。……」と申す。（《竹取物语・龙首珠》）
  （……家来たちが帰参して申しあげるには、「龍の頸の玉を取ることが<u>できなかった</u>ので、お邸へも帰参できませんで

した。……」と申しあげる。)

(……〈派去的〉家臣们回来后〈向大纳言〉言道：〈我等〉没能取得龙首珠，故而也未回贵宅〈禀告〉。……)

5. 京より下りし時に、みな人子どももなかりき。(《土佐日記・2月9日》)

(京から〈土佐国に〉下向した時に、同行の人は誰もみな子どもなかった。)

(由京都来〈土佐国〉时，在同行者中谁都没有孩子。)

6. ……十年ばかり侍ひて聞きしに、まことにさらに音もせざりき。(《枕草子・41》)

(……〈私も〉十年ばかり禁中に奉仕して聞こうとしたが、事実、いっこう〈鶯の〉鳴き声なんかしなかった。)

(我在宫中也约侍奉了十年，〈其间〉也想听一听，而事实上根本就没有听到过〈黄莺的〉鸣叫声。)

7. 都をばかすみとともに立ちしかど秋風ぞ吹く白河の関。(《后拾遺・9》)

(都をば春霞の立つのといっしょに出立したが、この白河の関に来ていると、もう秋風が吹いていることだ。)

(我披春霞离京去，白河关至秋风起。)

8. この男の家ゆかしくて率て行けと言ひしかば、率て来たり。(《更級日記・武藏之旅》)

(この男の家が見たくて、連れて行けと言ったので、〈この男が私を〉連れて来た。)

(〈我〉想看看此男子家，便说："带我去吧！"故而〈此男子将我〉带来了。)

9. 相師、奇異也と思ひて、童児に問ひて云はく、「昨日汝を見しに、命亦昨日許也き。而るに、今日見るに、命既に七十余也。……」と。(《今昔物语集・六——48》)

（占い師は不思議なことだと思い、この子に向って「昨日おまえを見た時に、命は昨日かぎりだった。ところが今日見ると、寿命が七十余歳になっている。……」と聞くと、……。）

（相师感到很奇怪，当问及此子道："昨天，〈我〉见你时，〈你〉命只到昨天为止。可今日一见，你寿命却有七十多岁了。……"……。）

10. また、治承四年水無月のころ、にはかに都遷り侍りき。いと思ひの外なりしことなり。（《方丈記・遷都》）

（また、治承四年の陰暦六月ごろに、急に遷都がありました。〈この遷都は〉実に思いもよらなかったことである。）

（又，约于治承四年的阴历六月时分，出乎意料地发生迁都一事。）

11. 五月五日、賀茂の競べ馬を見侍りしに、車の前に雑人立ち隔てて見えざりしかば、……。（《徒然草・41》）

（五月五日に、賀茂の競馬を見物しました折に、私の乗っている牛車の前に下賎しいの者たちが立ちさえぎって競馬が見えなかったので、……。）

（于五月五日，观看贺茂神社的赛马时，卑贱的人们拥堵在我所乘坐的牛车前，故而无法看到赛马，于是便……。））

Ⅱ．"けり"表示回忆并非说话人、作者所亲身经验的事实，即为传闻(=…た、…たそうだ)，故谓"间接经验的回忆"（也称"伝承 回想""伝聞の回想"）[1]，此意多见于平安时代的"物语"等中的叙事部分，例如：

---

1 见『必携古語辞典』（山田俊雄等编，角川书店，1988年版）290页；『日本文法大辞典』151页，210页。

12. 今は昔、竹取の翁といふもの有りけり。……名をば、さかきの造となむいひける。(《竹取物語・輝夜姫的生长》)

(今はもう昔のことだが、竹取の翁というものがいたそうだ。……その名を、さかきの造と言った。)

(据说，昔日有一伐竹翁，称其……名为赞歧造。)

13. 昔、惟喬の親王と申す皇子おはしましけり。山崎のあなたに、水無瀬といふところに宮ありけり。(《伊勢物語・82》)

(昔、惟喬親王と申しあげる、親王がおいでになった。山崎のむこうの水無瀬というところに〈この親王の〉離宮があった。)

(昔日，有一亲王，称惟乔亲王。在山崎的对岸有一名谓水无濑的地方，设有〈此亲王的〉离宫。)

14. むかし、男ありけり。身はいやしながら、母なむ宮なりける。その母、長岡といふところに住み給ひけり。(《伊勢物語・84》)

(昔、男がいた。〈その男の〉身分は低いけれども、〈男の〉母は、皇女であった。その母は、長岡というところに住んでいらっしゃった。)

(昔日，有一男子，虽说〈此男子的〉身份微贱，但〈男子的〉母亲却是皇女。其母住在名唤长冈的地方。)

15. いづれの御時にか、女御・更衣あまた侍ひ給ひける中に、いとやむごとなき際にはあらぬが、すぐれて時めき給ふありけり……。(《源氏物語・桐壺》)

(どの帝の御代であったか、女御や更衣たちが数多くおそばにお仕え申していられた中に、ひどく高貴な身分ではなく、きわだって帝のご寵愛をもっぱらにされるかたがあった。)

（某朝天皇治世年间，在〈后宫〉众多女御和更衣中有一身份并不高贵，受到天皇特别宠爱的〈桐壶更衣〉。）

16. 命婦は、まだ大殿ごもらせたまはざりけると、あはれに見奉る。（《源氏物语·桐壶》）

（命婦は、〈帝は〉まだおやすみなさらなかったよと、しみじみいたわしいと拝見する。）

（〈回到宫中的〉命妇拜见〈桐壶帝〉，而其尚未就寝，令人为之感到悲痛。）

17. むかし、男ありけり。歌はよまざりけれど、世の中を思ひ知りたりけり。（《伊势物语·103》）

（昔、男がいた。歌は詠まなかったけれども、男女の仲のことについてはよく解していた。）

（昔日，有一男子。其素不咏歌，然而却深知有关男女关系之事。）

18. 昔、しもつさの国に、まのてうとふ人住みけり。（《更级日记·下总之旅》）

（昔、下総の国に、まのの長者という人が住んでいたそうだ。）

（听说，昔日在下总国住着一位名谓"浜野(=地名)富豪"的人。）

19. ……片方に寄りて寝たる由にて、出てくるを待ちけるに、……。（《宇治拾遗物语·一——12》）

（……〈へやの〉片隅に寄って、寝入ったふりをして、出来上るのを待っていた。そのうちに、……。）

（〈一个寺院童仆〉……靠在〈房间的〉角落里装着睡着的样子，等待〈牡丹糕〉做好。而就在那个时候，……。）

20. 今は昔、天竺に一人の婆羅門ありけり。（《今昔物语集·四——30》）

(今となっては昔のことだが、天竺に一人の僧がいたそうだ。)

(据云，昔日在天竺有一位僧人。)

21. これも昔、右の顔に大きなこぶある翁ありけり。(《宇治拾遺物語・一——3》)

(これも昔のこと、顔の右側に大きなこぶのある老人があったそうだ。)

(此也为昔日之事。听说有一在其脸的右边长着一个大瘤子的老翁。)

22. 仁和寺にある法師、年寄るまで石清水を拝まざりければ、心うく覚えて、ある時思ひ立ちて、ただひとり、徒歩より詣でけり。(《徒然草・52》)

(仁和寺のある法師が、年を取るまで石清水八幡宮を拝まないでいたので、残念に感じて、或る時思い立って、たった一人で徒歩で参詣した。)

(仁和寺的某法师直至年老也未参拜过石清水八幡宫，故而深感遗憾。一天，〈他〉忽而发愿独自一人徒步前往参拜。)

23. 坊の傍に、大きなる榎の木のありければ、人、「榎木僧正」とぞ言ひける。(《徒然草・45》)

(坊のそばに大きな榎の木があったので、人々は、〈その坊に住む僧を〉榎の木の僧正と呼んだ。)

(在僧房边种有一株粗大的榎木，故而人们称〈住此僧房的僧人〉为榎木之僧正(=最高位的僧官)。)

24. 〈法師〉「……そも、参りたる人ごとに山へのぼりしは、何事かありけん、ゆかしかりしかど、……」とぞいひける。(《徒然草・52》)

(〈法師〉「……それにしても、参詣した人は誰も誰も山へ登ったのは、一体、何事があったのでしょう。私も登って見たかったけれども……。」と言ったことだ。)

(〈法师〉)言道:"……尽管如此,〈来此〉参拜〈八幡宫的〉无不登山,那么〈山上〉究竟有什么事?我也想登山一见,然而……。")

(二)"き"的连体形"し"和"けり"的连体形"ける"均可用于表示单纯结句的终止法(=……た)。

Ⅰ.所谓"连体形终止法"(="連体止め""余情表現")[1],其意"为表示余韵、感叹、委婉等语感而以活用词连体形结句"的一种终止法(见下例25):

25. 如何にある布勢の浦ぞもここだくに君が見せむとわれを留むる。(《万叶集·十八——4036》)
(どんなに美しい布勢の浦であろう——。こんなにもあなたが見せようと私を引きとめなさるのだ。)
(美哉布势浦,欲让观此景,留我为此事,叹君多热忱。)

"き"的连体形"し"早在上代也已见其用于"连体形终止法"(见下例26)。约进入平安中期后,此种柔和的终止法为贵族社会的时人所好,其用例也日趋增多。当时它主要用于会话,也见于书简文等。例如:

26. ……さ夜更けて暁露にわが立ち濡れし。(《万叶集·二——105》)
(……夜が更け、あけ方の露に、私はすっかりたち濡れてし

---

[1] 见『文語文法詳説』(汤泽幸次郎著,右文书院,1977年版)401-404页;『日本文法大辞典』151页;『古典読解の基本語法』48页,146-147页,151页,180页;『よくわかる国文法』277页。

まったことだ。）

（……夜深伫立久，晓露湿衣襟。）

27. 「……撫子の花を折りておこせたり<u>し</u>」とて涙ぐみたり。

（《源氏物语・帚木》）

（〈頭中将〉「……撫子を折って〈消息文を添えて〉私によこしたのであったことよ」と言って涙ぐんでいた。）

（〈头中将〉言道："……是她折的抚子，〈并附上书信〉差人送给我的。"至此，不禁双目噙泪。）

此外，尚有《源氏物语・帚木》"荒れたる家の、露繁きをながめて、虫の音にきほへる気色、昔物語めきて、おぼえ侍り<u>し</u>。"等。

但及至平安末"院政期"后，由于出现上述"连体形终止法"的大量用例，加之不同时代所引起的社会语言变迁的影响，遂开始出现可用于文章的叙述部分（=地の文），表示单纯结句的用例（据称，"ける"用例已见于此期，而"し"的用例则始于进入镰仓时代后）。但需注意，此法即"连体形表示单纯结句的用法"，与上述表示感叹、余韵等的"连体形终止法"是完全不同的两种终止法。此一语法变迁的现象说明了连体形这一形态已侵占了终止形的位置，具有取代终止形兼表终止法的功能。

在进入中世镰仓时代后，虽仍见有以"连体形终止法"表示感叹、余韵等的用例，如下例等：

28. ……おほくなみゐたりける平家の侍共、「あっぱれ其馬は、をととひまでは候ひし物を」、「昨日も候ひ<u>し</u>」、「けさも庭乗し候ひつる」となンど申しければ、……。

（《平家物语・四——竟武士》）

(……大勢列座していた平家の侍どもが、「ああその馬は一昨日まではいましたのに」、「昨日もいました」、「今朝も庭で乗りまわしていましたよ」などど申したので、……。)

(……许多在座的平家武士们说"'那匹马前天还在,可……。'、'昨天还在呐。'、'今晨还在院子里练马转圈呐。'所以,……。"所以,……。)

但随着时间的推移,以"し"表示单纯结句的用例日益见多,及至室町末期后其势力更甚,几乎取代了终止形"き"而用"し"表示结句。例如:

29. 我昨日物語せんと思ひしに、〈汝〉我を見ざりし。(《古今著聞集・釈教》)

(我は昨日はなそうと思ったが、〈汝は〉我を見なかった。)

(我昨天就想说,但〈你〉并未看见我。)

30. その人、ほどなく失せにけりと聞き侍りし。(《徒然草・32》)

(その女の方は、まもなくなくなってしまったと聞きました。)

(据云,此女子不久便离却人世了。)

31. 「昨日は西園寺に参りたりし」、「今日は院へ参るべし」、「ただ今はそこそこに」など言ひあへり。(《徒然草・50》)

(「きのうは西園寺に参上していたよ。きょうは上皇の御所へ参上するだろう。今はどこそこに〈いる〉」などとうわさし合っている。)

(〈众人〉口口相传："昨天去了西园寺了。今日定去上皇的御所吧。现〈在〉什么什么地方。"等。)

32. 物語するを聞けば、越後の国新潟といふ所の遊女なりし。

(《奥州小路・市振之关》)

(話しをしているのを聞くと、越後の国新潟という所の遊女であった。)

(听了她们的言谈后，便〈知这二女〉乃越后国新泻这一地方的妓女。)

Ⅱ."けり"由于上述同样的原因，在进入平安末"院政期"后便出现以连体形"ける"用于文章的叙述部分，表示单纯结句的用例[1]。例如：

33. 今は昔、鎮西筑前の国に相ひ知る人も無き尼有りける。

(《今昔物语集・十五——41》)

(今は昔、九州の筑前国にだれ一人知るべのない尼があった。)

(昔日，在九州的筑前国有一个尼僧，竟连一个相识皆无。)

34. 此、陸奥守貞盛と云ける兵の孫也。亦、其時に平致頼と云兵有りける。(《今昔物语集・廿三——13》)

(これは陸奥守貞盛といった武人の孫である。また、同じころ、平致頼という武人がいた。)

(此人乃名谓陆奥守贞盛的武人之孙，又于同一时候，有一名谓平致赖的武人。)

---

1 见『国語史概説』(松村明著，秀英出版，1980年版)105页；『必携古語辞典』289页；『全訳古語例解辞典・第三版』(北原保雄编，小学馆，1999年版)398页。

35. 此の業平は此様にし和歌を微妙く読める、となむ語り伝へたるとや。(《今昔物語集・廿四——35》)

(この業平はかように和歌をすばらしく上手によんだ、とこう語り伝えているということだ。)

(据如此传道：在原业平此人就是一个如此出色地善作和歌者。)

36. 夜すでに明けければ、なぎさに赤旗少々ひらめいたり。(《平家物语・十一——胜浦》)

(夜はすでに明けたので、見ると渚に赤旗少々ひらひらひらめいている。)

(因天色已明，只见岸边红旗正微微地飘舞。)

37. ……あまりに色の黒かりしかば、見る人黒帥とぞ申しける。(《叶子十行本平家物语・殿上暗害》)

(……あまりに顔の色が黒かったので、見る人は、「黒帥」と仇名をつけて呼んでいた。)

(……因其脸色太黑，故而看见〈他的〉人均称其外号为"黑帥"。)

38. その後はまゐらざりけると聞き侍るに、……。(《徒然草・10》)

(それからは、〈大臣邸へも〉お伺いしなかったと聞いておりましたが、……。)

(听云，〈西行(=歌人)〉此后再也没有去过大臣的官邸。)

39.「悲しや。いかなる因果にて、田舎には生まれけるぞ」。(《日本永代藏・三》)

(「悲しいなあ。一体どんな前世の報いで、〈私は〉田舎になんか生まれたのか」。)

("实在可怜啊！〈我〉究竟因为什么样的前世报应而生在乡下的？")

此外，如《日本永代藏・二》"葭垣に自然と朝顔のはえかかりしを、同じながめには、はなかきものとて、刀豆に植えかへける。"等。

（三）"き"尚可表示以下三种用法，但其不见于"けり"[1]——。

Ⅰ.回忆〈即虽非亲身经验的传承之事，但〉为人所深信的过去确实发生过的事情(=…た)。例如：

40. 高天原より天降りましし天皇が御世を始めて、中今に至るまでに、……。(《宣命・四诏》)

（高天原から天降りなさった天皇が御世を始めとして、現在に至るまでに、……。）

（从高天原由天而降的天皇开始治世后，直至今天，……。）

41. 音に聞き目にはいまだ見ず佐用姫が領巾振りきとふ君松浦山。(《万叶集・五――883》)

（噂に聞いても実際には見たことがない。佐用姫が領巾を振ったという松浦の山は。）

（于此耳闻未见实，佐用姫登松浦山，候君早归挥领巾。）

42. 香具山は畝火を惜しと耳梨とあひ争ひき……。(《万叶集・一――13》)

（香具山は畝火山をいとしいとして、耳成山と互いに争った。……）

（香具恋慕畝火山，遂于耳成相互争。）

---

[1] 见『古語大辞典』431页；『文語文法詳説』398-399页；『古典文法・別記』(冈崎正継著，秀英出版，1991年版)98页；『ベネッセ古語辞典』364页。

43. いにしへにあり<u>き</u>あらずはしらねどもちとせのためし君にはじめむ。（《古今集・賀歌——353》）

(その昔にこのような例が<u>あった</u>かなかったかは知らないが、千年の長寿(ちょうじゅ)の例をあなた（=本康親王）からはじめよう。)

(昔日怎知有此例，千年长寿始从君。)

44. 国香(くにか)より正盛(まさもり)にいたるまで六代(ろくだい)は、諸国(しょこく)の受領(じゅりゃう)たり<u>しか</u>ども、殿上(でんじゃう)の仙籍(せんせき)をばいまだ許(ゆる)されず。（《平家物語・一——祇园精舎》）

(その国香から正盛に至(いた)るまでの六代の間(あいだ)は、受領<u>ではあった</u>が、まだ昇殿(しょうでん)は許されなかった。)

(从其国香至正盛的六代，其间均为受领（=诸国的长官一职），〈至今〉未被准许升殿。)

45. この天皇(てんわう)、天下(てんか)を収(をさ)め給(たま)ふこと七十六年。一百二十七歳おはし<u>き</u>。（《神皇正统记》）

(この天皇は、世の中をお治めになること七十年。百二十七年生きていらっしゃった。)

(此天皇治世已有七十年，世寿已是一百二十七岁了。)

Ⅱ．（以疑问的形式）询问对方对于过去事实的体验和回忆（=…た）。此法虽早见于上代，如（《万叶集・二——112》）"いにしへに恋(こ)ふらむ鳥は霍公鳥(ほととぎす)けだしや鳴き<u>し</u>吾(あ)が思へるごと"等，但用例似不多见。例如：

46. くれ竹(たけ)のよよの竹とり野山(のやま)にもさやはわびしきふしをのみ見(み)<u>し</u>。（《竹取物语・蓬莱玉枝》）

(昔から代々竹を取って苦労(くろう)する野山においても、そのようにつらい目にばかり<u>会ったでしょうか</u>。いや見ませんでし

た。)

(世代伐竹在山野，岂犹〈皇子〉多艰险。)

47. いかにぞ。昨夜、宮は待ち喜び給ひきや。(《源氏物語・野分》)

(どうだったのだ。昨夜、大宮は待っていて喜んで下さったか。)

(怎么样？昨夜，大宫等着〈你〉，感到十分欣喜吧。)

48. 法師、此の事を聞きて哀の心深くして、亦、問ひ給はく、「汝、家にありけむ時、此の病を受けて、薬を教ふる人は無かりきや否や」と。(《今昔物語集・六——6》)

(法師はこれを聞いて心から同情し、重ねて「そなたが家にいてこの病にかかったとき、だれも薬を教えてくれなかったのですか」とお聞きになると、……。)

(法师闻后由衷地深表同情，当其又闻道："你在家里患此病时，谁都没有告诉你服什么药吗？"、……。)

Ⅲ."き"可表示过去的动作、作用完成后结果的存续，但此法的用例似不多见。例如：

49. わが園の咲きし桜を見わたせばさながら春の錦はへけり。(《藤原为忠集》)

(私の家庭の咲いている桜を見わたすというと、ちょうど春の錦を張りわたしたようだ。)

(春日环顾我院樱，恰如遍地铺织锦。)

(四)"けり"可表以下的三种用法，同样也不见于"き"[1]——

---

1 见『古典読解の基本語法』48-50頁；『日本文法大辞典』210頁；『詳説古語辞典』(秋山虔等編，三省堂，2000年版)476頁。

Ⅰ. 回忆过去发生的，并一直存续至今的事。此为"けり"的基本意义，其例多见《万叶集》中。例如：

50. ……そらみつ倭の国は……言霊の幸はふ国と語り継ぎ言ひ継がひけり。(《万叶集・五——894》)

（……この大和の国は……言霊の力が幸福をもたらす国であると語り継ぎ言い継いで来た。）

（……此大和国世代相传为……由言灵之力所造就的幸福之国。）

51. ……神代より春は萌りつつ秋は散りけり。(《万叶集・九——1707》)

（……神代の昔から春は草木が芽を吹きながら、秋は散ってしまうことよ。）

（神代昔日起，草木均同然，春来发新芽，秋至尽凋零。）

52. 田児の浦ゆうち出でて見れば真白にぞ不尽の高嶺に雪は降りける。(《万叶集・三——318》)

（田子の浦を通って広々とした所に出て見ると。まっしろに富士の高嶺の雪が降り積っていることだ。）

（通过田子浦，来至〈视野〉开阔地，仰望富士山，皑皑白雪积高岭。）

53. 昔、安倍の仲麿といひける人は、もろこしに渡りて、帰り来ける時に、舟に乗るべき所にて、かの国人、馬のはなむけし、別れ惜しみて、かしこの唐詩作りなどしける。(《土佐日记・1月19日》)

（昔、安倍の仲麿といった人は、唐に渡って、帰って来た時に、乗船場で、むこうの国の人か餞別をし別れを別れ惜しんで、あちらの唐詩を作ったりなどしたということだ。）

（据云，昔日名谓安倍仲麻吕的人渡唐，其后归国时，在登船处彼国人赠送饯别礼物，依依不舍，并作彼国的汉诗等。）

Ⅱ. 表示对过去的或尚未觉察（意识）到的事实方始觉察时所发出的感叹、惊叹（=…たことよ、…たのだなあ），故也称"気づきのけり"（即谓"感嘆的けり"）。此法主要见于对话、心语（日语作"心中思惟文"）、和歌等，多对眼前所觉察的事实表示感叹之意。例如：

54. 人もなき空しき家は草枕旅にまさり苦しかりけり。（《万叶集・三——451》）
（人けもないからっぽの家にいることは、やはり旅にもまして<u>つらいことだ</u>。）
（此居寂寞空无一人，苦比羁旅不堪言。）

55. 世の中は空しきものとあらむとぞこの照る月は満ち欠けしける。（《万叶集・三——442》）
（世の中は無常なものであるとばかりに、この照る月は満ち欠けしている<u>だったのだなあ</u>。）
（正因世间本无常，明月自当亏或盈。）

56. み山には松の雪だにきえなくに宮はのべのわかなつみけり。（《古今集・春歌上——19》）
（山深いここでは松につもった雪さえまだ消えないのに、都ではもう野辺に芽ばえた若菜を<u>つんでいることだ</u>。）
（深山松上雪，时今未消融，春菜长新芽，京野忙采摘。）

但及至平安时代后，除以"…けり"外，也多以"…なりけり"的形式表示此意。例如：

57. 吹く風の色の千種に見えつるは秋の木の葉の散ればなりけり。(《古今集・秋歌下——290》)

(吹く風の色がさまざまに見えたのは、秋の木の葉が風の中舞っていたのだなあ。)

(看去金风色千种,原为秋叶舞半空。)

58. 三、四日吹きて、吹き返し寄せたり。浜を見れば、播磨の明石の浜なりけり。(《竹取物语・龙首珠》)

(〈風は〉三、四日吹いて、〈舟を浜辺に〉吹き返し寄せた。〈舟の着いた〉浜を見ると、そこは播磨の明石の浜であったのだなあ。)

(〈风〉吹了三四天,将其吹回〈海边〉。一见〈船只所靠的〉海滨,〈方知〉此处原为播磨国明石的海滨啊。)

59.「あさましう、犬なども、かかる心あるものなりけり」と笑はせ給ふ。(《枕草子・9》)

(〈帝〉「意外にも、犬などにもこのような心があるものだなあ」と、お笑いあそばす。)

(〈天皇〉笑而言道:"真让人感到意外,连狗(=翁丸)也会有如此顾忌!")

60. 月のいとはなやかにさし出でたるに、今宵は十五夜なりけりと思し出でて、……。(《源氏物语・须磨》)

(月がたいへん美しくさし登った時に、〈源氏〉「今宵は十五夜であったなあ」と思い出しになって、……。)

(当十分皎洁、清丽的月亮升起之时,〈源氏不禁〉想起"今宵乃十五之夜啊!"……)

61. かかる人も、世に出でおはするものなりけり。(《源氏物语・桐壶》)

(このような立派なお方も、世の中には生まれていらっしゃるものなんだなあ。)

(如此俊秀的人竟然也降生在这个世上！)

62. ……頭もみな白けぬ。ななそぢやそぢは海にあるものなりけり。(《土佐日记・1月21日》)

(……〈心労のため〉頭もすっかり白くなってしまった。〈これを見ると〉七十歳、八十歳〈という老齢〉は海にあるものなのだなあ。)

(……〈船主由于操劳而〉头发也全都变白了。〈见此状不禁感到〉七十岁、八十岁的高龄者该是长年在海上所遇诸多惊险所刻下的印记吧。)

Ⅲ. 表示单纯的感动(用作"连歌""俳句"等的"切れ字")[1]。例如：

63. 枯れ枝に烏のとまりけり秋の暮れ。(《芭蕉・旷野》)

(枯れ枝にカラスが一羽止まっていることだ。秋の夕暮の〈もの寂しい〉景色。)

(枯枝停寒鸦，秋暮何凄清！)

64. 暑き夜の荷と荷の間に寝たりけり。(《一茶》)

(暑い夜に、〈停泊中の狭い舟の中で〉いっぱいに積まれた荷物と荷物の間の狭いところで〈私は今〉身を横たえていることよ。)

(置身满船货物间，暑夜闷热难成眠。)

---

[1] 见『全訳読解古語辞典』(铃木一雄等编，三省堂，1995年版)381页；『最新全訳古語辞典』(三角洋一等编，东京书籍，2006年版)437页。所谓"切れ字"，即用于连歌，俳谐的"発句"的句末或句中，表示断句、结句之词，意在表示咏叹，丰富句的诗情等。其主要用"や""かな"等助词，"けり""らん"等助动词，以及活用词的命令形等予以表示。如松尾芭蕉的"荒海や佐渡に横たふ天の川""吹きとばす石はあさまの野分かな"等。

(五)如上表2、表3所示，"き"与"けり"均有未然形，而且仅限于以"连语"的形式表示，但二者在意义用法上仍有所不同。

Ⅰ."き"有"せ"和"け"两个未然形。但需注意：

其一，"せ"仅限于与接续助词"ば"相接，构成连语"せば"，此词表示假定条件，与时相无关[1]。"せば"虽可单独使用，但多与助动词"まし"相呼应，即以"…せば…まし"的形式表示与事实相反的设想之意(=…もし…だとしたら…だろうに)。它主要用于上代和中古的"和歌"，如《日本书纪·歌谣27》"尾張に直に向へる一つ松、あはれ一つ松。人にありせば衣著せましを。大刀佩けましを。"等。此外，尚有下例：

65. 我妹子が形見の衣なかりせば何物もてか命継がまし。(《万叶集·十五——3733》)

(あなたの形見の衣がなかったら、何を頼りに命を繋ごうか。)

(若无我妹贴身衣，维系生命赖于何？)

66. ……我が大君皇子の尊の天の下知らしめしせば春花の尊からむと……。(《万叶集·二——167》)

(……わが大君、日並皇子尊が天下をお治めになったとしたら、春の花のように繁栄されるであろうと……。)

(……若我大君日并皇子统治天下，则将繁荣昌盛，犹如春花烂漫。……)

---

1 见『最新全訳古語辞典』401页；『研究資料日本文法·第7巻』50页；『改訂増補国文法入門』(松尾聰著，研究社，1984年版)40-41页；『高等古典文法』(岸田武夫著，京都书房)62页。但需注意，虽说大多学者(如山田孝雄等)认为"せば"是由"き"的未然形"せ"与接续助词"ば"构成，但也有学者认为此"せ"为"サ变"动词的未然形"せ"，但此说很难成立。如文中67例所示——"神無月雨間もおかず降りにせばいづれの里の宿か借らまし。"，此处的"に"为完了助动词"ぬ"的连用形"に"，而"サ变"动词是不接上述"に"下的，故而当为"き"的未然形。

67. 神無月雨間もおかず降りにせばいづれの里の宿か借らまし。(《万叶集・十二――3214》)

(十月のしぐれがやむ間もなく降ったら、いったいこの里の宿を借りることができようか。)

(十月时月若不下，村里何处可借宿。)

68. 世の中にたえて桜のなかりせば春の心はのどけからまし。(《古今集・春歌上――53》)

(世の中に全く桜など存在しなかったら、春の気持ちはどんなにゆったりしたものであろうか。)

(世上若无樱，春心一何静。)

69. ……夢と知りせば覚めざらましを。(《古今集・恋歌二――552》)

(……それが夢と知ったならば、私は覚ますのではなかっただろうに。)

(……若知〈思念〉在梦境，莫如不醒〈可见君〉。)

　　上述"…せば…まし"的形式虽说主要用于上代与中古的"和歌"，但也见于中世的"军记物语"等中，如《平家物語・二》)"家をも出で世をも遁れたりせば、今かかる憂き耳をば聞かざらましとぞ、御嘆ありける。"等。

　　其二，"け"则仅限于"けば(ば，接续助词)""けく(く，准体助词)""けむ(む，推量助动词)"等若干的"连语"形式[1]。例如：

70. 根白の白腕まかずけばこそ……。(《古事記・下》)

(その根が白いように白いあなたの腕を私が枕としなかった

---

[1] 见『詳説古語辞典』382页；『ベネッセ古語辞典』364页；『古語辞典・第八版』352页；『文語文法詳説』249页。

のなら、……。)

(我若不以你那白萝卜根似地白白的手臂作枕，则……。)

71. 菱茎（ひしがら）の刺（さ）しけく知らに、……。(《日本书纪・应神》)

(菱の茎が、ずっと以前からどんどん延（の）び広（ひろ）がっていたのにも気かず……。)

(并未觉察那很早以前就不断地向四周伸展的菱茎，……。)

72. 鶏（とり）が鳴（な）く東（あづま）男（をとこ）の妻（つま）別（わか）れ悲しくありけむ……。(《万叶集・廿——4333》)

(東国の男子の妻との別れはさぞ悲しかったろう……。)

(虽云东国男，别妻也当悲，……。)

Ⅱ．"けり"有未然形"けら"，它仅限于"けらく（く，准体助词）""けらずや（ず，否定助动词；や，表反问的系助词）"等"连语"形式，二者也均见于上代[1]。例如：

73. ……神代より言ひ継ぎけらく父母（ちちはは）を見れば尊（たふと）く妻子（めこ）見ればかなしく……とかくさまに言ひ来（け）るものを……。(《万叶集・十八——4106》)

(……神代から言い継いで来たことには、「父や母を見ると尊く、妻や子を見ると可愛くいとしい。……」と、このように言い伝（つた）えて来たものを、……。)

(……自神代起就是这样相传下来的："见父母则敬，见妻儿则爱。……")

74. 世（よ）の中の苦しきものにありけらく……。(《万叶集・四——738》)

(世の中が苦しいものであるといういまさらに感じたことだ。……。)

---

1 见『最新全訳古語辞典』496页；『詳説古語辞典』474-475页；『日本文法大辞典』209页。

（今更有此感，世间苦不堪。……）

75. ……青柳は蘰にすべくなりに<u>けらずや</u>。（《万叶集・五——817》）

（……青柳は美しく芽ぶいて、これを蘰にできる程になっ<u>たではないか</u>。）

（柳树青青吐新绿，几可剪枝编发饰。）

76. 妻もあらば摘みて食げまし沙弥の山野の上のうはぎ過ぎに<u>けらずや</u>。（《万叶集・二——221》）

（妻でもいたら、一緒に緒に摘んで食べもしよう。沙弥の山の野の上のうはさは盛が過ぎ<u>たではないか</u>。）

（我妻若在世，定同忙摘食，沙弥山野长嫩菜，盛时已过一何惜！）

但需注意，虽说"けらく"见于上代，但也有极个别的用例见于平安时代，如《土佐日记・1月29日》"昔、土佐と言ひける所に住みける女、この船にまじれりけり。そが言ひ<u>けらく</u>、「昔、しばしありし所のなくひにぞあなる。あはれ。」と言ひて、……。"等，

接　续

"き"与"けり"二者在接续上较为复杂、多样，尤以前者"き"为甚。

（一）"き"与"けり"虽均接活用词连用形下，但在"き"与"カ变"动词的"来"，"サ变"动词的"為"相接时则为"特殊接续法"，而"けり"并无此现象。

甲，有关"き"与"カ変"动词"来"的接续[1]，见表4：

表4

カ変		き	し	しか
	未然形	こ		こ——し	こ——しか
	连用形	き		き——し	き——しか

如上表所示，"来"与"き"相接时有"こし""こしか""きし""きしか"等形式，其中的"こし""こしか"多见于上代的《万叶集》等中，也用于平安时代，前者如《万叶集·一——十四》"香具山と耳梨山とあひし時立ちて見にこし印南国原"，《古今集·杂下——986》"人ふるす里を厭ひてこしかども奈良の都も憂き名なりけり。"等。此外：

77. 竜田山見つつ超え来し桜花散りか過ぎなむ我が帰るとに。
（《万叶集·廿——4395》）
（竜田山を超えながら見た桜花は、散り果てるのではなろうか、わたしは帰るまでに。）
（边越龙田山，边赏〈沿途〉樱，于我归去前，〈此花〉当凋零。）

78. 妹をこそ相見に来しか……。（《万叶集·十四——3531》）
（思う娘に逢いに来ただけに、それなのに、……。）
（只因思我妹，与其来相会，然……。）

79. みやこ出でて君にあはむと来しものを、……。（《土佐日記·12月26日》）
（京都を出て、あなたにあおうと思って〈はるばる〉来まし

---

[1] 见『古典文法·别記』99-100页；『ベネッセ古語辞典』364页；『全訳読解古語辞典』351-352页，361页,457页；『日本文法大辞典』151-152页。

たのに、……。)

(由京都出发后心想见见你，于是便路远迢迢地来到〈此地〉，然而……。)

80. やうやう夜も明けゆくに、見ればゐてこし女もなし。(《伊势物语・6》)

(そのうす明かりに見ると、倉はがらんとして、昨夜連れてきた姿も見えない。)

(于天色未明时〈进去〉一看，那仓库空空的，已不见昨晚带来的女子身影。)

但需注意，"こし"与下述的"来し"一样均可与体言"方"构成连语"来し方"。

Ⅱ. "きし" "きしか"与上述的"こし" "こしか"不同，二者始见于平安时代，其中的"きし"未见有单独使用的用例，仅限于与体言"方"构成连语"来し方"的形式予以表示[1]。

如上所示，"こし方"与"きし方"系由"来"的未然形"こ"、连用形"き"分别与"方"构成的"连语"（一说在上代仅有"こしかた"，而"きしかた"则见于平安时代）。其中"こしかた"系表"通过的方向、场所以及已逝去的昔日、过去"这一方向、场所的空间层面之意。而"きしかた"则表"逝去的昔日、过去以及通过的方向、场所"这一时间层面之意。上述"こし方"和"きし方"在用法上的差异直至平安时代中期仍然存在，但若从实际使用频率而言，"きし方"略多一些，如《源氏物语・夕颜》"来し方も過ぎ給ひけむわたりなれど……。"、《源氏物语・宿木》"来し方は忘れにけるにやあらむ。"等。此外：

---

[1] 见『古典文法・別記』99-100页；『文語文法詳説』246-248页；『よくわかる国文法』276页。

81. 宇治の川に寄るほど、霧は、きしかた見えずたちわたりて、……。(《蜻蛉日记・上》)

    (宇治川に近づいたころ、霧は、通り過ぎてきた方向も見えないくらい一面に立ちこめて、……。)

    (在接近宇治川的时候,海上弥漫着一片浓雾,几乎连通过的方向都看不见,……。)

82. うち返り見給へるに、来し方の山は霞み、はるかにて、……。(《源氏物語・須磨》)

    (〈後の方を〉振り返ってご覧になると、通り過ぎて来た方向の山は、霞みがかかって遠くに見え、……。)

    (当回首观望〈后面〉时,只见来处那方的群山隐隐约约地远在云霭弥漫之中,……。)

83. なかなか、来しかたの年頃よりも、心尽くしなり。(《源氏物語・零标》)

    (かえって過去の長年〈の心配〉よりももっと気苦労が大きい。)

    (与过去长年〈的担忧、挂念〉相比,反倒更为劳心伤神了。)

84. うれしげなりけむ影は、来し方もなかりき。(《更级日記・丈夫之死》)

    (うれしそうだったとかいう〈夫の〉面影は、これまでに一度もなかった。)

    (过去从未见过〈我夫〉如此高兴的面容。)

但及至平安末的"院政期"后,上述二者在用法上的差异开始出现混乱。自进入中世镰仓时代后,"こしかた"和"きしかた"在用法上发生明显的变化,即"きしかた"仅见其以"住吉のきしかた"的形式,残留下"岸"和"きし"的双关语(=掛け詞)的用法而已。而当时仅用"こしかた"表示(即原为"きしかた"所表

的)"逝去的昔日、过去以及通过的方向、场所"之意。如《新古今集·杂歌下——1789》"来し方は皆面影に浮かびきぬ行く末照らせ秋の夜の月"等。此外：

85. 来し方も例なきまで、高麗・唐土の錦綾をたち重ねたり。
（《増鏡·内野之雪》）
（過去にも前例がないほど、朝鮮や中国産の錦織(＝豪華な絹織物)を重ねて着ていた。）
（几在过去也并无例外地套上朝鲜和中国的丝绸衣服。）

86. こしかたをさながら夢になしつれば、覚むるうつつのなきぞ悲しき。（《新古今集·杂下——1790》）
（過ぎ去った時をそのまま夢にしてしまったので、〈その夢から〉さめて戻る現実のないことが悲しいよ。）
（所梦过去依然是，梦醒可悲非惜时。）

Ⅲ. 除上述"こしかた"和"きしかた"二者外，还有"こしかた行く先"和"こしかた行く末"，以及"きしかた行く先"和"きしかた行く末"等"连语"。前二者均可表示"通过的方向和将要去的前方、以及过去和将来"之意，例如《浜松中纳言·二》"ゆくてにかけつつ見渡し給ふべき人をだに来し方行く先の思ひやり浅からず。"等。后二者均可表示"过去之事和将来之事、过去和未来、以及通过方向和将要去的地方"之意。例如《宇津保物语吹上·下》"一度この侍従の仕うまつりたらむ来し方行く先もあるまじき事をせさせむ。"等。此外：

87. ある時には、きしかたゆくすゑも知らず、海にまぎれんとしき。（《竹取物语·蓬莱玉枝》）
（ある時には、前後も分からずに、海で行方不明になりそう

になった。）

（有时不辨前后，几在海上失去了方向。）

88. よろづのこと、きしかたゆくすゑ思ひ続け給ふに悲しきこといとさまざまなり。（《源氏物语・须磨》）

（〈光源氏が〉いろいろなことを、過去と未来を思ひ続けなさると、悲しいこと〈ばかり〉が実にさまざまである。）

（每当〈光源氏〉不断地思念过去和未来的种种事情时，唯觉令人悲痛之事真是多种多样，〈不一而足〉。）

89. ……浦々島々がすみわたり、こしかたゆくすゑの事ども思ひ続け給ふに、……。（《平家物语・十》）

（……多くの入り江や島が一面にかすみ、〈平重衡は〉過去と未来の種々のことを思い続けなさるのだが、……。）

（……许多海湾和岛屿全部隐没在朦朦胧胧的云雾之中。〈三位中将平重衡〉不断地思考过去和将来的诸种事情，但……。）

Ⅳ. 有关"き"与"サ变"动词"為"的接续。见下表：

表5

		き	し	しか
サ变	未然形	せ		せ——し	せ——しか
	连用形	し	し——き		

如上表所示，"サ变"动词"為"与"き"相接时有"しき""せし""せしか"等形式。其最早见于上代，如（《万叶集・八——1620》）"あらたまの月たつまでに来まさねば夢にし見つつ思ひぞわがせし。"以及下例90等，但多见于平安时代，如《宇津保物语・菊之宴》"かかることすと人にも聞かれじとせしかど、いかに思さむと思ひわづらひて……。"，《源氏物语・习字》"人の出で来て率て行く心ちなむせし。"等。此外：

90. 昨日こそ船出はせしか鯨魚取り比治奇の灘を今日見つるかむ。(《万叶集・十七――3893》)

(昨日船出をしたばかりであったのに、比治奇の灘を今日は見たことよ。)

(虽云昨日方出船，比治奇滩今可见。)

91. ある時には、かてつきて草の根をくひものとしき。(《竹取物语・蓬莱玉枝》)

(ある時には、食糧がなくなって草の根を食い物とした。)

(有时，粮尽则以草根为食。)

92. すこしよろしき者の式部の大夫、駿河の前司など言ひしがさせしなり。(《枕草子・25》)

(いくらか身分がある者で、式部の大夫とか駿河前司などといった人が、そうしたのである。)

(略有身份者，如式部大夫、骏河前丝前司等一些人都是这样做的。)

93. 聞き知り顔に鳴きて歩み来などせしかば……。(《更级日记・火灾》)

(〈猫は〉聞きわけるような様子で鳴いて〈こちらに〉歩いてきたりなどしたので……。)

(〈猫儿〉似能分辨人声的样子叫着〈向这边〉走来，故而……。)

94. 尼答て云く、「……其の御前にして維摩経を読誦せしかば、即ち愈にき」と。(《今昔物语集・十二――3》)

(尼が「……その御前で維摩経を読誦したところ、即座に平癒いたしました」とお答えした。)

(尼僧答道："……当在〈维摩居士〉的像前，高声诵读了佛经后，疾病随即得到痊愈。")

95. 我れ昔し多の身を受て仏の道を勤行しき。(《今昔物语集・十一――1》)

(わたしはその昔、さまざまの身に生まれ、仏道についてつとめた。)

(我早于此前便生为多身，勤于佛道。)

96. ……「最明寺入道、或宵の間に呼ばるる事ありしに、『やがて』と申しながら直垂のなくてとかくせしほどに、また、使ひ来りて、……」……。(《徒然草・215》)

(……「最明寺入道時頼公が、或る宵の中に私をお呼びになることがあった時に、『すぐ〈参上致します〉。』と使いの者に申し上げはしたものの、直垂がなくて、あれやこれやとぐずぐずしている中に、又使がやって来て、……」……。)

(……"最明寺入道时赖公曾在某个晚上，唤我去陪酒时，我向使者言道：'即刻就去。'然而我并无直垂(=武士常穿的礼服)，正在犹豫不定，一筹莫展时，使者又来〈催〉了，……"……。)

(二)"き"与"けり"均可接否定助动词"ず"下[1]——

Ⅰ.在上代，"き"与"けり"均接否定助动词"ず"的连用形"ず"下，如"…ずき""…ずけり"等，如《万叶集・四——609》"こころゆも吾は思はずきまたさらにわが故郷に帰り来むとは"，《万叶集・十七——3980》"ぬばたまの夢にはもとな相見れど直にあらねば恋ひ止まずけり"等。此外，尚有下例：

97. 現にも夢にも我はおもはずき……。(《万叶集・十一——2601》)

---

[1] 见『文語文法詳説』237頁；『日本文法大辞典』344頁；『国語史概説』61頁；『増補国語史概説』(三沢光博著，三和书房，1972年版)68頁；『必携古語辞典』367頁。

(現在にももちろん、夢にも私は思わなかった。……)

(莫道是现实，夜梦也不思。……)

98. ……ぬばたまの夢に見えつつ寝ねらえ<u>ずけれ</u>。(《万叶集・四――639》)

(……夜の夢にお姿(すがた)がずっと見えて、私は眠(ねむ)れ<u>なかった</u>のだ。)

(……夜梦见君姿，辗转难入眠。)

Ⅱ. 但进入平安时代以后，除在"训点"中尚存"ずき"的古形外，"き"和"けり"已不接"ず"下，而与否定助动词"ず"系列"ざり"中的连用形"ざり"相接，如"ざりき""ざりけり"，例如：

99. 「……あまたの人の心ざしおろかなら<u>ざりし</u>を、むなしくなしてしこそあれ。……」といへば、……。(《竹取物语・出猎》)

(〈かぐや姫〉「……たくさんの人たちのわたくしに対するなみたいていで<u>なかった</u>のを、すべてむだにしてしまったですよ。……」というと、……。)

(当〈辉夜姫〉言道："我并没有漠视许多人对我所示的非同寻常之真情实意。"……。)

100. 母君、初めよりおしなべての上宮仕(うへみやづか)へし給ふべき際にはあら<u>ざりき</u>。(《源氏物语・桐壶》)

(〈桐壶更衣は〉初めからごく普通の上宮仕えをなさるような〈低い〉身分ではなかった。)

(那〈小皇子的〉母亲桐壶更衣〈所持的，〉即非一般女官〈所做的〉那样，必须侍奉天皇的日常起居的身份。)

101. 文もさぶらはざりき。この鏡をなむ奉れとはべりし。(《更級日記・一尺鏡》)
(別に願文もございませんでした。〈ただ〉この鏡を奉納せよとのことでございました。)
(別无愿文。唯言献奉此镜。)

102. 禹の行きて三苗を征せしも、師を班して、徳を敷くにはしかざりき。(《徒然草・171》)
(禹が国を出て行って苗俗を征伐した功績も、軍隊をひき返し、国内に徳政を広めた功績には及ばなかった。)
(禹去国征伐苗族的功绩也不及〈其〉撤回军队,于国内所布施德政的功绩。)

103. このかぐや姫、きと影になりぬ。……げにただ人にはあらざりけりとおぼして、……。(《竹取物語・狩猟》)
(このかぐや姫は、急に〈消えて〉光になってしまった。天皇は、……ほんとうに普通の人間ではなかったことだとお思いになって、……。)
(此辉夜姫突然〈消失〉,遂变成了光。天皇……感到此人确非寻常之辈。……)

104. 「あなや」といひけれど、神なる騒ぎにえ聞かざりけり。(《伊勢物語・6》)
(「あれや」と〈女は〉叫んだけれども、雷鳴にかき消さされて、〈男は、その悲鳴を〉聞きつけることができなかった。)
(〈女子〉叫喊了一声"啊呀!"然而其为雷鸣所淹没,故而〈男子〉未能听到〈女子的惨叫声〉。)

105. ……盗みせむがために、京に上りける男の、日の未だ暮れざりければ、羅城門の下に立ち隠れて立てりけるに、……。(《今昔物語集・廿九——18》)

(……盗みをしようという目的で京都にやって来た男が、日がまだ暮れていなかったので、羅城門の下に〈人目(ひとめ)を避(さ)けて〉隠れて立っていたところが、……。)

(……有一想要行窃来到京都的男子,因尚未日暮,他〈为避人眼目〉便藏立在罗城门下,然而……。)

106. 木曽殿(きそどの)、「契(ちぎり)はいまだくちせざりけり。……」と宣(のたま)へば、今井(いまゐ)が旗(はた)をさしあげたり。(《平家物语・九——木曾之死》)

(木曽殿は、「お互いの縁(えん)はまだなくなってはいなかったのだなあ。……」とおっしゃるので、今井の旗をさしあげた。)

(木曽言道:"也许是我们互相之间的缘分尚未了结吧。……"〈言毕〉便举起了今井的旗帜。)

此外,还有《新古今和歌集・羁旅・923》"ありし世(よ)の旅(たび)は旅ともあらざりきひとり露(つゆ)けき草枕(くさまくら)かな。"《堤中纳言物语・三》"仮名(かな)はまだ書(か)きたまはざりければ……。"等用例:

但需注意:

其一,"ざり"与"き"的连体形"し"、已然形"しか"相接时常发生"音便""ざり+し(しか)→ざっし(しか)",如《平家物语・十一——熊野朝拜》"……今日(けふ)はかくやつれはて給(たま)へる御有様(おんありさま)、かねては思ひもよらザッしをや。"等。

其二,"ざり"虽也散见于和歌,但如《土佐日记・1月8日》"照る月の流(なが)るる見れば天(あま)の川(かは)出づるみなとは海にざりける。"中的"ざり"并非上述的"ざり系列"中的连用形"ざり",而是由系助词"ぞ"与补助动词"あり"融合而成(即"ぞあり(zoari)"→"ざり(zari)",何况"ざり系列"中的连用形"ざ

り"也不接"に"(此处的"に"为断定助动词"なり"的连用形)下,"にざり"则为"…であり、…で"之意,故而上述和歌"……天の川出づるみなとは海にざりける。"同"……天の川の流れて出る河口は、やはりこの海であるのだなあ。"

(三)"き"与"けり"均可接"たり""り""ぬ""つ"等完了助动词的连用形下构成复合助动词(一说"连语"),如"…たりき""…にき""…りけり""…てけり"等,表示动作、作用的完了、存续,以及回忆过去成立的和存续的动作等意。

Ⅰ.有关"…たりき""…りき""…にき""…てき"等的用法[1]。例如:

107. 翁「……竹の中より見つけきこえたりしかど、菜種のおおきさおはせしを、わが丈たち並ぶまで養ひたてまつりたる我が子を……。」といひて、……。(《竹取物語・升天》)
(竹取の翁は「……〈貴女は〉竹の中からより見つけ申し上げたけれども、菜種のおおきさまでいらっしゃったのを、我の背丈と立ち並ぶまで養い申し上げた我が子を……。」といって、……。)
(伐竹翁言道:"……您是我从竹子里发现的,然而〈那时〉仅有菜籽那么大,后将您抚养到与我同样的身高,……。")

108. 十二日。雨ふらず。文時・維茂が舟のおくれたりし、奈良志津より室津に来ぬ。(《土佐日記・1月12日》)
(十二日。雨は降らない。ふんとき・これもちの船の遅れていたのが、奈良志津から室津に着いた。)

---

[1] 见『古語辞典・第八版』780页,845页,931页;『詳説古語辞典』786页,843页,1285页。

(十二日。〈此日〉并未下雨。文时和唯茂二人所乘的迟到了的船只从奈良志津到了室津。)

109. 孔恪答へて云く、「……但し年九歳なりし時、寒食の日、我が母、六の卵を与へたりしを煮て食したりき。」(《今昔物语集・九——28》)

(私は、「……だが、九歳のとき、寒食の日に、我が母が六個の卵を私にくれたので、それを煮て食ったことがあります。」と答えると、……。)

(当我答道："……但在九岁时，曾在寒食节那天，我母亲给了六个鸡蛋，便将其煮了吃了。")

110. 雪のおもしろう降りたりし朝、人のがり言ふべき事ありて、文をやるとて、……。(《徒然草・31》)

(雪がおもしろく降ったある朝、或る人の許へ言ってやらなければならないことがあって手紙をやる際、……。)

(一个雪下得极富情趣的早晨，因有事须向某人言及，在〈与其〉写信之际，……。)

111. 沖つ波高く立つ日にあへりきと都の人は聞きてけむかも。(《万叶集・十五——3675》)

(沖の波が、高く立つ恐ろしい目に遭ったと都の妻は、聞いただろうか。)

(身遇滔天风浪惊恐事，居京我妻可闻知？)

112. ……いたれりし国にてぞ、子生める者どもありあへる。(《土佐日记・2月9日》)

(……赴任していた国で、子を生んだ者たちが、居合わせていた。)

(……在赴任的土佐国中，生了子女的人们均一一在场。)

113. まろがもとに、いとをかしげなる笙の笛こそあれ。故殿の得させ給へりし。(《枕草子・93》)

(私のところに、たいそう見事な笙の笛があります。亡くなった父君がくださったものです。)

(我处有一极佳的笙笛，是已故父亲大人赠我的。)

114. にはかに胸を病みて亡せにきとなん聞く。(《源氏物语・桥姫》)

(急に胸を患って亡くなったと聞いています。)

(据云，因患肺病而突然谢世了。)

115. さて、かしこまりゆるされて、もとのやうになりにき。(《枕草子・9》)

(その後、〈翁丸は〉、天皇のおしかりも許されて、以前のように〈宮中に飼われる身に〉なった。)

(其后，〈翁丸(=狗的名字)〉也得到天皇〈对其谴责〉的赦免，与以前一样饲养在宫中。)

116. はてには、朱雀門・大極殿・大学寮、民部省などまで移りて、一夜のうちに、塵灰となりにき。(《方丈记・大火》)

(しまいには、朱雀門・大極殿・大学寮、民部省などまで焼けうつって、一夜のうちにすっかり灰になってしまった。)

(最后延烧到朱雀门，大极殿，大学寮，民部省等，一夜之间全部化为灰烬。)

117. ……同じき年の冬、なほ、この京に帰り給ひにき。(《方丈记・迁都》)

(……同じ承治四年の冬、やはり、この京都にお戻りになってしまった。)

(……同承治四年的冬天，果然又回到了〈原来的〉平安京。)

118. ほととぎすなかる国にも行きてしかその鳴く声を聞けば苦しも。(《万叶集・八——1467》)

（ほととぎすのいない国に行きたいものだ。その鳴く声を聞くと苦しいから。）

（思去此国无杜鹃，若闻其鸣心苦凄。）

119. ……この枝を折りてしかば、さらに心もとなくて、舟に乗りて、追風吹きて、四百余日になむ来うで来にし。（《竹取物语・蓬莱玉枝》）

（……枝を折ってしまいましたので、いっそう不安になって、舟に乗ったところ、〈丁度〉追手の風が吹き、四百余日で帰って参りました。）

（〈车持皇子〉折了玉枝后更感到不安，于是就坐上船，〈此时恰好〉遇上顺风，用了四百多天便回到家。）

120. いとねぶたし。昨夜もすずろに起き明かしてき。（《源氏物语・浮舟》）

（とても眠い。昨夜もなんなく起きたまま明かしてしまった。）

（十分困倦。不知何故昨晚总也未睡，直至天明。）

但需注意，上述"…たりき"等复合助动词尤盛用于平安时代的"和文"中，然而及至室町时代后的文言文中，除"拟古文"和"雅文"（=优雅的文章，特指平安时代的"假名文"）外，一般均日趋衰微，唯有其中的"…たりき（たりし）"尚见于各个时代。

Ⅱ. 有关"…たりけり""…りけり""…にけり""…てけり"等的用法[1]。例如：

121. 女の閨近くありければ、女、人をしづめて、子一つばかりに、男のもとに来たりけり。（《伊势物语・69》）

---

[1] 见『ベネッセ古語辞典』799页、866页、957页、1290页；『文語文法詳説』266-267页。

(〈すなわち、男の部屋は〉女の寝所の近くにあったので、女は、人を寝静まらせてから、夜中の十二時ごろに、男のところにやって来た。)

(〈即此男子的房間〉在女子的閨房近處，故而此女子讓人們入睡，在四周寂靜下來后，約于夜深十二時分，來到男子的〈住所〉。)

122. ……御はぶりの夜、その宮の隣なりける男、御はぶり見むとて、女車にあひ乗りていでたりけり。(《伊勢物語・39》)

(……ご葬送の夜、その御殿の隣に住んでいた男が、ご葬送を見ようとして、女車に女と同乗して出かけた。)

(……在舉行葬禮的晚上，住在已故皇女崇子鄰家的男子，想觀看葬禮便與女子同乘女車(=女官所乘的牛車)前往。)

123. 十日ばかりありてまかでたれば、父・母・炭櫃に火などおこして待ちゐたりけり。(《更級日記・回自家》)

(十日ほどして〈里へ〉さがったところ、父母が火ばちに火をおこしたりして私を待っていた。)

(在約十天后我便離宮回到〈自家〉，父母果然在火盆里生起火，等待我〈回家〉。)

124. ……その刀を召し出だして叡覧あれば、上は鞘巻の黒く塗りたりけるが、中は木刀に銀箔をぞおしたりける。(《平家物語・一――暗害》)

(……〈上皇は〉その刀をお取り寄せになってご覧になると、表は鞘巻が黒く塗ってあるが、中身は木刀に銀の箔をおしてあった。)

(……〈上皇〉將此刀拿到跟前一看，刀鞘上面涂了黑色，其中的木刀貼上了銀箔。)

125. 後徳大寺大臣の、寝殿に、鳶ゐさせじとて縄を貼られたり

けるを、西行が見て、……。(《徒然草・10》)

(後德大寺の大臣が、寝殿に、鳶をとまらせまいとして、縄をお張りになっていたのを、訪ねて来た西行法師が見て、……。)

(后德大寺大臣为了不让老鹰停在寝殿上便拉起绳子。来访的西行法师见而〈便道〉……。)

126. 撫子は秋咲くものを君が家の雪の巌に咲けりけるかも。(《万叶集・十九——4231》)

(ナデシコは秋に咲くものなのに、あなたの家の雪の岩山に咲いていたのだったなあ。)

(抚子本是秋日花，却开你家雪岩上。)

127. ……なほ悲しきにたへずして、ひそかに心知れる人といへりける歌、……。(《土佐日記・2月16日》)

(……やっぱり悲しい思いに堪えないで、悲しい心を知っている人とひそかによみ合った歌は、……。)

(……依然感到不胜悲痛，故而与〈相互〉理解悲切之心的人悄悄地合咏了〈以下〉一首歌，……。)

128. 狩はねむごろにもせで酒をのみ飲みつつ、やまと歌にかかれりけり。(《伊势物语・82》)

(〈親王たちは〉鷹狩りはあまり熱心にやらないで、もっぱら酒を飲み飲みして、和歌をよむことに没頭していた。)

(〈亲王们〉并不十分热心于鹰猎，而是专心致志地热衷于边饮酒边作歌一事。)

129. 数もしらぬほどに立てりけり。(《蜻蛉日記・下》)

(〈目をとめて見ると役人が〉数え切れないほど立っていたのだった。)

(〈注目一看，〉许多〈官员〉站着，多得数不胜数。)

130. 天ざかる鄙に五年住ひつつ都のてぶり忘らえにけり。(《万

叶集・五――880》）

(〈天離る〉地方に五年住みつづけ、都の風習も忘れてしまいました。)

(居住地方五年久，京之习俗忘无遗。)

131. ……盗人なりければ、国の守にからめられにけり。女をば草のむらの中におきて逃げにけり。(《伊势物语・12》)

(……盗人に違いなかったので、〈武蔵の〉国守〈の追手〉に捕えられてしまった。〈その前にその男は、〉女をば草のむらに〈かくし〉おいて逃げてしまった。)

(……肯定是盗贼，故而被〈武藏〉国守的〈捕手〉抓住。〈此男子于此前〉已把女子藏在草丛后便逃之夭夭了。)

132. ……坊々にありとある僧ども、火ともし、太刀さげて、七八人、十人と出で来にけり。(《宇治拾遗物语・十四――2》)

(……宿坊という宿坊にいた僧たちは残らず、火をともし、太刀をさげて、七、八人、十人とで出てきた。)

(……在所有斋馆里的僧人们无不点灯，提着大刀，〈陆陆续续〉地出来七、八个人，十人，……。)

133. 柳原の辺に、強盗法印と号する僧ありけり。度々強盗にあひたるゆゑに、この名をつけにけるとぞ。(《徒然草・46》)

(京の柳原のあたりに、「強盗の法印」と人が呼ぶ僧があった。たびたび強盗に出くわしたというので、世間の人がこの名をつけたということである。)

(在京都的柳原附近，有一人称"强盗的法印"（=僧官名，为僧侣的最高位)的僧人。据说，他因常常遇上强盗，故世人给他起了这个外号。)

134. その里に、いとなまめいたる女はらから住みけり。この男、垣間みてけり。(《伊势物语・1》)

(その〈春日の〉里に、とても美しい姉妹が住んでいた。この男は、〈その姉妹を〉物陰からのぞき見てしまった。)

(在〈奈良都的〉春日里，住着十分美丽、秀气的姐妹二人，此男子背地里窥视〈此姐妹二人〉。)

135. みこ、大殿ごもらで明かし給うてけり。(《伊势物语・83》)

(親王は、〈その夜〉お休みにもならないで、夜をお明しなされてしまった。)

(亲王〈于当晚〉一宿也未歇息。)

136. ……夜、みそかに猿沢の池に身を投げてけり。(《大和物语・150》)

(……夜、みそかに猿沢の池に身を投げてしまった。)

(……夜间，悄悄地投身于猿泽池中。)

137. 御簾などもみな吹き散らしてけり。(《源氏物语・明石》)

(御簾などもみな風が吹き飛ばしてしまった。)

(风将竹帘等全都刮跑了。)

138. 京に帰り出づるに、渡りし時は水ばかり見えし田どもも、みな刈果ててけり。(《更级日记・约十月末》)

(京に帰る時、〈以前ここへ〉来た時は水ばかり見えていた田も、すっかり刈ってしまっていた。)

(归京时，〈以前〉来此时看到田里尽是水，〈所见的这片水田〉现已全部收割完了。)

但需注意：

其一，一般而言，上述的"…にけり"和"…たりけり"多见于各个时代，直至明治时代尚有其用例，如《森鸥外・舞姫》"自ら我が僑居に来し少女は、……終日兀坐する我が読書の窓下に、一輪の名花を咲かせてけり。"、《正冈子规・歌》"水茎のふりにし筆の跡見ればいにしへ人は善く書きにけり。"等。

其二，"…てけり"的音便"…てんげり"出现于平安末"院政期"后，多用于中世的"军记物语"中，例如：

139. 教長重ねて申すに及ばず、泣く泣く退出してんげり。（《保元物语・上——7》）
    （教長は重ねて申し上げることができず、泣く泣く退出してしまった。）
    （教长不能再禀明了，于是便哭着退了下去。）
140. その子の兵衛太郎・兵衛次郎ともに討ち死にしてんげり。（《平家物语・十二——六代被斩》）
    （その子の兵衛太郎・兵衛次郎はともに討死にしてしまった。）
    （其子兵卫太郎、兵卫太郎二人均阵亡了。）
141. ……口曳きける男、あしく曳きて、聖の馬を堀へ落してんげり。（《徒然草・106》）
    （……その馬の口をひいていた男が、曳きそこなって、上人の乗っている馬を道のそばの堀へ落としてしまった。）
    （……牵着那马口的男子没有牵好缰绳，遂将证空上人骑的马摔落到沟里去了。）

（四）"き"的连体形"し"可下接准体助词"く"；连体形"し"和已然形"しか"可接"サ行四段"动词的已然形"…せ"下，但"けり"并无此现象。

Ⅰ. 准体助词"く"一般接"四段"，"ラ变"动词，上代形容词"け""しけ"以及助动词"けり""り""なり""む""けむ"等的未然形下，如《万叶集・五——824》"梅の花散らまく惜しみ我が園の竹の林にうぐひす鳴くも。"《万叶集・十七——

3969》"……床に臥い伏し痛けくの日に異に増せば悲しけく此処に思ひ出……"等。但"く"也可接上述"き"的连体形"し"下，即"…しく"(=…したことには、…したこと)[1]。它盛用于上代，如《古事记・中・应神・歌谣46》"道の後こはだ少女は争はず寝しくをしぞもうるはしみ思ふ。"等，此外：

142. 次に建速須佐之男命に詔り給ひしく、「汝命は海原を知らせ」と事依さしき。(《古事记・上》)

(次に建速須佐之男命におっしゃったことには、「あなたは海原をお治めなさい」とご委任になった。)

(〈伊邪那歧命〉继而便对建速须佐之男言道："委任你去治海。")

143. ……その沼河比売の家に到りて、歌ひ給ひしく、……。(《古事记・中》)

(……〈大国主神が〉その沼河比売の家に到着して、お歌いなさったことには、……。)

(……〈大国主神〉到此沼河比卖的家后，作歌道：……。)

144. ……馬たてて玉拾ひしく常忘らえず。(《万叶集・七——1153》)

(……馬をとめて玉を拾ったことが、いつまでも忘れられないことだ。)

(……立马拾玉事，常思永不忘。)

145. ……子が思へりしくし面影に見ゆ。(《万叶集・四——754》)

(……あなたが思いに沈んでいたさまが、面影にはっきりと見えることだ。)

---

1 见『文語文法詳説』252页；『最新全訳古語辞典』638页；『全訳古語例解辞典・第三版』520页。

(……我妹沉思状，显见其脸庞。)

Ⅱ．"き"的连体形"し"，已然形"しか"在接"サ行四段"动词时原为"…しし""…ししか"，如《万叶集·十一——2172》"韓衣(からころも)君(きみ)にうち着(き)せ見(み)まく欲(ほ)り恋(こ)ひぞ暮(く)らしし雨の降(ふ)る日を。"等。约进入平安末"院政期"后，虽说仍见"…しし"、"…ししか"的用例，如《大镜·五——为光》"この大臣いとやむごとなくおはししかど、御末(おすゑ)ほそくぞ。"等，但此时也已出现"し""しか"接"サ行四段"动词的已然形"せ"下(即"…せし""…せしか")的用例了[1]。据称，此法概系由("し""しか"接"サ变"动词"為"的"せ"的接续法，如"書写せし人""読誦せしかば"等)类推所致吧。例如：

146. 我(ころ)、殺(ころ)せし所(ところ)実(まこと)なり。更(さら)に陳(の)ぶる所(な)無し。(《今昔物语集·六——41》)

(私がそれらを殺したことは事実です。まったく弁解の余地はありません。)

(实为我所杀，全无所陈。)

147. 王(わうひろくに)広国を見て問(と)ひて宣(のたま)はく、「今(いま)汝を召(む)つる事は、汝が妻の愁(うれ)へ申(まう)せしに依(よりてなり)也」。(《今昔物语集·廿——16》)

(王はわしを見てこうおっやった。「このたびお前を召したのは、お前の妻の訴えによるものだ」。)

(王见我这样言道："此次召唤你来，是依据你妻子的申诉。")

自进入中世镰仓时代后，上述"…せし""…せしか"的接续

---

1 见『研究資料日本文法·第7巻』52-53页；『文語文法詳説』248页；『必携古語辞典』230页。

法更得广泛使用，尤多见于"汉文训读系"的文章中，如《日莲上人·报恩抄》"日本人王第四十四代と申せし元正天皇の御宇に、善無畏三蔵、大日経をわたして、……。"、《日莲上人·撰时抄》"……若し大事を真言師調伏するならば、愈々いそいで此国亡ぶべし」と申せしかば、……。"等。此外：

148. 皆、三位の位にぞおはせし。大蔵卿は、八十ばかりまでおはせしかば、……。（《今镜·八》）

（〈春宮大夫と大蔵卿の〉二人とも、三位の位でいらっしゃった。大蔵卿は、八十歳ぐらいで生きていらっしゃったので、……。）

（〈春宮大夫和大藏卿〉二人均位于三位。大藏卿的世寿约八十岁左右，故而……。）

上述"…せし""…せしか"的接续法随着时代的发展，其更得广泛使用，如在近世、近代除"拟古文"外，于一般实用的文言文中多用此法，如在明治的报纸上可见："顕はせし所の者""申渡せしなりと""飛出せしに依り"等，而正规的"…しし""…ししか"反而成为少数人所遵守的语法规范了，如"十歳の時奇蹟を顕ししに"等。

简约归纳

以上依据有关论述以及大量实例，从词源、意义用法、接续等三方面对"き"和"けり"的主要异同作了初步的整理和比较，同时从整理和比较中揭示了导致二者产生差异的主要原因：其一，是"き"和"けり"来自不同的词源。这就从根本上决定了各具自身特点的二词在意义用法等方面所存在的差异。其二，是"き"和

"けり"在时间的推移中必然受到不同时代的,尤其是中世语言变迁的影响[1](正如"き"和"けり"的连体形"し"和"ける"均可用于结句,表示单纯的过去之意,以及"…せし""…せしか"的用法等。)故而,在学习"き"和"けり"时既要理解其词源,又要注意社会语言变迁的不同历史阶段对其所产生的程度不同的影响,唯此方能识别二词的特点及其用法,有利于把握二词及阅读日本古典作品。

(本文原于1997年3月发表于《日语学习与研究》1997年第1期(对外经济贸易大学《日语学习与研究》编辑委员会编,《日语学习与研究》杂志社出版),后以此为基础,经修改、整理、补充而成。)

---

[1] 见『新訂国語史要説』(土井忠生著,修文館,1978年版)4-5页,79-80页;『国語史概説』13页,15页,135-137页。在日本国语史上,对"中世"这一时代区分有"始于镰仓时代(1184-1333)"和"始于平安时代末期的'院政期'(1086-1192)"的两个说法(本文从前)。中世是日本国语史上语言变迁最为剧烈的时代,其间先后出现口头语言和书面语言的分离、东国语言对京都语言的侵入、汉字和汉语的普及、终止形和连体形的同形等程度不同地反映在诸种文献和日常的语言生活以及不同时期的文学作品中。于此,则须加注意。

日本文言否定助动词"ず"的合成、各活用形在意义用法上的主要特点及其差异

否定助动词"ず"是日本文言否定表达中最基本、也是最常见的一个助动词,对动作、作用、状态以及判断等表示否定之意,相当于现代日语的"ない"[1]。日本语法学家多认为:"ず"是由"ぬ系列"等三种不同活用型、即所谓"三系列"混合而成,见表1[2]。据称,现常见的"ず"活用表系在平安时代,依据"三系列"在合成过程中所出现的各自活用形的消长、或共存的现象予以整理而成的(见表2)[3]。

---

1 见『国文法講座・第2巻』(山口明穂编,明治书院,1989年版)406页。在否定助动词中,除文中最基本、最常见的"ず"外,尚有"じ"(如《万叶集・五——892》"……我をおきて人はあらじと誇ろへど寒くしあれば麻衾引き被り……。"等)、"まじ"(如《竹取物语・天皇出猎》"かぐや姫は、重き病をし給へば、え出でおはしますまじ。"等)、"ましじ"(如《万叶集・廿——4482》"堀江越え遠き里まで送り来る君が心は忘らゆましじ。")等否定助动词

2 见『日本文法・文語篇』(时枝诚记著,岩波全书,1978年版)128页;『文語文法詳説』(汤泽幸次郎著,右文书院,1977年版)235页;『大辞林』(松村明编,三省堂,1993年版)1257页;『日本文法大辞典』(松村明编,明治书院,1983年版)342-343页;『新選古語辞典・新版』(中田祝夫编,小学馆,1981年版)605页。虽说也有部分学者认为"ず系列"有未然形、连用形、终止形等三形,然而多数学者认为"ず系列"并不存在未然形"ず"(详见本文)。

3 见『考究古典文法』(中田祝夫著,新塔社,1974年版)181页。

表1

词＼活用形	未然	连用	终止	连体	已然	命令	活用型
ぬ	な	に	ぬ	ぬ	ね	○	"ナ行四段型"
ず	(ず)	ず	ず	○	○	○	"サ行无变化型"
ざり	ざら	ざり	ざり	ざる	ざれ	ざれ	"ラ变型"

表2

词＼活用形	未然	连用	终止	连体	已然	命令	活用型
ず	(ず)	ず	ず	ぬ	ね	○	"特殊型"基本活用
	ざら	ざり	(ざり)	ざる	ざれ	ざれ	"ラ变型"补助活用

诚如上表1、表2所示，否定助动词"ず"是由"三系列"混合而成。虽云"三系列"均表否定之意，但由于"三系列"各自所持发展、变迁的规律不同，加之受到因时代变化而引起的若干社会语言变迁的影响，故而"ず"的各活用形在意义用法上程度不同地呈现出各自的特点以及细微的差异，难免会对准确理解、把握该词带来一些障碍。鉴于此，本文拟在整理并概述"否定助动词'ず'是如何合成的"、"比较否定助动词'ず'各活用形的主要用法和差异"等二者的基础上，对其主要特点及其差异做一归纳和分析。

否定助动词"ず"是如何合成的

上述"ぬ系列"（又称"ナ行四段"系列）、"ず系列"（又称"ザ行无变化"系列)和"ざり系列"（又称"ラ变型"系列)等三种不同活用形的系列均见于上代，然而其中以"ぬ系列"为最先，被认为属于"ナ行四段型活用"，但并无命令形。"ず系列"是由"ぬ系列"的连用形"に"与サ变动词"す"融合而成(即"にす(nisu)→んす(nsu)→ず(zu)"），如下例所示：

1. ……刺す竹の皇子の宮人行くへ知らにす。(《万叶集・二——167》)

(……皇子の宮の人は、〈なくなった〉皇子の行くえを知らない。)

(……皇子的宮人不知〈已故〉皇子之去向。)

而"ず系列"则属"サ行无变化型活用",但缺少连体形、已然形、命令形等三形[1]。后因"ぬ系列"的未然形"な"、连用形"に"、终止形"ぬ"等三者的使用范围日渐缩小,终为"ず系列"所取代,遂使这两个系列合二为一,成为否定助动词"ず"的基本活用,见表2[2]。继后又因其基本活用的用法尚不完备,又出现了主要用于下接助动词的补助活用,即"ざり系列",见表2。它由"ず系列"的连用形"ず"与补助动词"あり"(ラ变)融合而成,即"ずあり(zuari)→ざり(zari)"。但在上代一般用其原形"ずあり",如《万叶集・廿——4331》"橘の下吹く風の香ぐはしき筑波の山を古比須安良米(=恋ひずあらめ)かも。"等[3]。其例如下：

2. ……臣の子の八重の柴垣入り立たずあり。(《古今集・下・清宁・歌谣107》)

(……臣下の幾重にも囲った柴垣には、いりたたずにはおられます。)

(……〈王〉不进入那围上数层篱墙的臣下之家。)

---

1 见『古語大辞典』(中田祝夫编监修,小学馆,1984年版)865页；『古語辞典』(佐藤谦三等编,角川书店,1984年版)299页；『古典語現代語助詞助動詞詳説』(松村明编,学灯社,1976年版)244页；『研究資料日本文法・第7巻』(铃木一彦等编,明治书院,1985年版)12页；『古典文法・別記』(冈崎正继等著,秀英出版,1991年版)95页。

2 见『古語大辞典』864-865页；『新修文語文法』(阪仓笃义等著,京都书房,1981年版)1981页；『研究資料日本文法・第7巻』12-13页。

3 见『日本文法大辞典』273页；『日本文法・文語篇』137页；『古語大辞典』725页。

诚上例所示，"ざり"是由连用形"ず"与"あり"融合而成。它除与"ぬ系列"、"ず系列"一样接活用词未然形下表示否定之意外，因其在词源中内含表示存在之意的"あり"，故而在用法上与"ず系列"略有不同，即具有增强其状态性、指示性的意义(=…ないでいる、…ずにいる)，如在《日本书纪》"古ニ天地未ダ剖レズ、陰陽分レザリ(不)シトキ、渾沌リタルコト鶏子ノ如クシテ、溟涬ニシテ牙ヲ含メリ。"、《古今集・恋——512》"種しあれば岩にも松は生ひにけり恋をし恋ひば逢はざらめやも。"、《义经记・一》"されども心弱くては叶ふべきにあらざれば、承安四年二月二日のあけぼのに、鞍馬をぞ出で給ふ。"等。此外，还可见例15等[1]。

故而，否定助动词"ず"一词实际上可以说：最终是由二者、即由"ぬ系列"和"ず系列"合成的基本活用，再与由"ざり系列"构成的补助活用与之组合而成。

比较否定助动词"ず"(包括主要见于上代的)各活用形的主要用法和差异

一、未然形"な"、("ず")、"ざら"

(一) "な"——

"な"主要用于上代，而且仅限于"なく(く，准体助词)""なくに(く，同上。に，格助词)"的连语形式，但多用后者。此外，还有上代东国方言——否定助动词"なふ"、连语"なな"[2]。兹分别说明如下：

---

[1] 见『古語大辞典』274页；『新修文語文法』57页。
[2] 见『全訳古語例解辞典・第三版』(北原保雄编，小学馆，1999年版)798-799页；『全訳読解古語辞典』(铃木一雄等编，三省堂，1995年版)825-826页；『古語大辞典』1212-1213页。关于"なく"中的"く"、"なくに"中的"に"等诸说略有不同，本文从前。

Ⅰ. 连语"なく"主要用于上代的和歌。该连语用于句末时为"名词结句"(=名詞止め)，表示带有感叹语气的否定之意(=…ないことよ、…だなあ)，如《万叶集・十一，2552》"心には千重しくしくに思へども使ひを遣らむすべの知らなく。"等。此外：

3. ……山清水汲みに行かめど道の知らなく。（《万叶集・二——158》）

   （……山の清水を汲みに行こうと思うが、道がわからないことだ。）

   （……欲去汲清水，不明上山道。）

4. ……君が来まさむ道の知らなく。（《万叶集・十一——2084》）

   （……あなたが〈今年〉おいでになる道が、わからなくなったことだ。）

   （……〈今年〉再来此，君必不识道。）

但此连语用于句中时，其意则同"…ないこと"，如《万叶集・十四——3560》"ま金吹く丹生のま朱の色にでて言はなくのみそ我が恋ふらくは。"等。此外：

5. ……君が聞きつつ告げなくも憂し。（《万叶集・十九——4207》）

   （……時鳥の声を聞いていながら、鳴いたよとも知らせてくれないのは、ひどいことです。）

   （……〈君〉闻杜鹃声声啼，恨不告我一何怨。）

Ⅱ. 连语"なくに"的用法明显地带有接续助词和终助词的倾向。它多用于上代的和歌，在散文中很少见其用例。自进入平安时

代后日趋衰微，直至中世镰仓时代。其用法如下：

其一，此连语用于句中时可表带有感叹语气的逆接确定条件（=…ないのになあ、…ないことなのに）。此法多见于平安时代，如：《蜻蛉日记・下》"たれと知るべきにもあらなくに、われひとり苦しうかたはらいたし。"等。此外：

6. ……呼ばなくに門に至りぬ。(《万叶集・九——1738》)
（……〈その人が〉呼びしないのに、おとめの家の門に来てしまう。）
（……虽云未召唤，〈他〉却已来到，少女家门前。）

7. 深山には松の雪だに消えなくに都は野辺の若菜摘みけり。
（《古今集・春上——19》）
（山深いここでは松につもった雪さえ消えないのに、都では野辺に芽ばえた若菜をつんでいることよ。）
（深山松上雪，时今未消融，嫩菜吐新芽，京野忙采摘。）

其二，此连语用于句中时还可以表示带有感叹语气的顺接确定条件（=…ないのだから、…ない以上は），如《万叶集・七——1221》"我が舟の梶はな引きそ大和より恋ひ来し心いまだ飽かなくに。"等。此外：

8. 誰をかも知る人にせむ高砂の松も昔の友ならなくに。(《古今集・杂上——909》)
（私は誰を昔から知っている友人としようか。〈あの有名な〉高砂の松も老齢ではあるが、しょせん松では昔からの友人にはなれないのだから。）

(试问谁为昔日友，〈老境孤独心悲切，〉高砂之松也年迈，实难为我昔日友。)

其三，除上述用法外，它在上代多用于句末表示带有感叹语气的否定之意(=…ないことよなあ、…ないことだなあ)，如《万叶集・十四——3368》"足柄の土肥の河内に出づる湯の世にもたよらに児ろがいはなくに。"、《古今集・恋二——580》"秋霧の晴るる時なき心には立ち居の空も思ほえなくに。"。此外：

9. ……吾妹子に恋はまされど忘らえなくに。(《万叶集・十一——2597》)
(……いとしいあの子に恋つのるばかりで忘れられないことよ。)
(……思妹岂能忘，恋情逐日增。)

10. ……神の崎狭野の渡りに家もあらなくに。(《万叶集・三——265》)
(……神の崎の佐渡の渡し場には、雨やどりする家もないことよ。)
(……神崎佐野渡口处，竟无避雨一人家。)

III. 否定助动词"なふ"为上代东国方言，是由"ぬ系列"的未然形"な"与表示反复、继续的接尾词"ふ"构成，属"特殊活用型"[1]。见下表：

---

[1] 见『日本文法大辞典』600页；『古語大辞典』1229页；『ベネッセ古語辞典』(井上宗雄等编，Benesse，1999年版)938页。

表3

词＼活用形	未然	连用	终止	连体	已然	命令	活用型
なふ	なは	○	なふ	なへ (のへ)	なへ	○	"特殊活用型"

此"なふ"的用例多见于《万叶集》卷14的"东歌",其中仅有一首存于卷22的"防人歌"中,足见该词作为当时中央的奈良朝语已然衰微了,仅有保留在上代东国方言中的一种特殊否定表达形式存在。其在用法上与表示单纯否定的"ず"略有不同,多对否定状态的存续含有轻微的感动之意,如《万叶集・十四――3525》"水久君野に鴨の這ほのす児ろが上に言ろ延へていまだ寝なふも。"、《万叶集・十四――3394》"さ衣の小筑波嶺ろの山の崎忘ら来ばこそ汝をかけなはめ。"、《万叶集・十四――3483》"昼解けば解けなへ紐の我が背なに相寄るとかも夜解けやすけ。"。此外:

11. きはつくの岡のくくみら我摘めど籠にも満たなふ……。
   (《万叶集・十四――3444》)
   (きはつくの岡のにらは、我が摘んでもかごに満たないのです。……)
   (伎波都久(=地名)岗,此地长茎韭,纵然〈多〉采摘,总也不盈筐。……)

12. ……立ち別れ去にし宵より背ろに会はなふよ。(《万叶集・十四――3375》)
    (……立ち別れて行ったあの夜からずっとあの人にあっていないことよ。)
    (……自当那夜离别去,迄今未见我君颜。)

但此词进入平安时代后在文献中就已全然不见其用例。据称，成立于中世室町时代的否定助动词"ない"系由"なふ"转化而来。

　　Ⅳ. "なな"乃极其古老的上代东国方言，仅见于《万叶集》中的"东歌"和"防人歌"中。它系由"ぬ系列"的未然形"な"与"な"(此"な"也有格助词、终助词、感动词等之说)构成[1]。其用法相当于否定助动词的连用形，意同"…せずに、…ないで、…ないままで"等，如《万叶集・十四——3408》"新田山嶺にはつかなな我に寄そり間なる子らしあやにかなしも。"、《万叶集・十四——3487》"梓弓末に玉巻きかくすすぞ寝なななりにし奥をかぬかぬ。"等。此外：

13. しらとほふ小新田山の守る山のうらがれせなな常葉にもがも。(《万叶集・十四——3436》)
（小新田山の人が守っている山の〈木々の〉ように枯れないでみずみずしくあっておくれ。)
（但愿长青不枯萎，犹如小新田山人，所守山上一片林。)
14. 我が門の片山椿まこと汝我が手触れなな土に落ちもかも。
（《万叶集・廿——4418》)
（わが家の門口の片山椿よ。ほんとに、私の手が触れずに地に落ちるであろうか。)
（我家门口山茶花，此花怎会落尘埃？我手确未触及它。)

　　但需注意，另一连语"なな"虽与上述的"なな"同形，但它是由完了助动词"ぬ"的未然形"な"与愿望助动词"な"二者构

---

[1] 见『日本文法大辞典』598页；『古語大辞典』1222页；『詳説古語辞典』(秋山虔等编，三省堂，2000年版) 912页。

成，表愿望之意(=…てしまいたい)，例如《万叶集・二──114》"秋の田の穂向きの寄れる片寄りに君に寄りなな言痛くありとも。"等。望对二者多加比较，予以识别。

(二)(ず)¹──

关于应否承认"ず系列"的未然形"ず"是否存在的问题，多年来于此论述不一。多认为唯有正确理解连语"ずは"的构成及其意义用法，才能予以说明。对此可归纳为以下两种意见。

其一，经长年深入研究，大多数学者(如桥本进吉等)认为，连语"ずは"是由"ず系列"的连用形"ず"与系助词"は"构成。其可分别表示①(强调或提示)和②(顺接假定条件)之意。同时还需注意到：上述系助词"は"早在上代起至中世室町时代皆发为清音"ワ(wa)"，则此词当属助词无疑。由此观之，自然无需承认"ず系列"存在未然形"ず"的这一说法了。

其二，然而也有不少学者对于连语"ずは"可表①意的功能并无异议，但在表示②意上认为：此时的"ずは"是由"ず系列"的未然形"ず"与"は"构成，因在古代文献中不标浊音符号，故此"は"为接续助词的"は"。既是接续助词"ば"，当接未然形"ず"下，故此"ず"应予承认、保留。但多数学者对此说立论的依据不予承认，以为"ず系列"并不存在"ず"这一未然形。本文从其一之说。

(三)"ざら"──

"ざら"在上代其例不多。可表将然法、顺态假定前提法²。

---

1 见『詳説古語辞典』694页；『新明解古典文法(教授資料)』(金子金治郎等監修，尚文出版，1988年版)45页；『全訳読解古語辞典』629页；『岩波古語辞典』(大野晋等編，岩波书店，1975年版)1437页；『研究資料日本文法・第7巻』13页；『日本文法大辞典』356页；『文語文法詳説』235-236页；『古典語現代語助詞助動詞詳説』246-247页。

2 见『文語文法詳説』235-236页；『最新全訳古語辞典』(三角洋一等編，东京书籍，2006年版)613页。

Ⅰ. 表示将然法：

15. 荒津の海潮干満ち時はあれどいづれの時かわが恋ざらむ。
（《万叶集・十七——3891》）
（荒津の海は潮が干たり満ちたり、潮時があるけれども、いつといって恋い焦がれてないでいる時があろうか。）
（荒津海上潮，涨落尚有序，我却苦思恋，绵绵无绝期。）

16. 明日の宵会はざらめやも……。（《万叶集・九——1762》）
（明日の宵にも、〈花妻に〉逢えないはずはなかろう。……）
（明晚当无疑，定遇我〈花妻〉。……）

及至平安时代后，"ざら"始得广泛使用。例如：

17. ……夢と知りせば覚めざらましを。（《古今集・恋二——552》）
（……それが夢と知ったならば、私は目を覚ますのなかっただろうに。）
（……若知是梦境，莫如睡不醒，梦中可见君。）

18. ……などか宮仕へをしたまはざらむ。死に給ふべきやうやはあるべき。（《竹取物語・狩猟》）
（……どうして宮仕えをなさらないのでしょうか。死になさるべき理由があるだろう〈あるはずがない〉。）
（您为什么不愿入宫侍奉皇上，您完全没有〈要〉死的理由。）

19. ……なにくれと挑むことに勝ちたる、いかでかうれしからざらん。（《枕草子・276》）
（……何やかやの勝負事で、勝なのは、どうしてうれしくな

いことがあろうか。

(……以及各种比赛，凡取胜者都会感到高兴的。)

20. 彼に苦しみをあたへ、命を奪はんこと、いかでか痛ましからざらん。(《徒然草・128》)

(そういう動物類に苦痛を与え、命を取るようなことは、どうして、かわいそうでないことがあろうか。)

(给彼等以痛苦、夺去生命。此等样的事难道还不令人痛惜吗？)

21. 「わぬしの問はれんほどのこと、何事なりとも答へ申さざらんや」と言はれければ。……。(《徒然草・135》)

(「あんたのお訊きになるくらいのことは、どんなことでも、お答えできないことがあろうか」と言われたところ、……。)

(当〈资季大纳言入道对具氏宰相中将〉言道："您所问之事，无论什么我均可一一回答吧。"……。)

Ⅱ.表示顺接假定条件：

表示顺接假定条件一般用下述表示顺接假定条件的连语"ずは"(见下文二，有关连用形"ず"的用法)，但"ざら"也可下接接续助词"ば"(即"ざらば")表示此法，其例似多见平安时代。如《后撰集・六》"秋の野におく白露の消えざらば玉に貫きてもかけてみましを。"等。此外：

22. ……染めざらば移ろふことも惜しからましや。(《古今集・恋五──796》)

(……愛する人で心を染めなかったならば、その人に心変りされた時にも悲しいことはありません。)

(……此人若非我所爱，为其背弃不足惜。)

23. 咲かざらば桜を人の折らましや……。(《后拾遗集》)

(もし咲かなかったら、桜を人が折ってしまうことがあろうか。……)

(樱花若不开，焉会有人折？……)

二、连用形"に""ず""ざり"

(一)"に"——

"に"仅有与"知る"等动词的未然形构成的"知らに""かてに""飽かに""あらに"等连语形式，未见其有单独表达的用例。上述连语主要用于上代，进入平安时代后仅见于"和歌"等惯用的表达，其中以"知らに"的用例居多，且用法固定。其他(除"かてに"外)的则并不多见[1]。

I. 连语"知らに"(=…知らないで、…知らないので)：

诚如上言，"知らに"用例居多，如《续纪宣命・二四诏》"進むも知らに(不知爾)退くも知らに(不知爾)恐みまさくと、……"等。此外：

24. 鴨山の岩根し枕ける我をかも知らにと妹が待ちつつあらむ。(《万叶集・二——223》)

(鴨山の岩を枕にして横たわっている私のことを知らないで、妻は待ち焦がれていることがあろうか。)

(鸭上岩为枕，卧此妻不知。其心殷切盼，定候我早归。)

25. 昨日今日君に逢はずてする術のたどきを知らに音のみしぞ泣く。(《万叶集・十五——3777》)

(昨日も今日もあなたにお逢いしないで、どうしたらよいか

---

[1] 见『助動詞・助詞概説』(此島正年著，櫻楓社，1993年版)24-25页；『古語辞典・第八版』(松村明等編，旺文社，1994年版)930页；『古語大辞典』846页。

わからないので、声をあげて泣くばかりです。)

(昨今未见君，奈何无计施，唯有放声泣。)

26. ……さ夜ふけて行く方を知らに吾が心明石の浦に舟泊めて、……。(《万叶集・十五——3627》)

(……さ夜がふけて、行くべき方も分らないので、明石の浦に船を泊めて、……。)

(……夜深不辨向，船泊明石湾，……。)

Ⅱ. 连语"かてに"(=…しかねて、…しきれないで)[1]，如《万叶集・十四——3534》"赤駒が門出をしつつ出でかてにせしを見立てし家児らはも。"、《古今集・恋一——550》"淡雪のたまればかてに砕けつつ我がもの思ひのしげき頃かな。"等。此外：

27. 鶯の待ちかてにせし梅が花散らずありこそ……。(《万叶集・五——845》)

(ウグイスが開花を待ちかねていた梅の花よ、ずっと散らずにあってほしい。……)

(黄莺翘首盼，梅花时已开。愿其香常住，花开永不谢。……)

如上所示，连语"かてに"中的"か"原为清音，然而在上代就已出现其浊音化的"がてに"的用例，如《万叶集・十四——3470》"相見ては千年や去ぬるいなをかも我や然思ふ君待ちがてに。"等。此外：

---

[1] 见『詳説古語辞典』341页；『全訳古語例解辞典・第三版』284页；『古語辞典・第八版』311页。

28.……鮎子さ走る君待ちがてに。(《万叶集・五——859》)
（……鮎の子が走っています。あなたのおいでを待ちかねて。）
（……幼鮎游〈浅滩〉，翘首盼君来。）

虽说"かてに"在上代已出现其浊音化的"がてに"，但及至平安时代后它与"難に"（此由形容词"難し"的词干"難"同格助词"に"构成）一词易于混淆，故而"かてに"也就随之读为"がてに"了，其意也为"…しかねるように、…し難く"等。

(二)"ず"——
"ず"在上代用于下接"き"等助动词表示连用法，并与接续助词"て""して"，以及系助词"は"构成连语"ずて""ずして""ずは"，用途广泛，且很发达，但自进入平安时代后其功能显示出日渐衰微的倾向，遂多用于表示中顿法、副词法了[1]。

Ⅰ.表示连用法：
在上代，"ず"可接回忆（过去）助动词"き""けり"，以及过去推量助动词"けむ"等，如《万叶集・四——601》"心ゆもあは思はずき山川も隔たらなくにかく恋ひむとは"、《万叶集・十七——3980》"ぬば玉の夢にはもとな相見れど直にあらねば恋止まずけり"、《万叶集・廿——4323》"時時の花は咲けども何すれぞ母とふ花の咲き出来ずけむ。"等。此外：

29.現にも夢にも我もおもはずき……。(《万叶集・十一——2601》)

---

1 见『日本文法大辞典』344页；『文語文法詳説』237页；『ベネッセ古語辞典』680页；『全訳読解古語辞典』614页；『古語大辞典』864页。

(現実にもちろん、夢にも私は思わ<u>なかった</u>。……。)

(莫道是现实，纵然在梦境，我也不思君。)

30. 心ゆも我は思は<u>ず</u>きまた更に我が故郷に帰り来むとは。

（《万叶集・四——609》）

（私はまったく思いも<u>しなかった</u>。また再び私の故郷に帰って来るなんてここは。）

（再回故乡事，全然不思念。）

31. ……ぬばたまの夢に見えつつ寝ねらえ<u>ず</u>けれ。（《万叶集・四——639》）

（……夜の夢にお姿がずっと見えて、私は眠れ<u>なかった</u>のだ。）

（……夜梦见君姿，转辗难入眠。）

32. …… 我がごとか妹に恋ひつつ寝ねかて<u>ず</u>けむ。（《万叶集・四——497》）

（……私のように妻を慕いながら、寝ることもでき<u>ないでいた</u>ことであろうか。）

（……岂有似我〈痴〉，念妻难成眠。）

但需注意，自进入平安时代后，"ず"除在训点资料中尚存"ずき"等古形外，"ず"已不能像上代那样直接下接助动词"き"等了。其后逐渐为"ざり系列"所取代。这一用法上的变迁不仅限于"ず"，除上代的用例外，凡属上述"基本活用"的活用形（"○""ず""ず""ぬ""ね""○"）皆不下接助动词了。

Ⅱ. 表示中顿法：

33. 食ふべき物も食は<u>ず</u>、着るべき物も着ずして、……。（《宇津保物语・贵宫》）

（食べるべき物も食べず、着るべきものも着ないで、……。）

（也不食可食之物，也不穿可穿之衣，……。）

34. 是等は……いさめをも思ひ入れず、天下の乱れむことをさとらずして、……。（《平家物语・一——祇园精舎》）

（これらの人は、……〈人の〉忠言をも考えようとせず、天下が乱れることを悟らないで、……。）

（这些人……也不考虑世人之忠告，也不省悟天下所兴起之纷乱，……。）

35. 年の老ひぬるをも知らず、病のおかすをも知らず、死の近きことも知らず、……。（《徒然草・134》）

（年の老いてしまったのを知らず、病気の襲うのを知らず、死の近いことも知らず、……。）

（不知今已老至，不知疾病来犯，也不知死之将近，……。）

36. 一口喰へども死なれもせず、二口喰へども死なれもせず、……。（《天正狂言本・附子砂糖》）

（一口食べたけれども、死ぬこともできず、二口も食べたけれども、死ぬこともできず、……。）

（吃一口，然而也没能死；吃两口，也依然没能死，……。）

Ⅲ. 表示副词法：

37. みな月の照りはたたくにも障らず来たり。（《竹取物语・求婚》）

（六月の〈暑い〉日照り、雷が鳴る真夏でもかまわずやってきた。）

（即便是六月的炎热，雷鸣的盛夏，〈他们〉也全然不顾地来到〈我家〉。）

38. ……男も人知れず血の涙を流せど、え逢はず。(《伊勢物語・69》)

(……〈斎宮ばかりでなく〉男も人に知られないようにひそかに血の涙を流して悲しむけれども、〈女に〉逢うことができない。)

(……〈不仅是斋宫(=皇女)〉，男子也悄然地流下了悲痛的眼泪。然而终也未得〈与女子〉相会。)

39. 花の本には、ねぢより立ち寄り、あからめもせずまもりて、酒飲み、連歌して、……。(《徒然草・137》)

(〈たとえば、花見などでも〉花の木のもとには、人を押し分けて近寄り、わき目もふらずにじっと見守って、酒を飲んだり、連歌をしたりして、……。)

(〈譬如赏花等亦然〉，〈那些偏僻乡村的人〉拨开人群走近樱花树下，聚精会神地观看，或饮酒或作连歌，……。)

此外，还有《源氏物语・若紫》"いといみじき花の蔭にしばしも休らはず立ち帰り侍らむは、飽かぬわざかな。"等。

Ⅳ. 连语"ずて"(系由"ず"的连用形"ず"与接续助词"て"构成)主要见于上代，进入平安时代后则用于和歌，表示中顿或修饰下文(=…ないで、…なくて)[1]。如《万叶集・廿——4318》"秋の野に露帯へる萩を手折らずてあたら盛りを過ぐしてむとか"、《万叶集・十六——3566》"我妹子に吾が恋ひ死なば、そわへかも神に負せむ心知らずて。"等。此外：

---

[1] 见『新選古語辞典・新版』618页；『必携古語辞典』(山田俊雄等编，角川书店，1988年版)446页。

40. ……返り参上り来し間、未だ幾時も経ぬに、軍衆をも賜は<u>ずて</u>、今更に東の方十二道の悪しき人等を平げに遣はすらむ。……（《古事记・中・景行》）

（……都に帰って参りましてから、まだいくらもたっていないのに、兵士らも<u>下さらないで</u>、今、再び東方の十二国の悪者どもの平定にお遣わしになるでしょうか。……）

（……尽管回到京城后不久，然而也不赐于军队，现又要派我去平定那东方十二国的恶人吧。……）

41. 三度振りしかども、哀しき情忽ちに起りて頸を得刺さ<u>ずて</u>、……。（《古事记・中》）

（三度を振り上げましたが、悲しい気持ちが急に起こってお首を刺し申すことは<u>できないで</u>、……。）

（虽三次举刀，但忽生哀情，故未能〈忍心〉刺其颈项，……。）

42. ……母父に言申さ<u>ずて</u>今ぞ悔しけ。（《万叶集・廿——4376》）

（……父母にお話し<u>申さないで</u>、今になって後悔されることだ。）

（……未与父母言，而今悔莫及。）

进入平安时代后，"ずて"除极少数用例（如《竹取物语・升天》"いかでか月を見<u>ずて</u>はあらむ。"等）外，主要用于和歌，如《古今集・假名序》"咲く花に思ひつく身のあぢきなさ身にいたつきのいるも知ら<u>ずて</u>。"、《拾遗集・恋四——856》"浪間より見ゆる小島の浜ひさ木久しく成りぬ君に逢は<u>ずて</u>。"等。

但需注意，及至平安时代后上述的"ずて"日趋转化为接续助词"で"（=…ないで、…ずに）。例如：

43. 中納言……よろずの人にも知らせ給ひで、みそかに寮にいまして、……夜を昼になして取らしめ給ふ。《竹取物語・燕之子安貝》)

(中納言は……誰にもお知らせにならず、こっそりと大炊寮にいらっしゃって、夜も昼と同じように、子安貝をお取らせになる。)

(中納言……并没有告诉任何人,〈而是独自〉悄悄地去到大膳寮,不分昼夜地取那燕之子安贝。)

44. ……その通ひ路に、夜ごとに人を据ゑて、守らせければ、行けども、え逢はで、帰りけり。(《伊势物语・5》)

(……その通りみちに毎晩番人を置いて見張りをさせたので、男はたずねて行ったけれども、女に逢うことができないで帰ったのだった。)

(〈于是,主人〉便每晚派人在那条通道上让其看守,故而男子虽去到〈那里〉,但未得与女子相会。)

此外,还有《古今集・恋三——616》"起きもせず寝もせで夜を明かしては春のものとてながめ暮らしつ。"等。

V. 连语"ずして":

连语"ずして"(由"ず"的连用形"ず"与接续助词"して"构成)主要用于上代,其同义词有上述的"ずて"、接续助词"で"(意为"…ないで、…なくて"等),如《宣命・三三诏》"人にはいざなはれず人をもともなはずして(止毛奈)おのもおのも貞かに能く浄き心を以て……。"、《万叶集・五——878》"言ひつつも後こそ知らめとのしくもさぶしけめやもと君坐さずして。"等。

此外:

45. ……わが袖干めや君に会はずして。(《万叶集・十一——1995》)

(……わが袖は乾こうか、あなたに逢はないで。)

(……不见我君颜,泪袖焉得干?)

46. 秋されば置く露霜に堪へずして都の山は色づきぬらむ。(《万叶集・十五——3699》)

(秋になるとおく露霜に堪えられないで、都の山は色づいたことであろう。)

(不堪秋临霜露寒,京城山色当尽染。)

而平安时代的"ずして"则主要用于"汉文训读文"中。例如:

47. 右肩を露はさず、革履を脱がずして、……。(《小川本愿经四分律古点》)

(右肩を露にせず、革履を脱がないで、……。)

(不露右肩,不脱革履,……。)

48. ……耶舎、言に答へずして、我が手を巻りて、開く。(《今昔物语集》)

(……耶舎は言葉で答えたことはせず、わが手を握り、開く。)

(……〈于此〉,耶舎并未用语言作答,而是将我的手握住、打开。)

进入中世后,"ずして"也见于《平家物语》等"和汉混淆文"中。例如:

49. ……天下の乱れんことを悟らずして、民間の憂ふる所を知らざりしかば、久しからずして亡じにし者どもなり。(《平家物語・祇園精舎》)

(……世の中は乱れるということも悟らず、人民が憂え苦しんでいることも知らなかったので、長く続くこともなく滅亡してしまった者どもである。)

(……〈秦之赵高……等人〉皆因……不省悟天下欲乱，也不知民之忧虑，故而〈为政〉不久便灭亡了。)

50. ゆく河の流れが絶えずして、しかも、もとの水にあらず。(《方丈記・序》)

(ゆく川の流れは〈いつも〉絶える事のないものであるが、しかし〈その水〉は前に見たもとの水ではない。)

(流淌着的河水〈昼夜〉不息，但〈此水〉已并非前所见的水了。)

51. 我も知らずして、外を知るといふ理あるべからず。(《徒然草・134》)

(自分も知らないで、他人のことを知るという道理のあるはずがない。)

(怎么会有连自己都不知、而知他人之理。)

但需注意，在"和文"中仍见少数用"ずして"表示的例子，如《竹取物语・蓬莱玉枝》"……旅の御姿ながらわが御家へも寄り給はずしておはしたり。"、《土佐日记・2月4日》"……ある人のたへずして舟の心やりによめる、……。"等，但一般均使用上述由"ず"与"て"二者构成的接续助词"で"，正如前例以及《枕草子・135》中的"さては、扇のにはあらで、海月のななり。"等。

Ⅵ. 连语"ずは"（由"ず"与系助词"は"构成）[1]。其用法：

A. 连语"ずは"为"ず"的强调表现，即对连用形"ず"表示强调或提示(=…ないで、…ずに、…するよりは[2])，为连用修饰语，其几乎皆用于上代，多与"らし""む""なむ""べし"等表示愿望、意志、推量等助动词相呼应。其上接部分多为现实的事项，下接部分则推测与事实相反的事实，如《万叶集・二——86》"かくばかり恋ひつつあらずは高山(たかやま)の盤根(いはね)し枕(ま)きて死(し)なましものを。"。此外，尚有下例等：

52. 吾君(あぎ)振熊(ふくま)が痛手(いたで)負(お)はずは、鳰鳥(にほとり)の淡海(あふみ)の海に潜(かづ)きせなわ。
（《古事记・中卷・歌谣39》）
（わが将軍よ、振熊のために痛手なんかおうより淡海の海にもぐって死んでしまうよ。）
（我的将军呀，与其为振熊而受重创，莫如潜入淡海而亡。）

53. 験(しるし)なき物を思(おも)はずは一坏(ひとつき)の濁(にご)れる酒を飲むべくあるらし。
（《万叶集・三——338》）
（思ってもかいのない物思(ものおも)いなどしないで、一坏の濁(にご)り酒(ざけ)を飲んだ方がましだ。）
（与其思也无益，莫如浊酒一杯。）

54. 立(た)ちしなふ君(きみ)が姿(すがた)を忘(わす)れずは世(よ)の限(かぎ)りにや恋(こ)ひ渡(わた)りなむ。
（《万叶集・廿——4441》）
（しなやかに美しいあなたの姿を忘れずにこの命の限りお慕いつづけましょう。）
（朝夕难忘君美姿，今生思慕当无期。）

进入平安时代后，仅有少数"ずは"的用例残留在和歌中，如

---

1 见『最新全訳古語辞典』725页；『全訳古語例解辞典・第三版』596页；『旺文社古語辞典』（守随憲治等編，旺文社，1979年版）660页。也可参见123页注1。
2 见『ベネッセ古語辞典』696-697页。

《伊势物语・14》"なかなかに恋に死な<u>ず</u><u>は</u>桑子にぞなるべかりける玉の緒ばかり。"等，但需注意[1]：

其一，在平安时代的用例中，多有"ずはあり"这样的形式（即在由"ず"与补助动词"あり"构成的"ずあり"之间夹入系助词"は"而成）。于此仅对"ずあり"表示强调而已，与连语"ずは"无关。如《古今集・恋——546》"いつとても恋しから<u>ず</u><u>は</u>あらねども秋の夕べはあやしかりけり。"等。

其二，此处对"ず"表示强调或指示的"ずは"尽管与下述的表示顺接假定条件的"ずは"在意义上有着明显的差异，但由于二者同形，有时不易辨识。一般而言，若去掉"ずは"中的"は"后对前后的文意并无太大影响的为前者；若前后文意不通者则为后者。

B. 连语"ずは"也表示顺接假定条件（＝…ないならば、…でなければ）[2]。它早见于上代，为多与推量相呼应的表现形式，如《万叶集・三——269》"人見<u>ず</u><u>は</u>わが袖もちて隠さむを焼けつつかあらむ著せずて来にけり。"、《万叶集・十五——3711》"わが袖は手本とほりて濡れぬとも、恋忘貝取ら<u>ず</u><u>は</u>行かじ。"等。此外：

55. 千曲なに浮き居る舟の漕ぎ出なば、会ふこと難し今日にしあら<u>ず</u><u>は</u>。（《万叶集・十四——3401》）
（中麻奈に浮いている舟が漕ぎ出して行ったら、もう会うことはむずかしいであろう。今日<u>でなければ</u>、……。）

---

1 见『古典読解の基本語法』（加藤是子著，新塔社）109页；『必携古語辞典』447页；『新版角川古語辞典』（久松潜一編，角川書店，1979年版）652页。
2 见『詳説古語辞典』694页；『ベネッセ古語辞典』697页。有学者认为：表示顺接假定条件的连语"ずは"中的系助词"は"与接续助词"ば"具有同样的功能，故而此"は"有接续助词之说。对此，多数学者并不认同：因"は"上接的是连用形"ず"，故而此"は"为系助词，并非接续助词。本文从之，可参见123页注1。

(浮舟中麻奈，一旦划出外，于今若不会，〈日后〉难相见。)

56. 仏造る真朱足らずは水たまる池田の朝臣が鼻の上を掘れ。
（《万叶集・十六――3841》）
(仏さまを造る真朱が足らなければ、池田の鼻の上を掘れ。)
(造佛朱红若不足，池田朝臣鼻上刨。)

57. ……あらたまの年の緒長く相見ずは恋しくあるべし。（《万叶集・廿――4408》）
(……年月長く逢わなかったら、恋しいことあろう。)
(……长年不相见，定将苦思恋。)

58. かぐや姫、翁にいはく、「この皮裘は、火に焼かむに、焼けずはこそまことならめ、……。」と言ふ。（《竹取物语・火鼠裘》）
(かぐや姫が爺さんに言うことには、「この皮衣は、もし焼いてみて焼けないなら、本物であろう、……。」と言う。)
(辉夜姫谓老翁言道："此裘衣若放入火中烧，若烧也烧不了的话，此定为真货了吧，……。")

59. 御舟海の底に入らずは、神落ちかかりぬべし。（《竹取物语・龙首珠》）
(御舟が海の底に、もし沈まないなら、雷がきっと落ちかかるにちがいない。)
(御舟若不沉入海底，其必将遭到雷击吧。)

60. 「女あるじにかはらけとらせよ。さらずは飲まじ」と言ひければ、……。（《伊势物语・60》）
(〈男は〉「家の主婦は、お酌をさせなさい。そうしなければ、私は酒を飲むまい。」と言ったので、……。)
(〈男子〉言道："请让女主人斟酒，否则我就不饮了。"所以……。)

此连语也见于平安时代的和歌中。其例如下：

61. 今日来ずは明日は雪とぞ降りなまし……。（《古今集・春上——63》）

（〈桜の花を〉今日見に来なかったら、明日に早くも雪のように散ってしまうだろう。……）

（今不赏〈樱〉来，明将即凋谢，花落似飘雪。……）

进入中世后，为强调"ずは"所表顺接假定条件之意，出现了浊音化了的"ずんば"[1]。它主要用于"汉文训读文"和"和汉混淆文"中。例如：

62. ここに利益の地をたのまずんば、いかでか歩みを険難の路にはこばん、……。（《平家物语・一——康頼祷文》）

（この時衆生に利益を与える菩薩を信じ頼みにしなければ、どうしてこんな険しい道を歩きましょう、……。）

（此时，若不信赖那给予众生利益的菩萨，如何能行走在如此艰险之路啊，……。）

63. 今度清盛入道が暴悪をいましめずんば、何れの日をか期すべき。（《平家物语・四——山门牒状》）

（いま、清盛入道の暴悪を戒めなければ、いつの日にその機会が得られようか。）

（现下，若不惩处清盛入道的凶残，何时才方得此机会？）

64. 父父たらずと云ふとも、子もッて子たらずンばあるべからず。（《平家物语・二——烽火》）

（父が父らしくないといっても、子は子として仕えなければならない。）

（即云父可不父，而子则不可不子。）

---

1 见『旺文社古語辞典』660页；『新選古語辞典・新版』620页。

65. 未(いま)だ得(え)ずんば、見るべし。未だ見ずんば聞(き)くべしとなり。
（《正法眼藏随闻记・一――5》）
（まだ得ないならば、見るのがよし。まだ見ていないならば、それについて聞くのがよいというのである。）
（是言：若未得，则见为好；若未见，则闻为好。）

及至近世"元禄时代(1688―1704)"前后，系依据中世出现的"ずんば"和上述"ずは"予以类推，"ずは"遂出现浊音化的"ずば"的形式。虽说"ずは"和"ずば"二者并存，但仍以使用"ずは"者居多。在后期，一般都用"ずは"，如《浮世澡堂・四上》"番頭(ばんとう)が知(し)らずは、今来た先生に聴なせへ"等。其后，一方面由于二者并存（但以"ずは"居多），另则当时也已使用"…なければ"、"…ねば"等形式表示假定条件，故而"ずは"最终也未能发展起来[1]。

(三)"ざり"――

"ざり"在上代其例并不多，然而自进入平安时代后，始得广泛使用。它主要用于下接助动词"き""けり""けむ""つ"等[2]。例如：

66. ……男(をのこ)ども参(まゐ)りて申(まう)すやう、「龍(たつ)の首(くび)の玉(たま)をえ取(と)らざりしかばなむ殿(との)へも参らざりし。……」と申す。（《竹取物语・龙首珠》）
（……家来達(けらいたち)が参って申すには、「龍の首の玉を取らなかったので、御殿へも参ることができませんでした。……」と申す。）

---

1 见『古語辞典・第八版』679页；『助動詞・助詞概説』23页。
2 见『古語大辞典』725页；『助動詞・助詞概説』24页。

（……家臣们来禀告道："因没有取来龙首珠，故而也未能去邸宅〈拜见老爷〉。……。"）

67. 果敢なく口惜しと思して、げにただ人にはあら<u>ざり</u>けり。

（《竹取物语・天皇求婚》）

（帝は本当に只人ではな<u>かった</u>とお思いになって、どうしようもなく残念にお思いになって、……。）

（天皇感到〈辉夜姬〉确非寻常之辈，为此觉得一筹莫展，十分遗憾，……。）

68. 「あなや。」と言ひけれど、神鳴るさわぎに、え聞か<u>ざり</u>けり。（《伊势物语・6》）

（〈女は〉「あれえっ」と悲鳴をあげたけれども、雷の鳴る音のために〈かき消されて、男はその悲鳴を〉聞くことが<u>できなかった</u>。）

（〈女子〉"哎呀！"地惨叫了一声，然而男子未能听到那为雷声〈所掩没了的〉女子的惨叫。）

69. むかし、はかなくて絶えにける仲、なほや忘れ<u>ざり</u>けむ。（《伊势物语・22》）

（昔、ちょっとしたことで仲の絶えてしまった男女〈があった〉。やはり忘れられ<u>なかった</u>のであろうか，……。）

（昔日，〈有〉一对因些许微不足道的小事而断绝关系的男女。但，由于依然不能忘怀的缘故吧，……。〉）

70. ……桜腰にさしなどしてありかせたまひしをり、かかるめ見むとは思は<u>ざり</u>けむ。（《枕草子・9》）

（……また桜花を腰に挿させなどしておあるかせになったとき、こんな憂き目をみようとは〈まさか〉思わ<u>なかった</u>であろうに。）

（〈头弁〉……在它腰间插上樱花让它(指御狗，翁丸)走的时候，万万没有想到会吃这样的苦头。）

71. 知らぬ道のうらやましく覚えば、「あなうらやまし。などか習はざりけん」と言ひて、……。(《枕草子・167》)
(〈自分の〉知らない道がうらやましく思われるならば、「あな、うらやましい。どうして〈わたしは〉習わなかったのだろう」と言って、……。)
(若感到羡慕己所不知之道，则当言："令人太羡慕了。〈我〉为什么没学呢。"……。)

72. 母君、初めよりおしなべての上宮仕へし給ふべき際にはあらざりき。(《源氏物语・桐壶》)
(〈若宫の〉母君は、もともと並並の女官のようにおそば勤めをなさらねばならぬ身分ではなかった。)
(〈小皇子的〉母亲桐壶更衣，其身份原非像一般女官那样必须侍奉天皇的日常起居。)

73. 禹の行きて三苗を征せしも、師を班して、徳を敷くにはしかざりき。(《徒然草・171》)
(禹が国を出て行って、苗族を征伐した功績も、軍隊をひき返して、国内に徳政を広めた功績には及ばなかった。)
(禹去国征伐三苗之功绩，也不及其班师后于国内所布施的德政。)

74.「……まことにかばかりのは見ざりつ」と言たかくのたまへば、……。(《枕草子・102》)
(「……ほんとうにこれほどのは見えなかった」と声高くに申しあげなさるので、……。)
(〈大纳言〉大声言道："……确实未见到过这样的〈扇骨〉。"所以……。)

75. かやうの並々までは思ほしかからざりつるを、……。(《源氏物语・夕颜》)

（〈いままで〉このような平凡な女にまでお心を引かれること
がなかったのだが、……。）
（〈已往〉从未为一个如此平凡的女子而动心过，但……。）

但在使用、识别连用形"ざり"时应注意以下几点[1]：

其一，"ざり"接助动词"き"的连体形"し"、已然形
"しか"时常发生"音便"现象，即"ざり＋し（しか）→ざっし
（しか）"，例如《平家物语・十一——熊野拝神》）"……今日
はかくやつれはて給へる御有様、かねては思ひもよらザッしを
や。……"等。

其二，"ざり"虽也散见于平安时代的"和歌"中，但如在
《土佐日记・1月8日》"照る月の流るる見れば天の川出づる水門
は海にざりける（＝……海であったのだなあ。）"中的"ざり"并
非上述连用形"ざり"，而是由系助词"ぞ"与补助动词"あり"
融合而成的"连语"（即"ぞあり"(zoari)→"ざり"(zari)），何
况"ざり"是不下接"に（即断定助动词"なり"的连用形"に"）
的。故而此处的"ざり"同"…であり、…で"等意，望多加注
意，予以识别。

三、终止形"ぬ""ず""ざり"——

Ⅰ．"ぬ"：

"ぬ"主要用于终止法，但在上代仅有个别用例，及至平安时
代后几乎不用其表示此法，仅有极少残存下来，后终为"ず系列"
的终止形"ず"所取代[2]。例如：

---

1 见『全訳読解古語辞典』535页；『古語辞典』254页；『日本文法大辞典』274页。
2 见『必携古語辞典』435页；『助動詞・助詞概説』27页。

76. ……眼交(まなかひ)にもとなかかりて安眠(やすい)し寝(な)さぬ。(《万叶集・五——802》)

(……そのそいつがやたらに眼前にちらついて安眠をさせてくれない。)

(……频频闪眼前，使我难成眠。)

77. ……久方(ひさかた)の月の桂(かつら)の色も変(か)はらぬ。(《后撰集・秋下——327》)

(……月に生(は)えている桂の大木(だいぼく)の色もかわらないことである。)

(……桂木生月中，〈经年〉色不变。)

此外，还有如《延庆本平家物语・五本》"ソモ者ヘイヅル道ノ案内(あんない)ヲシラヌ。"等。

II. "ず"自上代起就主要用于终止法，也可分别与格助词"と"、接续助词"とも"构成连语"ずと""ずとも"等，表示逆接假定条件[1]。

A. "ず"表示终止法，如《古事记・下》"そらみつ日本の国に雁子産と未だ聞かず。"等。此外：

78. その璵(たま)、器に著(もひつ)きて、婢(まかたち)、璵を得難たず。(《古事记・上》)

(その玉は器にくっついて、侍女(じじょ)はその玉を引(ひ)き離(はな)すことができない。)

(此玉附在水壶上，故而侍女实难取下此玉。)

79. 燕(つばくらめ)も、人のあまたのぼりゐたるに怖(お)ぢて巣にものぼりこ

---

1 见『日本文法大辞典』344页；『古語大辞典』865页；『日本古典文学大系・33・平家物語・下』(高木市之助等校注，1976年版)366页。

ず。(《竹取物語・燕之子安貝》)

(燕も、人が多数のぼっているのをこわがって、巣にも上がってこ<u>ない</u>。)

(燕子〈见〉许多人爬了上来感到害怕，也就不上巢穴来了。)

80. 京には見えぬ鳥なれば、みな人知ら<u>ず</u>。(《伊势物语・9》)

(都では見られない鳥なので、だれも〈何鳥なのか〉わから<u>ない</u>。)

(在京见不到这种鸟，故谁也不知〈此谓何鸟〉。)

81. ……こと事なくこの事を申して、出でむままにこの物語見果てむと思へど見得<u>ず</u>。(《更级物语・源氏物语》)

(……他の事はなく〈ひたすら〉このことをお願い申して、出たらすぐこの物語をすっかり見ようと思うけれども、見つから<u>ない</u>。)

(……我一心祈盼的并非他事，而是此事，只想一出寺院后立即将此物语全部读完，然而总也没有找到。)

及至中世后，仍见有"ず"表示终止法的用例。如：

82. 兵者ども、「これはきこゆる悪所であンなり、敵にあうてこそ死にたけれ、悪所におちては死にたから<u>ず</u>。……」と面々に申しければ、……。(《平家物语・九——老马》)

(兵士どもが、「ここは有名な足場の悪い所だそうである。敵に出会って死にたいが、悪い足場に落ちては死にたく<u>ない</u>。……」とめいめい申したので、……。)

(士兵们各自纷纷言道："听说此地为有名的险要之处。若遇上敌人则情愿战死，也不愿坠落山崖而亡。……"所以……。)

83. その主と栖と無常を争ふさま、いはばあさがほの露に異なら<u>ず</u>。(《方丈记・河水流淌不停》)

（その主人と住居(じゅうきょ)とが〈まるで〉無常の運命を争っている〈かのように相(あい)次いで滅(ほろ)びて行く〉様子は、いわば朝顔(あさがお)の花に置(お)く露(かわ)と変りがない。）

（其主人与住居宛如相争〈无常之命运似地相继灭亡的〉状况，可以说无异于牵牛花上所降之露水。）

84. すべて、一切(いっさい)の有情(うじゃう)を見て、慈悲(じひ)の心なからんは、人倫(じんりん)にあらず。（《徒然草・128》）

（総じて、すべての生き物を見て、これに慈悲の心を起(お)こさないものは、人間ではない。）

（总而言之，凡见一切生物而不生慈悲心者则非人也。）

如上所示，中世后仍见有以终止形"ず"用于表示结句的用例，但需注意：

其一，由于上述终止形"ず"受到始于平安末"院政期"出现的"连体形兼表单纯结句的终止法"这一语法现象的普及和影响，其表终止法的用例日益减少，后终为"ぬ系列"的连体形"ぬ"所取代[1]。

其二，虽说"ず"自上代起就用于表示终止法，但在中世后也出现与其连体形"ぬ"具有同样功能的特殊用法，如《平家物语・十一》"仏神の御(おん)たすけにあらずより外は、争(いか)か愁訴(しうそ)を達せん。"（即"…あらずより"于此代替了正格的"あらざるより"），但其例确不多见。

B. 连语"ずと"（＝…しないで、…なくても、…せずに），同"ずに"。它自中世室町时代起便得大量使用，并残存于今之方言

---

[1] 见『中世語・論集日本語研究13』（柳田征司编，有精堂，1980年版）241页；拙文"简析'终止形与连体形同化'对动词活用变迁所施的重要影响——以'ナ变・ラ变活用四段化'、'二段活用一段化'为例"（见《季羡林先生与北京大学东方学（下）》，阳光出版社，2011年版，476-490页）。

中[1]，用于希望和命令的表现。如《虎寛本・狂言》"汝は、路次で雨に会うたと見えて、ざれことをせずとせずと、末広がりを見せい。"、《人情本・春色恵之花・二》"モウ若だんなといはずと、名をよんでくんねんへな。"等。此外：

85. ……人を知らせずと置けといふぞ。(《四河入海・十九——2》)
    (……人を知らせないでおけというのである。)
    (……是说不要让人知道！)
86. 三味線弾かずといいから、さあ一つ飲みや。(《洒落本・妓者呼子鸟》)
    (三味線は弾かなくてもいいから、さあ一つ飲みなさい。)
    (三弦不弹也行，那么就来喝一杯吧。)
87. 泣く心なら、行かずとおけ。(《歌舞伎・夕雾七年忌》)
    (〈いやで〉泣くのなら、行かないでおけ。)
    (若〈不愿意〉而哭泣，则不去也行。)

C. 连语"ずとも"在上代已见其用例，表示逆接假定条件(……ないとも、……なくとも)，如《万叶集・九——1796》"雨降りて風吹かずとも風吹きて雨降らずとも裳濡らさず止まず来ませと玉橋わたす。"等。此外：

88. ……我し知れらば知らずともよし。(《万叶集・六——1018》)
    (……我が、知っているなら、世の人が知らなくてもよい。)
    (……若我自身知〈其价〉，世人不知也无妨。)

---

1 见『新選古語辞典・新版』619页；『古語辞典・第八版』678页；『全訳読解古語辞典』628页；『古語大辞典』886页。但关于连语"ずとも"的构成，说法并不一致，如是由"ず"的未然形"ず"与接续助词"とも"构成等，本文从前。

89. 爾に言挙為て詔りたまはく、「是の白猪に化れるは、其の神の使者にあらむ。今殺さずとも、還らむ時に殺さむ」とのりたまひて、……。(《古事記・中・景行》)

(そこで倭建命は言挙して、「この白い猪に化身しているのは、伊吹山の神の使いの者であろう。今殺さなくても、山から帰る時に殺してやろう」とおっしゃって、……。)

(于是，倭建命扬言道："此化身为白猪的定是伊吹山神的使者吧。即便现在不杀，待从山上回来时再杀他吧。"……)

90. ……この後は召さずとも、常に参って今様をも歌ひ舞などをも舞うて仏なぐさめ」とぞ宣ひける。(《平家物语・一——祇王》)

(〈入道〉「……今後は召さなくても、いつも参って、今様もうたい、舞なども舞って、仏御前を慰めよ」と言われた。)

(〈入道〉言道："……今后即便不召你也要常来，唱唱'今样'(=流行于贵族间的新歌谣)，跳跳舞，安慰一下佛御前。")

91. 「……忠度がかへり参ッて候ふ。門をひらかれずとも、此きはまで立ち寄らせ給へ」。……。(《平家物语・七——忠度离京出逃》)

(「……忠度が帰っております。門をお開きにならないにしても、この近くまでお寄りください。」……。)

("……我忠度回来了。您即便不开门，也请靠这边近些。"……。)

此外，还有《古今集・冬歌——335》"花の色は雪にまじりて見えずとも香をだににほへ人の知るべく。"等。

但需注意，有的"ずとも"并非上述的连语，而是由"ず"与

格助词"と"、系助词"も"等三者构成[1]。此为近世语，表示"…ないで、…ずに"之意，如《虎明本狂言・武恶》"物を思はせ<u>ずとも</u>、早う切れ。"、《歌舞伎・姬藏大黑柱・一》"よしない事言は<u>ずとも</u>、さあ早うお帰りなされいの。"等。此外：

92. ……「それ忘れ<u>ずとも</u>安土町(あつちまち)の紺屋(こんや)へ寄(よ)って銭(ぜに)取(と)りやよ」……。(《净琉璃・近松・曾根崎情死》)
(……「それ忘れ<u>ないで</u>、安土町の染物屋(そめものや)へ寄(よ)って銭とれよ」……。)
(……"别忘了，顺便去一下安土町的染坊把钱拿来！"……。)

III. "ざり"——

"ざり"虽可表示终止法，但在上代尚未见其用例，平安时代也并不多[2]，如《藤原公任歌集》"女院(にようゐん)の四十の御賀の屏風(びやうぶ)の歌、若(も)しやとて承(うけたま)はりけれど、然(さ)も有(あ)ら<u>ざり</u>、……。"等。此外：

93. 朱雀院(すざくゐん)は御子(みこ)達あまたおはしまさ<u>ざり</u>。(《荣华物语・赏月宴》)
(朱雀院には御子(おこ)さまが多くいらっしゃら<u>ない</u>。)
(朱雀院并无许多皇子。)

94. 今(いま)は昔(むかし)、……三井寺(みゐでら)の明尊僧正(みやうぞんそうじやう)は、御祈(おほむいの)りして夜居(よゐ)に候(さぶらひ)けるを、御灯油(おほむとなぶらまゐ)参ら<u>ざり</u>。(《今昔物語集・廿三——14》)
(今は昔、……三井寺の明尊僧正(僧正=僧官(きとう)名)は、ご祈祷僧として夜の宿直(しゆくちよく)に伺候(しこう)していたが、お灯明(とうみよう)はともしてい

---

1 见『新選古語辞典・新版』619页；『ベネッセ古語辞典』695页；『古語大辞典』886页。
2 见『日本文法大辞典』274页；『よくわかる国文法』(塚原铁雄等著，旺文社，1974年版)242页；『古典文法・別記』95页。

なかった。)

(昔日，……三井寺的明尊僧正作为祈祷僧伺候于夜晚的值宿，但并未点灯。)

进入中世后"ざり"的用例更为少见，仅如《宝物集·二》"いとほしき程には侍らざり。"、《浮世草子·西鹤织留·一》"……と、衣裏のよごるるをもいとひ、万事おろかにせざり。"等。

诚上所示，在表示终止法时一般不用"ざり"而多用"ず系列"的终止形"ず"。但进入中世后，日渐多用"ぬ系列"的连体形"ぬ"了[1]。

四、连体形"ぬ""ざる"

(一)"ぬ"主要用于"和文"，可表示终止法、连体法、准体法、系结法等。并可分别与表示疑问的系助词"か"、感叹的终助词"かも"构成连语"ぬか""ぬかも"的形式——

Ⅰ.表示终止法：

诚前所言，始于平安末"院政期"出现了"连体形兼表单纯结句的终止法"这一重要的语法现象，尤进入中世室町时代中后期更得广泛使用，几均以连体形表示终止法。连体形"ぬ"亦然，在其日益普及的影响下也多用于表示终止法了，但其例并不多见[2]。

95. その時は未生以前の事なれば、さらにその罪われに当らぬ。(《天草本·伊曽保物语》)

---

[1] 见『よくわかる国文法』243页。
[2] 见『助動詞·助詞概説』27页；『古語辞典』445页；『古典読解の基本語法』146页，186页。

(その時はまだ生まれない前のことであるから、全くその罪は、私には当たりません。)

(那是尚未出生前之事，故而此罪完全不应由我来承担。)

96. ちかごろ、面目もござらぬ。(《狂言・萩大名》)

(ちかごろは、面目もございません。)

(近日，也无脸面〈见人〉了。)

Ⅱ. 表示连体法[1]：

97. 楫取、舟子どもにいはく、「……朝北の出で来ぬさきに綱手はやひけ。」といふ。(《土佐日记・2月5日》)

(船頭が舟乗りたちに言うには、「……朝の北風の出で来ないうちに、綱手を早く引っぱれ。」と言う。)

(船头对船员们言道："趁晨间北风未起时，速拉缆绳！")

98. あたりを離れぬ君達、夜を明かし、日を暮らす、多かり。(《竹取物语・贵公子求婚》)

(〈かぐや姫の家のそばを〉離れない貴公子たちが、〈そこで〉夜を明かし、日を送る者がたくさんいる。)

(有许多并未离开〈辉夜姬家附近〉的贵公子们，不分昼夜地〈在那里徘徊〉。)

99. 思ひしにあらぬことどもなどありて、……。(《更级日记・与继母离别》)

(予想したことでないいろいろなことなんかあって、……。)

(出现种种预想不到的事情，……。)

100. ……若し此事もれぬる物ならば、行綱まづ失はれなんず。他人の口より漏れぬ先に廻忠して命いかうと思ふ心ぞ付き

---

[1] 见『日本文法大辞典』344页。

にける。(《平家物語・二——西光问斩》)

(……もしこの事が漏れるものなら、行綱がまず殺されるだろう。他人の口から漏れぬ前に、返り忠して、命生きよう」と思う心が起こった。)

(〈新大纳言成亲卿〉终于下了决心："……若此事一旦泄露出去，首先是多田藏人行纲被杀吧。〈莫如〉在未从他人之口〈将其〉泄露之前便倒戈，以期保全性命。")

101. まして、見ぬ古のやんごとなかりけん跡のみぞ、いとはかなき。(《徒然草・25》)

(〈自分の生まれる前の〉見たこともない昔の、高貴であったという〈邸宅〉の旧跡にいたっては、ことのほかこの世の無常を感じさせることだ。)

(至于那〈在自己出生前〉从未见过的昔日高贵的这一〈宅院〉的古迹，这分外使人感到此世的无常。)

此外，如《枕草子・62》"ありがたきもの、……主そしらぬ人の従者。……物語、集など書き写す本に墨つけぬこと。"、《新古今集・秋下——491》"村雨の露もまだ干ぬ槙の葉に霧立ちのぼる秋の夕暮。"等。

但需注意，虽说在"和文"中主要用"ぬ"表示连体法，然而在"和文"中也出现使用"ざる"表示连体法的用例，如《伊势物语・23》"つつゐつの井筒にかけしまろがたけ過ぎにけらしな妹見ざるまに。"、《枕草子・49》"……「我がもとの心の本性」とのみのたまひて、「改まらざるものは心なり」とのたまへば、……。"等，但其例并不多见。

Ⅲ. 表示准体法：

102. かぐや姫は、「さし籠めて守り戦ふべきしたくみをしたりとも、あの国の人をえ戦はぬなり。……」。(《竹取物語・升天》)

(かぐや姫がいう、「〈わたくしを塗籠に〉とじこめて守り戦う準備をしたところで、あの月の国の人とは戦うことはできません。……」。

(辉夜姫言道:"即便准备〈将我〉关〈在仓库一般的房间里〉准备守护、作战,也决不可与那月国上的人进行战斗。……")

103. ……うつつにも夢にも人に逢はぬなりけり。(《伊势物语・9》)

(……現実にも、夢の中にも、あなたにお会いしないことです。)

(……总也不见〈我妹颜〉,无论现实或梦境。)

104. 言ひける言もいまだ果てぬに、弓の音すなり。(《今昔物语集・廿五》)

(言葉がまだ終ってしまわないうちに、弓の音がしたようである。)

(于言语未毕之间,似闻弓弦之声。)

105. ……人もおはぬに、とり袴して、……いそぎ門外へぞにげ出でける。(《平家物语・二——西光问斩》)

(〈多田行綱〉……誰も追って来ないのに、袴のももだちを取って、急いで門外へ逃げ出した。)

(〈多田行纲〉……尽管谁也没有追来,可他却把裙裤左右下摆撩起来掖在开口处,急急忙忙地向门外逃去。)

106. かげろふの夕べを待ち、夏の蝉の春秋を知らぬもあるぞかし。(《徒然草・7》)

(かげろふが生まれたその日の夕にならないうちに死に、夏の蝉が春も秋も知らないで死んでしまうのもあることだ。)

(也有〈如此一类〉，蜉蝣未至黄昏而死；夏蝉不知春秋而亡。)

107. 改めて益なきことは、改めぬをよしとするなり。(《徒然草・127》)

(改めても利益のないことは、むしろ改めない方がよいとするものである。)

(改而无益之事，则以不改为好。)

Ⅳ. 表示系结法：

"ぬ"由于"系助词呼应关系(=係り結びの規則)"的要求，也用于句末表示结句，如《日本书纪・114歌》"幹ごとに花は咲けども何とかも愛し妹が復咲き出来ぬ。"等。此外：

108. 霍公鳥思はずありき木の暗のかくなるまでになにか来鳴かぬ。(《万叶集・八——1487》)

(ほととぎすよ、私は思いもよらなかった。木の葉が茂ってこんなにほの暗くなるまでにどうして来て鳴かないのか。)
(叶茂林暗好啼叫，杜鹃不来多蹊跷。)

109. ……日月は明かしといへど吾がためは照りや給はぬ。(《万叶集・五——892》)

(……太陽や月は明るく照るというけれども、私のためには照って下さらないのであろうか。)

(……虽云日月明，岂照我此身？)

110. あしひきの山も近きをほととぎす月立つまでになにか来鳴かぬ。(《万叶集・十七——3983》)

(山も近いのに、ホトトギスは、四月が来るまでなぜ鳴かないのか。)

(虽云离山近，时已至四月，杜鹃何不鸣？)

111. ものは少しおぼゆれども、腰なむ動かれぬ。(《竹取物

语・燕之子安贝》）

（気は少しはっきりしたが、腰が何しろ動かれない。）

（虽神志稍觉清醒，但腰仍不能动弹。）

Ⅴ. 连语"ぬか"（由"ぬ"与表示疑问、感叹之意的助词"か"构成）仅用于上代，表示愿望之意（=…ないかなあ、…てほしい）。故此词也有表示愿望的助词之说[1]。此意与下述连语"ぬかも"一样，多以"…も…ぬか(ぬかも)"的形式表示，如《万叶集・十五——3645》"吾妹子は早も来ぬかと待つらむを沖にや住まむ家つかずして。"等。此外：

112. ……霍公鳥今も鳴かぬか君に聞かせむ。（《万叶集・十八——4067》）

（……ホトトギスよ、今ここで鳴かないか。わが君に聞かせように。）

（……杜鹃现今何不鸣？速速啼于我君听。）

113. わが命も常にあらぬか……。（《万叶集・三——332》）

（私の命はいつまでもあってくれないか。……）

（但愿我命长，〈永住人世间〉。……）

时至平安时代后虽也有"ぬか"的用例，但与上述表示愿望的"ぬか"无关，只是在表示否定的连体形"ぬ"后添上表示疑问的"か"，遂为疑问表现（=ないのか）而已，望予以区别，例如《古今集・恋四——731》"かげろふのそれかあらぬか春雨のふるひとな

---

1 见『古語大辞典』1269页；『日本文法大辞典』638页；『全訳古語例解辞典・第三版』843-844页；『全訳読解古語辞典』872页；『新選古語辞典・新版』885页。诚如所知，在上代的"万叶假名"中以汉字"不"表示"ず"、"ぬ"，而"ぬか"则写成"奴香"、"糠"、"額"、"寝鹿"等，可见已将其视为一词。另，关于"ぬか"的构成，也有人认为其中的"か"为终助词或系助词。本文从前。

れば袖ぞ濡れぬる。"、《古今集・恋五——774》"今は来じと思ふものから忘れつつ待たることのまだもやまぬか。"等。

Ⅵ. 连语"ぬかも"（由"ぬ"与表示疑问、感叹的助词"か"、表示感叹的助词"も"三者构成），为上代特有的表现形式。其在《万叶集》中计有29例（其中表愿望的为16例，表感叹的13例），但不见于平安时代的《古今集》、《源氏物语》等中[1]。此语用法如下：

其一，表示愿望之意（=…してくれないかなあ、…でないものかなあ），如《万叶集・十五——3602》"朝ごとに我が見るやどのなでしこの花にも君はありこせぬかも。"等。此外：

114. 春日なる三笠の山に月もいでぬかも佐紀山に咲ける桜の花の見ゆべく。（《万叶集・十——1887》）

    （春日にある三笠の山に月が出ないものかなあ、佐紀山に咲いている桜の花が見えるように。）

    （愿月早升春日三笠山，可见佐纪山上一片樱。）

115. ぬばたまの夜渡る月は早も出でぬかも……。（《万叶集・十五——3651》）

    （夜空を渡る月は、すぐでてくれないかなあ。……）

    （行越夜空月，快出照〈海面〉。……）

其二，表示感叹之意（…ないことだなあ、…ないことよ），如《万叶集・十五——3602》"あをによし奈良の都にたなびける天の白雲見れど飽かぬかも。"等。此外：

---

[1] 见『古語大辞典』1270页、『日本文法大辞典』639页、『全訳読解古語辞典』872页。关于"ぬかも"的构成，也有人认为其中的"かも"为表示感叹的终助词；其中的"か""も"均为表示感叹的终助词等。本文从前。

116. ……駿河なる富士の高嶺は見れど飽かぬかも。(《万叶集・三——319》)

   (……駿河にある富士の高嶺は、いくら見ても見あきないことだなあ。)

   (……富士在骏河，岭高入云霄，百看也不厌，伟哉此高岭。)

117. ひな曇り碓氷の坂を超えしだに妹が恋しく忘らえぬかも。(《万叶集・二十——4407》)

   (碓氷の坂を超える時にいとしい人が恋しくて忘られないことよ。)

   (越过碓冰坂，思恋我妹来，此情难忘怀。)

(二)"ざる"主要用于"汉文训读文"和"和汉混淆文"中，可以表示连体法、准体法。虽说也可用于系结法，但其例并不多见[1]。如：

Ⅰ. 表示连体法：

118. 我れ思はざるほかに此の所に召されたり。(《今昔物语集・十七——21》)

   (わたくしは思いもよらずここに召されてしまいました。)

   (没想到，我被召唤到这里来了。)

119. 身死して財残る事は智者のせざるところなり。(《徒然草・140》)

   (死んだあとに財産が残るということは、知者のしないこと

---

[1] 见『例解古语辞典』(佐伯友梅等编，三省堂，1980年版)384页；『古語大辞典』725页。"ざる"虽可用于系结法，如《徒然草・134》"つたなきを知らば、なんぞやがて退かざる"等，但其似不多见，故而未予单独立项说明，从略。

である。)

(身死而留财，此乃智者所不为之举也。)

120. ……况んや、及ばざる事を望み、叶はぬ事を憂へ、来らざることを待ち、……。(《徒然草・134》)

(……まして、自分の力では達せられないことを望み、できもしないことを悲しみ、やって来そうもないことをいたずらに期待し、……。)

(……何况期望那力所不及之事、忧虑无法做到之事、徒然地期待看去难以实现之事，……。)

此外，还有《保元物语・下》"たとひ遠き国、遥かの島に遷されたりとも、運命あらば、はからざるほかの事もありなむ。"等。

Ⅱ.表示准体法；

121. 知りたるも、知らざるも、彼岸に到るがごとし。(《正法眼藏随闻记・一――5》)

(知っている者も、何も知らない者も向こう岸に着くようなものである。)

(〈无论〉知者或不知者，也皆如抵达彼岸似的。)

122. 死を恐れざるにはあらず、死の近きことを忘るるなり。(《徒然草・93》)

(死を恐れないのではなく、死の近づいていることを忘れているのである。)

(〈人〉并非不惧死，而是忘却死之将近〈罢了〉。)

但需注意：

其一，诚上所言"ざる"虽多用于"汉文训读文"等中，但也见有"和歌"等中的用例。此时主要下接推量助动词"らし""べ

し""らむ""めり"以及推断、传闻助动词"なり"等[1]，如《万叶集・七——1138》"宇治川を船渡せをと呼ばへども聞こえざるらし楫の音もせず。"、《后撰集・十三》"女のもとに遣しける。よそなれど心ばかりはかけたるを、などかおもひにかわかざるらむ。"等。此外：

123. この人々の深き志は、この海にも劣らざるべし。（《土佐日记・1月9日》）
（この人々の深い友情は、この海の深さにも劣らないにちがいない。）
（这些人的深厚友情，定然不亚于此海之深吧。）

其二，在"ざる"与"なり""めり"相接时常发生"音便"，即"…ざるなり（めり）→…ざんなり（めり）→…ざなり（めり）"[2]。例如：

124. この頃となりては、ただごとにも侍らざめり。（《竹取物语・升天》）
（〈かくや姫は、〉近頃になってからは、〈月に対する様子が〉ただごとではないようでございます。）
（而近日来，〈辉夜姬对着月亮的神情〉似非寻常。）

125. 海賊は夜あるきせざなりと聞きて、夜なかばかりに舟を出だして、阿波の水門を渡る。（《土佐日记・1月30日》）
（海賊は夜は横行しないそうだと聞いて、夜中ごろに舟を出して阿波の水門を渡る。）
（听说海盗在晚上并不夜袭，故在夜半时分便划船出航，横渡阿波之海峡。）

---

[1] 见『日本文法大辞典』274页；『助動詞・助詞概説』25页。
[2] 见『詳説古語辞典』581页，589页；『古典語現代語助詞助動詞詳説』248页；『ベネッセ古語辞典』571页，578页。

126. ほかの人はさぞ侍(はべ)らざなる。(《紫式部日记》)

(ほかの女房(にょうぼう)たちは、それほどでもないようです。)

(其他的女官们似乎也并非如此。)

127. …「荻(をぎ)の葉、荻の葉。」と呼ばすれど、答へざなり。(《更级日记・荻叶》)

(……「荻の葉、荻の葉。」と〈従者(じゅうしゃ)に〉呼(よ)ばせるが、答えないようだ。)

(……让〈从者〉喊"荻叶！荻叶！"，但似无人应答。)

128. 藤大納言(だいなごん)の手のさまにはあらざめり。法師(ほふし)のにこそあめれ。(《枕草子・138》)

(藤大納言の書風(しょふう)ではないらしい。多分坊(ぼう)さんのでしょう。)

(似乎不是藤大纳言的书法风格。大概是和尚写的吧。)

129. 「此(ここ)に老法師(おいほふし)の隠(かく)れ居(ゐ)るぞ。此は只者(ただもの)には非(あ)らざめり」。《今昔物语集・廿——2》)

(「ここに老法師が隠れているぞ。こいつはたはだ者ではなさそうだ」。)

("这里藏着老法师啊。这个家伙看去并非等闲之辈。")

"ざる"也可表系结法，如《徒然草・134》"拙(つた)きを知らば、何ぞ、やがて退(しりぞ)かざる。老いぬと知らば、なんぞ、閑(しづ)かに居て、身を安(やす)くせざる。"等。但，其例似不多见。

五、已然形"ね""ざれ"

(一)"ね"——

"ね"主要用于"和文"，但也见有用于"和汉混淆文"的用例。它可表示系结法、逆接确定条件，并与接续助词"ば"构成连

语"ねば"予以表示[1]。

Ⅰ．表示系结法：

"ね"由于系助词呼应关系（=係り結びの規則）的要求也用于表示结句，如《万叶集・十九——4234》"鳴く鶏はいや頻鳴けど降る雪の千重に積めこそわが立ちかてね。"、《拾遺集・三》"八重むぐら繁れる宿のさびしきに人こそ見えね秋は来にけり。"等。此外：

130. ……起きふし夜はいこそねられね。（《古今集・恋二——605》）
（……私は夜になっても起きたり寝たりで安らかに眠ることもできない。）
（……时起又时寝，夜也难安眠。）

131. ……こまごまと吹き入れたるこそ、荒かりつる風のしわざとはおぼえね。（《枕草子・186》）
（……念入りにこまごまと吹き入れているのは、荒々しかった風のした細工とはとても思われない。）
（……确实没想到〈将树叶〉一片片地吹入之事，其竟为狂风所作。）

132. 「……馬ゆゑ仲綱が、天下のわらはれぐさとならんずることこそやすからね」とて、……。（《平家物語・四——竞武士》）
（〈伊豆守〉「……この馬ゆえに仲綱が天下のわらいものになるのは無念なことだった。」といって、……。）
（〈伊豆守仲纲〉言道："……我仲纲因为这匹马而成为天下的笑柄，此事〈实在让人〉悔恨！"……。）

---

1 见『よくわかる国文法』243页；『日本文法大辞典』344页。

Ⅱ. 连语"ねども"可以表示逆接确定条件：

此词由"ね"与接续助词"ども"构成，其例早见于上代，如《万叶集・三——336》"しらぬひ筑紫の綿は身に著けて未だは着ねど暖かに見ゆ。"等。此外：

133. 秋来ぬと目にはさやかに見えねども風の音にぞおどろかれぬる。(《古今集・秋上——169》)

(目前の景色を見ているだけでは、秋が来たとはっきりはわからないけれども、吹く風の音を聞くと、さすがに秋であると感じられることである。)

(唯见景中物，难断秋日临，但闻金风起，不告知秋令。)

134. ……大将にあらねども、兵仗を給はつて随身を召し具す。……(《平家物语・鲈鱼》)

(……〈平清盛〉近衛大将ではないが、武器をもった兵を連れることを許されて随身を召し連れていた。……)

(……〈平清盛〉并非近卫大将，然而准许其带持兵器的士兵，并一起带上随从。……)

135. ……かたきに頸はとられねども、いた手なれば死ににけり。(《平家物语・十一——嗣信之死》)

(……〈菊王丸〉は敵に首は取られなかったが、重傷であったから死んでしまった。)

(……〈菊王丸〉虽未被敌人割取首级，但因伤重而身亡。)

Ⅲ. 连语"ねば"：

连语"ねば"系由上述"ね"与接续助词"ば"构成，其例早见于上代，如《万叶集・八——1555》"秋立ちて幾日もあらねばこの寝ぬる朝明の風は手本寒しも。"、《万叶集・十七——3979》"あらたまの年かへるまで相見ねば心もしのに思ほゆるかも。"等。其用法如下：

其一，表示顺接确定条件(=…ないので、…ないから)[1]。例如：

136. ……飛び立ちかねつ鳥にしあらねば。《万叶集・五——893》）

(……どこへ飛んで行ってしまうこともできない。鳥ではないので……。)

(……因非行空鸟，岂能〈入云〉飞东西。)

137. 風波止まねば、なほ同じところにとまれり。（《土佐日記・1月日》）

(風も波も静まらないので、〈今日も〉やはり同じ所に泊まっている。)

(风和浪距均已平息，故而〈今日也〉依然停泊在同一地方。)

138. この川、飛鳥川にあらねば、淵瀬さらに変はらざりけり。(《土佐日記・2月16日》）

(この川は、飛鳥川でないので、淵瀬は少し変化していないことだよ。)

(此桂川并非〈古歌中所云之〉飞鸟川，故而深渊和浅滩均与昔日同，而无丝毫变化。)

139. 人、木石にあらねば、時にとりて、物に感ずることなきにあらず。(《徒然草・41》)

(人間は、木や石ではないから、折にふれて、感動することがないわけではない。)

(人非木石，故偶尔也会为之而感动。)

其二，表示恒常的・一般的条件(=…ないと、ない場合にはいつも)。例如：

---

[1] 见『古語大辞典』1283页；『日本文法大辞典』646页；『古典語現代語助詞助動詞詳説』251页；『ベネッセ古語辞典』978页。

140. いみじき頓(とみ)の事あれど、おぼろけならねば、え動(うご)かせ給(たま)はず。(《大镜・道长》)

(緊急な事があっても、非常に重要なことでないとなかなかお動きになれない。)

(即便有紧急之事，若非十分重要之事，也不会为其而动。)

141. 世に従(したが)へば、身苦(くる)し。従(したが)はねば、狂(きやう)せるに似(に)たり。(《方丈记・世上生存难》)

(世間の習慣に従って〈生きようとすると〉、自分の身が〈束縛(そくばく)されて〉苦しい。〈そうかといって世間の常識に〉従わないと、気(き)ちがいじみたように見える。)

(若欲从世间习惯去求生，则身受〈束缚〉而感到痛苦。然而，若不从〈世间之常理〉，则看去犹如狂人一般。)

142. 鼻ひたる時、かくまじなはねば、死ぬるなりと申せば、……。(《徒然草・47》)

(くしゃみをしているとき、このように〈くさめ、くさめと〉おまじないをしないと死んでしまうものだといいますから、……。)

(听说在打喷嚏时，若不念"喷嚏"的咒语就会死去，所以……。)

其三，表示逆接确定条件(=…ないのに、…ないうちに)，但多以"…も…ば"的形式予以表示[1]。它多用于上代和平安初的"和歌"，以及中世的"军记物语"和"谣曲"等中，《万叶

---

1 见『詳説古語辞典』960页；『必携古語辞典』631页；『例解古語辞典』105页；『古典読解の基本語法』108页；『日本文法大辞典』646页。由连语"ねば"与断定助动词"なり"相接构成"ねばなり"的形式，则表示形成否定结论的理由(=…からである)，如《徒然草・74》"……惑(まど)へるものはこれを恐れず、名利に溺(おぼ)れて先途(せんど)の近き事をかへり見ねばなり。愚かなる人は、またこれを悲しぶ。常住(じやうぢゆう)ならんことを思ひて、変化(へんげ)の理(ことはり)を知らねばなり。"等。

集・五——794》"……年月もいまだあら<u>ねば</u>心ゆも思はぬ間にうち靡き臥しぬれ……。"等。其例如下：

143. ……秋風もいまだ吹か<u>ねば</u>かくぞもみでる。(《万叶集・八——1628》)

    (……秋風もまだ吹か<u>ないのに</u>、こんなに色づいていることだ。)

    (……秋风尚未起，其色已尽染。)

144. ……渡り果て<u>ねば</u>明けぞしにける。(《古今集・秋上——177》)

    (……まだ渡りきら<u>ないうちに</u>、夜があけてしまったことであるよ。)

    (……涉水过对岸，未至天已明。)

此外，还有《新古今集・春上——20》"まきもくの檜原もいまだ曇ら<u>ねば</u>小松が原に淡雪ぞ降る。"等。

及至平安末"院政期"后，"ねば"主要散见于属于汉文体的"军记物语"系统的文章。自进入中世镰仓时代后则多见于《平家物语》等"和汉混淆文"的作品。其几乎均上接动词"果つ"，以"…も果てねば"的形式予以表示。例如：

145. ……「官軍すでに寄せ候ふ。」と申しも果て<u>ねば</u>、先陣すでに馳せきたり。(《保元物语・上》)

    (……「官軍はすでに押し寄せました。」と申し終りもし<u>ないのに</u>、官軍の先陣はすでに駆けて来た。)

    (……正说"官军已蜂拥而至。"，然于话尚未说完间，官军的前锋却已赶来了。)

146. ……宣ひもはてねば、競つッといできたり。(《平家物語・四——竞武士》)

(……いわれたその言葉も終らぬうちに、競がつっと現れた。)

(……〈三位入道〉的话尚未说完时，武士突然出现了。)

147. ただ鬼神の所為とぞ見えたりける。おとしもはてねば、時をドッとつくる。(《平家物语・九》)

(ただ鬼神のやる事と見えた。下りきらないうちに鬨の声をどっとあげる。)

(看去只是鬼神所为，在〈人们〉尚未下到〈陡坡的〉尽头时，便齐声地呐喊起来。)

(二) "ざれ"——

"ざれ"的用例早见于上代，进入平安时代后主要用于"汉文训读文"以及日后兴起的"和汉混淆文"中，很少见于"和文"。它可表示顺接确定条件、恒常的・一般的条件、逆接确定条件等[1]。

Ⅰ. 表示顺接确定条件 (=…ので、…から)，如《万叶集・十——2272》"秋づけば水草の花のあえぬがに思へど知らじ直に会はざれば。" 等。此外：

148. ……命も惜しからず妹会はざれば。(《万叶集・四——785》)

(……はかないこの身など惜しくない。あたなに逢えないのだから。)

(……皆因未能见我妹，此身虚幻何足惜。)

---

1 见『日本文法大辞典』274页；『古語大辞典』725页；『研究資料日本文法・第7巻』14页；『古典文法・別記』94页；『助動詞・助詞概説』27页。

149. 魚は水に飽かず。魚にあらざれば、その心を知らず。(《方丈記・閑居》)

(魚は、水の中に住んで、水にあきあきすることはない、その魚でなければ、水にあきあきしない気持はわかりはしない。)

(鱼栖于水中是不会厌水的。若非此鱼，当不明知其不厌水之心情。)

150. 貪る事の止まざるは、命を終ふる大事、今ここに来れりと、確かに知らざればなり。(《徒然草・134》)

(俗世間の名利をむさぼることの止まないのは、死という大事が、今目の前に迫って来ていると、はっきりと知らないからである。)

(贪图俗世名利之心不止之事，皆因并不确知死这一大事现正日益迫近于眼前。)

Ⅱ. 表示恒常的・一般的条件 (=…すると…必ず、…のときは……いつでも)。例如：

151. 希求の心止まざれば、一生、安楽ならざるなり。(《正法眼藏随闻记・一——7》)

(やたらにほしがる心がなくならければ、一生涯、安楽ではないのである。)

(若不止希求之心，则一生将不得安乐。)

152. 貧しくして分を知らざれば、盗み、力衰へて分を知らざれば、病を受く。(《徒然草・131》)

(貧乏で身のほどをわきまえなければ、盗みをするようになり、力が衰えて身のほどをわきまえなければ、病気になる。)

（若贫穷而不守本分，则会〈去〉偷盗；若年老力衰而不自量力，则会患病。）

Ⅲ. 表示逆接确定条件(=…が、…けれども、……のに)。例如：

153. あらたまの年の緒長く会はざれど、異しき心を吾が思はなくに。(《万叶集・十五——3775》)

（長い年月会わないけれど、変な心を私は持ったりしないことだ。）

（虽云长年未相见，我心〈如初〉永不变。）

154. 一字をも説き給はざれども、……。(《最胜王经古点》)

（一字をもお説きにならないけれど、……。）

（连一字也未予说明，然而……。）

155. 法皇仰せなりけるは、「……人間のあだなる習は、今更驚くべからざれども、御有様見奉るに、あまりにせんかたなうこそ候へ」と仰せければ、……。(《平家物语・灌顶卷——六道》)

（法皇は言われるには、「……人世界のはかなく空しいことは常のならいで、今更驚くべきではないが、女院のご様子を拝見すると、あまりに悲しくてなんともしようのない気がします」と言われると、……。）

（当法皇〈见女院而〉言道："……世事虚幻、无常乃世之常情，现已不应为之惊叹，但当我看到女院的情况，不禁让我感到十分悲伤。"〈女院便……〉。）

156. ……所願を成ぜざれども、心とこしなへに安く楽し。(《徒然草・217》)

（……自分の望みを叶えさせなくとも、心の中はいつも変わ

らず安らかで、楽しいものだ。）

（……即便未遂自己的愿望，也应始终保持安详、快乐的心情。）

但需注意，正如以上所述，"ざれ"在进入平安时代后虽主要用于"汉文训读文"中，但也有例外，如在《源氏物语・蜻蛉》中，薫大将训读《白氏文集》中的一节时所言——在句中也使用了"ざれ"，如"人木石にあら<u>ざれ</u>ば、みな情有り。"等。

六、命令形"ざれ"

在否定助动词"ず"的活用形中，唯有"ざり系列"存有命令形——"ざれ"。它早见于上代，如《古事记・中》"……汝は夫に嫁は<u>ざれ</u>。"等，其后主要用于"汉文训读文"和"和汉混淆文"表示命令法，几乎不见于"和文"[1]。例如：

157. 心を執して散乱せ<u>ざれ</u>。（《苏悉地羯罗经永久点》）

（心を執して散乱し<u>てはならない</u>。）

（不可执念于心而散乱。）

158. 叫て云く、「我れ、痛きかな痛きかな。路の人、これを聞きて思ひいさめて、われを打たしめ<u>ざれ</u>」と。（《今昔物语集・十二——13》）

（叫び声は、「ああ痛い、ああ痛い。道を通る人よ、わたしの声を聞いて、わたしを打つものをいさめて<u>打たせないようにしてくれ</u>」と言っている。）

（〈此人〉叫喊着："痛啊！痛啊！过路人呀，请你听到我的声音后劝说打我的人，让他别打了。"。）

---

1 见『日本文法大辞典』274页；『古語大辞典』725页；『助動詞・助詞概説』27页。有学者认为：命令形"ざれ"实际上几乎不见于"和文"，其原因在于"和文"可用"…な"、"な…そ"等表示禁止之意。

159. 今、その要句を教へむ、ゆめゆめ忘れざれ。(《今昔物語集・十七——29》)

(今、その必要な経文を教えよう。けっして忘れないようにせよ。)

(今教此要句,切不可忘记!)

160. 忽に祖の心を驚かし給はざれ。(《三宝绘词・中》)

(〈急に行って〉、親の心を驚かさないで下さい。)

(〈快去〉,请别让我父母心上受惊吓。)

161. 敵おごらば我おごらざれ。……(《义经记・五——6》)

(敵がおごれば、我はおごるな。……)

(敌人若骄,我不可骄。……)

此外,尚有下例,如《十训抄・二》"さればある経には、「心の師とはなるとも、心を師とせざれ」と説かれたるとかや。"、《童子教》"衆に交はつて雑言せざれ。……事に触れて朋に違はざれ。"、《唯心钞文意》"浄土を願ふ人はあらはに賢き姿、善人のかたちをふるまはざれ、精進なる姿を示すことなかれ"等。

否定助动词"ず"在用法上的主要特点及其差异的简约归纳

通过上述对"否定助动词'ず'是如何合成的"、"比较否定助动词'ず'各活用形的主要用法和差异"等二者的梳理、印证,窃以为大体上已勾勒出该词的主要特点及其诸多差异。现试从以下三方面对其做一简约的归纳和分析,仅供读者参考。

(一),诚如前述,否定助动词"ず"是由三个不同活用型的具有各自发展、变化规律的系列混合而成,加之时代变化所引起若干

语言变化的影响，必然会在各自的用法上显露出它的特点。

Ⅰ．"ぬ系列"最早见于上代，后因其未然形"な"、连用形"に"、终止形"ぬ"等三个活用形的使用范围逐渐缩小，后终为"ず系列"所取代，遂使"ぬ系列"与"ず系列"合二为一，成为否定助动词"ず"的"基本系列"（见表2）。

其未然形"な"主要用于上代。仅限于"なく""なくに"的连语形式，此外尚有上代东国方言——由"な"与结尾词"ふ"构成的助动词"なふ"，以及连语"なな"。连用形"に"也主要用于上代，限于"知らに""飽かに""かてに"等连语形式，不见有其单独的表达。终止形"ぬ"也很少有其用例。上述三个活用形仅有其中的极少用例残存于平安时代以及中世，故而"な""に""ぬ"等三形在常见的否定助动词"ず"的活用表上，一般不予表示（见表2）。

上述"ぬ系列"合入"基本活用"中的连体形"ぬ"、已然形"ね"主要用于"和文"。"ぬ"主要表示终止法、连体法、准体法、系结法等，也可分别与"か"等助词构成连语"ぬか""ぬかも"等。"ね"主要表示系结法、逆接确定条件，也可与接续助词"ば"构成连语"ねば"，表示顺接确定条件等。

Ⅱ．"ず系列"是由"ぬ系列"的连用形"に"与サ变动词"す"融合而成。

经多年深入研究，大多数学者不承认有未然形"ず"的存在（本文从之）。在上代连用形"ず"十分发达，用途广泛，可下接"き""けり""けむ"等助动词表示连用法，也可分别与接续助词"て""して"以及系助词"は"构成连语"ずて""ずして""ずは"等。终止形"ず"自上代起就表终止法，也可与接续助词"とも"、格助词"と"构成连语"ずとも""ずと"予以表示。

但自进入平安时代的后期，上述连用形"ず"的功能日渐衰微，除尚存于"训点（系指为训读汉文而在其傍和下方所注的假名及标点符号）资料"中的"ずき"等古形外，已不可直接下接"き"、"けり"等助动词了，仅多用于表示中顿法、副词法而已。其终止形"ず"自进入中世后，由于连体形"ぬ"兼表终止法，致使其表示终止法的用例也日益减少了。

Ⅲ."ざり系列"是由"ず系列"的连用形"ず"与ラ变动词"あり"融合而成。它除与"ぬ系列""ず系列"同表否定之意外，因其词源中内含表示存在之意的"あり"，故具有增强状态性、指示性的含义。

在上代，作为补助活用的"ざり系列"并不发达，仅有未然形"ざら"和已然形"ざれ"二者。未然形"ざら"可表将然法、顺接假定条件，但其例均不多。及至平安时代后方始得到广泛使用，连用形"ざり"可用于下接"き""けり""けむ""つ"等助动词。终止形"ざり"虽说可表终止法，但用例极少。

连体形"ざる"主要用于"汉文训读文"等，可表连体法、准体法、系结法，然而也见有少量用于"和文"、"和歌"的用例。此时主要下接"らし""べし""めり"等推量助动词。已然形"ざれ"也主要用于"汉文训读文"、"和汉混淆文"，很少见于"和文"。它可表示顺接确定条件、恒常的·一般的条件、逆接确定条件等。

命令形"ざれ"为否定助动词"ず"中唯一的一个命令形，主要用于"汉文训读文""和汉混淆文"中，表示终止法，几乎不见于"和文"的用例。

（二），诚如前言，实际上否定助动词"ず"可以说最终是由"基本活用"和"补助活用"二者构成的。

"基本活用"与"补助活用"在用法上有重复之处，如"ずは"（此处为表"假定"的用法）和"ざらば"均可表示顺接假定条件；"ぬ"和"ざる"均可表示连体法等。而且，在用法上也有交叉之处，如"ぬ"虽主要用于"和文"，但也见于"汉文训读文"等；"ざる"虽主要用于"汉文训读文"等，但也见于"和文""和歌"的例文。尽管如此。二者在大体上仍有其各自的分工。

"基本活用"除其活用形"ず"在上可接"き""けり"等助动词外，主要用于下接"は""て""して""とも""か""ば""と"等助词；"ぬ"与"ね"主要用于"和文""和歌"。

"补助活用"除上代的用例外，则主要用于下接"む""き""けり""けむ""つ"等助动词；"ざる""ざれ""ざれ"主要用于"汉文训读文"、"和汉混淆文"，尤其是后者命令形"ざれ"则几不见于"和文"的用例。

（三），否定助动词"ず"除了上述"三系列"各具不同的发展、变化规律外，其用法还受到时代变化所引起的若干语言变迁的影响，这也可谓其特点之一。此影响在上文中已有提及，现择其最明显的做一简述。

其一，诚如所知，"ず系列"的连用形"ず"在上代用途很广，可下接"き""けり""けむ"等助动词，并与系助词"は"构成连语"ずは"，可作连用修饰语，也可表示顺接假定条件。但自进入平安时代后其下接"き"等助动词的功能终为"ざり系列"所取代。

其二，"ぬ系列"的连体形"ぬ"因受始于平安末"院政期"出现的"连体形兼表单纯结句的终止法"这一语法现象的影响，也逐渐用于兼表终止法了。

其三，表示顺接假定条件的连语"ずは"及至中世后出现了浊音化的"ずんば"，进入近世"元禄时代(1688-1704)"前后又从"ずんば"等予以类推，遂出现了浊音化的"ずば"。但由于它和"ずは"二者并存，且多用后者；加之当时也已使用"…ねば"等表示假定条件，故而"ずば"最终也未得发展。

综上所述。无论从其"合成"、"三系列"各活用形的主要用法及其差异，还是从其所受若干社会语言变迁影响而言，否定助动词"ず"在日本文言助动词中可谓较为复杂的一个助动词。故而除尚需进一步探讨、研究它在用法上的主要特点及其差异外，同时还应通过大量阅读、综合比较，在实践中日渐把握。

(本文原于1998年4月发表于《东方研究·百年校庆论文集》（北京大学东方学系、东方文化研究所编，蓝天出版社）。后以此为基础，经修改、整理、补充而成。)

浅析日本文言断定助动词"なり"的接续及其连用形"に"在意义用法上的主要特点

诚如大家所知,断定助动词(也称"指定助动词")"なり"是日本文言断定表达中最常见、也是最明了的一个助动词。见下表:

表1

基本形	未然形	连用形	终止形	连体形	已然形	命令形	活用型
なり	なら	なり に	なり	なる	なれ	なれ	"ナリ活用" 形容动词型

此词由助词"に"和ラ变动词"あり"融合而成(ni+ari→niari→<u>na ri</u>)[1],其意同"だ"。早见于上代,如《古事记・歌谣40》"この御酒（みき）は我（わ）が御酒（みき）<u>ならず</u>、酒（くし）の司（かみ）常世（かみさ）にいます石立（いはた）たず少名（すくな）御神（みかみ）の神寿（かむほ）き……。"、《万叶集・十五——3731》"思ふ故（ゑ）に逢うもの<u>ならば</u>暫（しまし）くも妹が目（め）離（あ）れて吾居らめやも。"等。但当时的"なり"与其尚未融合的"なり"的原形"にあり"(如《宣命・26诏》"……には敢（あ）えて仕（つか）へ奉（まつ）るべき人無き時は、空しく置きてある官（つかさ）<u>にあり</u>。"、《宣命・39诏》"必ず人は父が方（かた）、母が方（かた）の親（うから）ありて成るもの<u>にあり</u>。")二者并存,其用例数在歌谣和和

---

1 见『古語大辞典』(中田祝夫编监修,小学馆,1984年版)1242页;『日本文法大辞典』(松村明编,明治书院,1983年版)611页;『研究资料日本文法・第7卷』(铃木一彦等编,明治书院,1984年版)4页;『高等古典文法・教授资料』(岸田武夫著,京都书房)82页;『日本文法・文語篇』(时枝诚记著,岩波全书,1978年版)90页。

歌中大体相当。"なり"虽盛用于奈良，但在平安时代更为流行。自进入中世镰仓时代后，其未然形"なら"、连用形"なり"和连体形"なる"的用例日益少见；其形态也随之发生变化，即逐渐向着"にてあり→にてある→である→であ→だ"的方向演变[1]。

此词"なり"与另一断定助动词"たり"则有所不同[2]，其意义用法较广，除主要表示断定外，尚可表示说明、存在、资格、状态、人名等意。而且不仅接体言，也接活用词连体形下。广泛地用于"和文""汉文训读体"以及"和汉混淆文"等中。例如：

1. 此の葦原中国は、我が御子の知らす国と言依さし賜へる国なり。（《古事记・上》）
   (この葦原中国は、我が御子が治められる国として委任した国である。)
   (此苇原中国是我委托御子统治的国家。)

2. 墨江中王、火を大殿に著けたまひき。かれ、率て倭に逃ぐるなり。（《古事记・下》）
   (墨江中王が火を御殿におつけになりました。それで天皇をお連れして大和へ逃げるのです。)
   (墨江中王放火将大殿烧了，于是带着天皇便逃往大和。)

3. 我が夫子が来べき宵なり。……（《日本书纪・歌谣65》）
   (わが夫のおいでのはずの夜です。……)
   (我夫于此夜，当会来相见。……)

---

[1] 见『研究資料日本文法・第7巻』4页；『日本文法大辞典』611页；『文語の文法』（藤原与一等著，明治书院，1981年版）60页。
[2] 见『ベネッセ古語辞典』（井上宗雄等编，Benesse，1999年版）799页；『全訳古語例解辞典・第三版』（北原保雄编，小学馆，1999年版）690页。"たり"（见下表）为另一断定助动词(也称指示助动词)，由格助词"と"与ラ变动词"あり"融合而成，接体言下表断定等意。"たり"作为"汉文训读语"见平安初，在《源氏物语》等"和文"中几不见此词。进入中世以后，主要用于"军记物语""说话集"等。

基本形	未然形	连用形	终止形	连体形	已然形	命令形	活用型
たり	たら	たり と	たり	たる	たれ	たれ	"タリ活用" "形容动词型"

4. 春日なる三笠の山に月もいでぬかも佐紀山に咲ける桜の花の見ゆべく。(《万叶集・十——1887》)

(春日にある三笠の山に月が出ないものかなあ。佐紀山に咲いている桜の花が見えるように。)

(愿月早升春日三笠山，可见佐纪山上一片樱。)

5. 藤原敏行朝臣の、業平朝臣の家なりける女を相知りて、……。(《古今集・十四——704・恋四・"歌序词"》)

(藤原敏行朝臣が、業平朝臣の家にいた女を知り合って、……。)

(藤原敏行朝臣结识了在业平朝臣家的一女子，……。)

6. それを見れば、三寸ばかりなる人、いとうつくしうてゐたり。(《竹取物语・辉夜姬的生长》)

(それをよく見ると、中に身のたけの三寸ばかりである人が大変可愛らしい姿ですわっている。)

(〈伐竹翁〉仔细一看，原是一个约三寸长的小人坐在〈里边〉，十分可爱。)

7. 信濃の俳諧寺一茶なる者の草稿にして。(《一茶・我之春・跋》)

(この信濃の俳諧寺一茶という者の書いたものであって、……。)

(此乃信浓国的名谓俳谐寺一茶的俳人所写之草稿，……。)

窃以为，若与上述"なり"的意义用法相比，其接续和连用形"に"此二者的用法要复杂、细微得多，可谓学习、理解该词的一个难点。本文试以大量实例，并参照有关论说对"なり"的接续和连用形"に"的意义用法及其若干变迁做一浅析、梳理。

"なり"在接续上的主要特点

诚上所述，"なり"的接续较为复杂、细微。除上接体言和活用词的连体形外，尚可接格助词、接续助词、副助词、指定副词等下，而其中的"…となり""…でならむ""…なればなり"等多见于"汉文训读系"的文章中，但"…ばなりけり"则多用于"和文"中[1]。以下兹对其中常见的予以分别举例说明。

——接体言和活用词连体形下——

（一）接体言下——

8. ひとりの天人(てんにん)言ふ、「壺(つぼ)なる御薬(くすり)たてまつれ。……」とて……。（《竹取物语・升天》）

 （一人の天人が言うには、「壺にある御薬をお飲みなさい。……」といって、……。）

 （一天人〈对辉夜姬〉言道："请您服用壶中的药。……"……。）

9. この河、飛鳥河(あすかかは)にあらねば、淵瀬(ふちせ)さらに変らざりけり。（《土佐日记・2月16日》）

 （この河は、飛鳥河ではないから、淵や瀬が昔のままでちっとも変わっていないことだ。）

 （此河并非飞鸟川，故而深渊和浅滩如同昔日，并无丝毫改变。）

10. 父はなお人(ひと)にて、母なむ藤原(ふじはら)なりける。（《伊势物语・10》）

---

1 见『新修文語文法』（阪倉篤義等著，京都书房，1981年版）54页；『研究資料日本文法・第7巻』3-4页；『新版文語文法・教授資料』（岩渕悦太郎，秀英出版，1972年版）95页；『日本文法大辞典』610-612页；『高等古典文法・教授資料』82页；『古典読解の基本語法』（加藤是子著，新塔社）94-95页。

(父親は普通の家柄で、母親は藤原氏〈の出〉であった。)

(父亲乃为普通门第，而母亲则出身于藤原氏〈这一贵族人家〉。)

11. 三月のつごもりなれば、京の花盛りは皆過ぎにけり。(《源氏物語・若紫》)

(三月の末であるから、京の桜の花はすっかり過ぎてしまっている。)

(时已三月末了，故而京城盛开樱花的季节已完全过去了。)

12. せうとなる人、いだきてゐて行きたり。(《更級日記・松戸渡口》)

(兄である人が、馬に乗って私をかかえてつれて行った。)

(我兄长骑马抱着我，〈就这样地〉将〈我〉带去了。)

13. 木の葉に埋もるる懸樋の雫ならでは、つゆおとなふものなし。(《徒然草・11》)

(木木の落ち葉に埋まっている懸樋からこぼれる雫のほかには、少しも音を立てるものがない。)

(除了从埋在树木的落叶里的水管中溢出的水滴的声响外，并没有一点其他的声音。)

14. ふぢはらのときざね、ふなぢなれど、むまのはなむけす。(《土佐日記・12月22日》)

(藤原言実が、〈たずねてきて〉、舟旅なのだけれども、「馬のはなむけ」(送別の宴)をしてくれる。)

(藤原言实〈来访〉，虽说〈我们〉由水路而去〈和泉国〉，可〈他〉依然设宴送别。)

(二)接活用词连体形下——

179

15. 中納言は、「悪しく探れば無きなり」と腹立ちて、……。
（《竹取物語・燕之子安貝》）

（中納言は、「下手なさぐり方をするからないのだ」と腹を立てて、……。）

（中纳言生气地言道："全因尔等没有仔细地摸才没有的。"……。）

16. 人の程にあはねば、とがむるなり。（《土佐日記・1月21日》）

（〈さっきの船頭のことばは、船頭という〉人の分際にあわないので、気にとめるのである。）

（〈方才船头所作的秀句与船头〉的这一身份并不相称，故而〈分外〉留意。）

17. 桐の木の花は、……こと木どもとひとしう言ふべきにあらず。（《枕草子・37》）

（桐の木の花は、……他の木々と同列に並べて論ずべきではない。）

（桐树的花……不应与其他各种树木相提并论。）

18. 乞丐云はく、人に物を施するならば、馬より下りて、礼みて施する可きなり。（《今昔物語集・廿——40》）

（乞食が言った。「人に物を施するなら、馬から降りて拝んでから施すべきだ。」）

（乞丐言道："若施于人，则当下马拜而施之。"）

19. 誠の心を起すといふは、他の事にあらず。仏法を信ずるなり。（《宇治拾遺物語・十二——18》）

（誠の心を起こすといのは、ほかのことではない。仏法を信ずることだ。）

（起诚之心谓者，并非他事，而是信仰佛法是也。）

20. ……「かくて此世にあるならば、又うきめをも見むずらん。今はただ身を投げんと思ふなり」といへば、……。

(《平家物語・一――祇王》)

(〈祇王が〉「……こうしてこの世に生きているならば、また悲しい目もみるだろう。今はただ身を投げようと思うのです。」と言うと、……。)

(当〈祇王〉言道："……若如此地活在此世,又会再遭悲痛吧。我想〈莫如〉现就投河自尽了吧。"……。)

21. 尊者の前にては、さらずともと覚えしなり。(《徒然草・232》)

(目上の人の前では、そんなにしなくても〈よかろうのに〉と感じられたのである。)

(在尊者面前,总觉当不以如此为好。)

――接格助词、接续助词、副助词、指定副词等下――

(一)接格助词"が""の""と"(此时的"と"则表"引用"之意,在"と"下可视为省略了"言ふ"等动词)下――

22. この歌、あの人のいはく柿本人麻呂がなり。(《古今集・三――135・夏歌》)

(この歌は、ある人のいうことでは、柿本人麻呂の作である。)

(据某人云,此歌乃柿本人麻吕之作。)

23. さては、扇のにあらで、海月のななり[1]。(《枕草子・135》)

---

[1] 见『詳説古語辞典』(秋山虔等编,三省堂,2000年版)913,935页;『最新全訳古語辞典』(三角洋一等编,东京书籍,2006年版)986页,1267-1268页。"なり"的连体形"なる"下接推量助动词"なり""めり"时常发生"音便",即为"…なるなり、…なるめり"→"…なんなり、…なんめり"→"…ななり(=…ようだ)、…なめり(=…ようだ)"。文中的例23"…海月ななり"、例38"…さななり"等均属此。

(それでは、扇の骨ではなく、海月のであるようだ。)

　(那么，这不是扇骨，好似水母一般。)

24. 道を学ぶとならば、善に伐らず。(《徒然草・130》)

　(道を学ぶというのであるならば、善も行っても得意に思わず。)

　(若学道，当不伐善。)

25. 顔回は、志人に労を施さじとなり。(《徒然草・129》)

　(顔回は、その心がけたところは、人に苦労をさせまいということである。)

　(顔回之志，当为不施劳于人也。)

　(二) 接接续助词 "て" "ば" (此处的 "ば" 仅表顺接确定条件，意为 "…から、…ので")——

26. この人、歌よまむと思ふ心ありてなりけり。(《土佐日記・1月7日》)

　(この人は、〈別れの〉歌を詠んでくれようという気があって〈来たの〉だった。)

　(此人乃意欲吟咏〈作别之〉歌而来。)

27. 此の寺の験じ給ふ事は、此の巌廉に依てなり。(《今昔物語集・卅一——20》)

　(この寺が霊験あらたかなるのは、この岩石があるからだ。)

　(此寺极其灵验，乃因有此岩石之故也。)

28. これ、民を恵み、世を助け給ふによりてなり。(《方丈記・迁都》)

　(これはいずれも、民をあわれみ、世を救おうとなされたからである。)

(此皆因欲済世救民之故也。)

29. 吹く風の色の千種に見えつるは秋の木の葉の散ればなりけり。(《古今集・秋下——290》)

(吹く風の色がさまざまに見えたのは、秋の木の葉が風の中で舞っていたのだなあ。)

(看去秋风色千种，原为秋叶舞半空。)

30. 強からぬは、女の歌なればなるべし。(《古今集・和文序》)

(〈小野小町の歌が〉、強くないのは、女の歌だからであろう。)

(〈小野小町之歌〉无力，当因女子所作之歌吧。)

31. 閼伽棚に菊紅葉など折りちらしたる、さすがにすむ人のあればなるべし。(《徒然草・11》)

(その庵の閼伽棚に菊や紅葉の枝などを折って乱雑に置いてあるのは、やはり、この庵にも住む人があるからであろう。)

(在那庵的阏伽棚上，杂乱地放着折来的菊花和红叶的枝条等。〈由此可见〉，在此庵中也依然有人居住的吧。)

(三)接副助词"のみ""ばかり"下——

32. しかあるのみにあらず。(《古今集・和文序》)

(かような時だけではありません。)

(并非仅仅是这样的时候。)

33. ……皆水精の御数珠、おしもませ給へば、御産平安のみならず、皇子にてこそおはしましけれ。(《平家物語・三——安産》)

(……皆水晶の御数珠をおしもまれてご祈祷なさったので、御安産なされたばかりでなく、お生まれになったのは皇子

でいらっしゃった。）

（……大家都搓捻着水晶念珠祈祷，故而不仅〈中宫〉安产了，而且生下的还是位皇子。）

34. 家の損亡せるのみにあらず、これを取りつくろふ間に、身をそこなひ、かたはづける人、……。（《方丈记・旋风》）

（家が損害をこうむったばかりでなく、こわれた家を修繕している間に、からだをそこなったり、かたわになった人が、……。）

（不仅家屋遭到破坏，而且有人在修缮倒塌的家屋时损伤身体而遂成残疾，……。）

35. 年九つばかりなる男の童、年よりは幼くぞある。（《土佐日记・1月22日》）

（九歳ぐらいの男の子、年よりは子どもっぽい〈のがある〉。）

（有一约九岁的男童，与其年龄相比略显稚气。）

36. その折、左大臣、御年二十八九ばかりなり。（《大镜・时平》）

（当時、左大臣は御年二十八九歳ほどでした。）

（当时，左大臣的年龄约二十八九岁。）

（四）接指定副词（也称"副词"）"かく""さ""しか"的部分——

37. この大臣の御末かくなり。（《大镜・赖忠》）
（この頼忠公のご子孫のことは、以上のとおりである。）
（有关赖忠公子孙之事，如同上述。）

38. 入り来る音すれば、さななりと人々出でて見るに、……。（《枕草子・22》）

（はいって来る音がするので、あの人であるらしいと、人々が出て見ると、……。）

（因听到〈牛车〉进来的声音，故而认为像是〈他〉来了，待人们出外一看，……。）

39. さなりけりと思ぼして、いみじう泣き給ふ。（《宇津保物语・藏开下》）

（そうだったとお思いになって、ひどくお泣きになる。）

（心想已然如此，因而痛哭起来。）

40. 一年のうちもかくの如し。一生の間も又しかなり。（《徒然草・189》）

（一年中を通してこのようである。いや、一生の間も又そうである。）

（一年之间就是如此。不，一生之间亦然如此。）

41. 生あるもの、死の近き事を知らざること、牛、すでにしかなり。（《徒然草・93》）

（生命のあるものが、死の近いことを知らないという点では、牛が現にそうである。）

（在生者不知死之临近这一点上，牛现已如此。）

42. 道を知れる教へ、身を修め、国を保たん道もまたしかなり。（《徒然草・110》）

（〈これは〉芸道に達した者の教えで、身を修め、国を治めるという〈儒道の〉道も、また〈これと〉同様である。）

（此乃精于艺道者之教诲，修身，治国〈这一儒家〉之道，也〈与此〉相同。）

连用形"に"在意义用法上的主要特点

诚如上表，"なり"有"なり"和"に"两个连用形。前者"なり"主要用于下接"き""けり""けむ""つ""ず"等助

动词。例如：

43. 弟長谷部若雀天皇、倉椅の柴垣宮に坐しまして、天下治めたまふこと四年なりき。(《古事記·下》)
（用明天皇の弟の長谷部若雀天皇は、倉椅の柴垣宮にいらっしゃって、天下をお治めになること四年であった。）
（用明天皇之弟长谷部若雀天皇在仓椅的柴垣宫统治天下，现已四年了。）

44. 三、四日吹きて、吹き返し寄せたり、浜を見れば、播磨の明石の浜なりけり。(《竹取物語·龙首珠》)
（〈風〉は三、四日吹いて、〈舟を浜辺に〉吹き返し寄せた。〈舟の着いた〉浜も見ると、そこは、播磨の明石の浜であったのだなあ。）
（〈风〉连吹了三、四天，遂将〈船只〉吹回到了〈海边〉。当我定睛一看，〈船只所靠的海边〉正是原来播磨明石所在的海边啊！）

45. かの人々の言ひし葎の門は、かうやうなる所なりけむかし。(《源氏物語·末摘花》)
（あの人たちがいっていた〈美人の住む〉葎の門というのは、こういう所であっただろうよ。）
（他们所说的〈美人住的〉名谓葎之门的就是这个地方吧。）

46. ……不意に阿闍梨に問ひて云く、「此の念珠は何こなりつるぞ」と。(《今昔物語集·16——22》)
（……とっさに阿闍梨に向かい、「この数珠はどこにあったものです」ときく。）
（……突然向阿阇梨问道："此念珠原在何处？"）

47. ……東三条の大将、御前に候ひ給ふほどなりけり。(《大镜·兼通》)

(……東三条の大将(＝藤原兼家)が〈帝の〉御前に控え申し上げなさっているところであった。)

(……东三条大将藤原兼家正侍立在〈帝之〉御前。)

48. これならず多かれども、書かず。(《土佐日记・1月9日》)

(〈舟歌は〉これ以外にもたくさんあったが、ここには書かない。)

(此外尚有许多〈船歌〉，但不全写于此。)

除上例外，还有《大和物语・92》"いかにしてかく思ふてふことをだに人づてならで君に聞かむ。"等。

────"に"与连语"にて""にして"可表中顿之意────

若与上述主要用于下接助动词的连用形"なり"相比，则另一连用形"に"要复杂细微得多，用法也较为广泛。一般而言，可将"に"的用法归为两个方面：其一，"に"[1]以及由"に"分别与"て""して"构成的连语"にて""にして"等。此二者均可表中顿之意[2]。其二，由"に"与表示陈述之意的补助动词"あり"构成的连语"にあり"可表否定、疑问等意。兹分别说明如下：

（一）"に"可单独表示中顿之意，但其用例并不多见──

49. ……磯の波は雪の如くに、貝の色は、蘇芳に、五色に今

---

1 见『研究資料日本文法・第7巻』4页；『日本文法大辞典』612-613页；『文法早わかり辞典』(国文学編輯部編，学灯社，1981年版)156-157页等。关于"なり"的连用形，几乎均认为此"に"为断定助动词"なり"的连用形，但对此也有人持有不同的看法，如有学者认为此"に"为格助词(见山田孝雄『日本文法学概論』(1936年)，桥本进吉『新文典別記』(1936年)。本文从前说。

2 见『新版文語文法・教授資料』95页；『高等古典文法・教授資料』83页。

一色ぞたらぬ。(《土佐日记・2月1日》)

(……磯の波は雪のように白く、貝の色は蘇芳の色で、五色にもう一色足りない。)

(……海边的波浪白如雪花，贝的颜色为暗红色，在五色中尚缺一色。)

50. 其後、始皇の孫に、子嬰と云ふ人を位に即けつ。(《今昔物语集・十――1》)

(その後、始皇の孫で、子嬰という者が位に即いた。)

(其后，由始皇之孙，名谓子婴者即位。)

51. 此の事共は、寂照の弟子に、念救と云ふ僧の、共に行きたりけるが、此の国に返りて語り伝へたる也。(《今昔物语集・十九――2》)

(これらの話は、寂照の弟子で、念救といういっしょに中国に渡った僧が帰朝して語り伝えたものである。)

(此等话乃一起去中国的寂照的弟子，名唤念救的僧人回国后所传。)

52. その中に、西塔の法師に、摂津竪者豪雲といふ者あり。(《源平盛衰记・四》)

(その中に、西塔の法師で、摂津竪者豪雲という者がいる。)

(其中有一西塔法师，名谓摄津竪者豪云的人。)

53. 或時文覚申しけるは、「平家には、小松のおほいとのこそ心も剛に、はかり事もすぐれておはせしか、平家の運命が末になるやらん、……。」(《平家物语・五――福原院宣》)

(ある時、文覚が申すことには、「平家の中では、小松内大臣殿が、剛勇で、知略もすぐれておられだが、平家の運命が終りになったのであろうか、……。)

(有一天，文觉〈对兵卫佐赖朝〉言道："在平家的人中，唯小松内大臣殿生性刚烈、勇猛，且其智谋也很出众，然而也许是平家的气数已尽了吧，……。")

54. 公世の二位の兄に、良寛僧正と聞こえしは、きはめて腹あしき人なりけり。(《徒然草・45》)

(公世の兄で、良寛僧正と申し上げた方は、非常に怒りっぽい人であった。)

(公世之兄，称良寛僧正的人极易生怒。)

此外，还有《今昔物语集・廿七——23》)"其の家主の子に、若き男の有りけるが、……。"、《増鏡》"その宰相中将の御子に、世をのがれたる人ありき。"等例。

(二)连语"にて"可表示中顿之意——

55. かぐや姫のいはく、「月の都の人にて、父母あり。……」といひて、……。(《竹取物语・升天》)

(かぐや姫がいうには、「わたくしは、月の都の人であって、父母がいます。……」と言って、……。)

(辉夜姫言道："我是月都上的人，有父亲和母亲。……"……。)

56. 車持皇子は、心たばかりある人にて、おほやけには、「筑紫の国に湯あみにまからむ」とて……。(《竹取物语・蓬莱玉枝》)

(車持皇子ははかりごとをめぐらす人で、朝廷に〈対して〉は「九州に温泉に行きましょうと言って」と言って……。)

(车持皇子是个善于出谋划策的人，他对朝廷言道："我要去九州温泉治疗了。"……。)

57. 備前の掾にて、橘良利と言ひける人、内裏におはしましける時……。(《大和物語・2》)

(備前の掾で、橘良利といった人は、帝が在位の時……。)

(〈官居〉备前掾，名谓橘良利的此人于天皇在位时，……。)

58. 父は直人にて、母なん藤原なりける。(《伊勢物語・3》)

(父親は、普通の身分の者で、母親は藤原氏の出である。)

(父亲为普通身份的人，母亲出身于藤原氏。)

59. ……その日はあるじまうけしたりける。なさけある人にて、かめに花をさせり。(《伊勢物語・101》)

(……その日はごちそうをしたのであった。〈行平〉は風流な人で、かめに花をさしておいた。)

(……当时设酒宴款待。〈行平〉乃一风流倜傥人士，遂将花插入瓶中。)

60. 異腹にて、こまかになどしもあらぬ人のふりはへたるをあやしがる。(《蜻蛉日記・下》)

(腹ちがいであって、親密におつきあいなどしない人がわざわざやって来たのを不審に思う。)

(对那〈同父〉异母的人，且〈素日〉并无亲密交往之人特意到来，〈于此令人〉感到奇怪。)

但需注意，自进入中世镰仓时代后，上述连语"にて"有时会发生"音便"[1]，遂出现"で"的用例。其主要用于对话，例如：

61. それも当時は勅勘の身で、身一つをだにかなひ難うおはすなり。(《平家物語・三——行隆其人》)

---

[1] 见『新修文語文法』55頁；『考究古典文法』(中田祝夫著，新塔社，1974年版)225頁；『古典読解の基本語法』99頁。

(あの方も今は勅勘の身で、わが身一つも思いにまかせぬまでおられる。)

(现今他也是案犯之身，就连自己也都难以保全。)

此外，还有《狂言·虎宽本·目近》"さればこそ田舎者で、何をも存ぜぬ"等。

(三)连语"にして"可表中顿之意——

62. 月やあらぬ春や昔の春ならぬ我が身一つはもとの身にして。(《伊势物语·4》)

(月は昔のままの月でないのか、春も昔のままの春でないのか。〈そんなことはないのに〉わが身だけが昔のままのわが身であって。)

(月非昔日月，春非昔日春，唯独我此人，仍为昔日身。)

63. その地、乾地にして、田畠もなければ、米穀もなし。(《平家·延庆本》)

(その地は乾地で、田畑もなければ、米穀もない。)

(此地乃旱地，既无耕地，也无谷物。)

64. きはめて桃尻にして、沛艾の馬を好みしかば、この相をおほせ侍りき。(《徒然草·145》)

(大層丸い桃尻であって、気の荒い馬を好んだから、落馬の相と名づけたのです。)

(信愿)臀部酷似圆圆的桃，〈不能稳坐于马鞍〉，且喜好烈马，故而取其名为落马之相。)

65. 月日は百代の過客にして、行き交ふ年もまた旅人なり。(《奥州小路·序》)

(月日は永遠に旅を続けて行く旅人のようなものであり、年

もまた同様に旅人〈のようなもの〉である。）

（月日如同百年之客，岁月去而往复亦如旅人。）

此外，还有《枕草子・37》"梨の花、世にすさまじくあやしき物にして、ちかうもてなさず、はかなき文付けなどだにせず。"、《源平盛衰記・4》"西塔の法師に……豪雲といふ者あり。悪僧にして学匠なり。"等例。

——连语"にあり"可表否定、疑问等之意——

连语"にあり"虽说可表断定的陈述之意（=…である、…で），然其例不多。如：

66. 土佐の守にありける酒井の人真といひける人、病して弱くなりて、……。（《大和物语・102》）
（土佐の守であった酒井の人真という人が、病気になって衰弱して、……。）
（曾任土佐之守的名谓酒井人真的人，其因患病而身体衰弱了，……。）

67. 人にこなたざまに心寄せて、いとほしげなる気色にあれど、……。（《蜻蛉日記・中》）
（あの人はこちらの方に同情して気の毒に思っているようすであるが、……。）
（他同情此人（=藤原道纲母），似乎感到可怜，然而……。）

68. 身を養ひて、何事をか待つ。期する処、ただ老と死とにあり。（《徒然草・74》）
（わが身を大切にして何を将来に期待しているのか、待ちうけているものは、それはただ老と死である。）

（养我身以期何事？所期待者唯老与死而已。）

但在实际上，极少使用终止形"…にあり"表断定之意，而大多以"…にあらず""…にか(や)あらむ""…にだにあらぬを""…になむある""…にこそあれ""…にしあらねば""…におはす"(侍り、候ふ)等形式予以表示[1]。从其大量用例来看，大体可归纳为以下四种主要用法：表示否定、疑问、强调、敬语(此仅限于表示尊敬和郑重的敬语)等。兹将其分别说明如下：

（一）表示否定之意——

断定助动词"なり"在表示否定时可在其未然形"なら"下接否定助动词"ず"，或接续助词"で"等予以表示。例如：

69. それは、なにばかりの人ならねど、つかふ人などだにかたはらいたし。（《枕草子・96》）
（それはたいした身分の人でもない使用人であるけれど、いたたまれない感じがする。）
（这一并非具有什么了不起身份的下人，却〈让我〉感到难以忍受。）

70. 入道も岩木ならねば、さすが哀れげにぞ宣ひける。（《平家物語・二——流板传书》）
（入道相国も岩や木でないから、やはり哀れと感じたようにおっしゃったのであった。）
（入道相国也并非木石，故而依然深感悲痛地说了。）

---

[1] 见『古典文法・別記』（冈崎正继等著，秀英出版，1991年版）143页；『全訳読解古語辞典』（铃木一雄等编，三省堂，1995年版）860页；『古典読解の基本語法』96页；『全訳古語例解辞典・第三版』（北原保雄编，小学馆，1999年版）831页。

71. ……いたましうするものから、げこならぬこそをのこはよけれ。(《徒然草・1》)

(……〈酒をすすめられて〉困ったようにしながら、全くの下戸でないのが、まことに男としてはよいことである。)

(虽〈因被劝酒〉而感到为难，但不可完全不喝，此举方为真正的男子。)

72. 事理もとより二つならず。(《徒然草・157》)

(現象・本体はもともと二つに分かれているのではない。)

(现象和本体原非分为〈相悖〉之二者。)

73. 君ならで誰にか見せむ……。(《古今集・春上——38》)

(あなた以外のだれにいったい見せましょうか、この梅の花を。……)

(此梅正盛开，除君一人外，岂会让谁看？……)

有时，除上述的"ず""で"外还可使用由上述"に"与形容词"なし"构成的连语"になし"表示否定之意。此时常在"に"与"なし"之间插入系助词"も""は"和接续助词"て"等以表示强调等意。例如：

74. 「ここに使はるる人にもなきに、願ひをかなふることのうれしさ」とのたまひて、……。(《竹取物語・燕之子安貝》)

(〈中納言は〉、「〈お前は〉、自分の許に召使われている家来でもないのに、私の願いを叶えてくれることのうれしさよ」とおっしゃって、……。)

(〈中纳言〉言道："尽管你并非我身边所使用的家臣，但满足了我的愿望，真感到高兴。)

75. 今昔桃園と云ふは今の世尊寺也。本は寺にも無くて有りける時に、西の宮の左の大臣なむ住み給ひける。(《今昔物語集・廿七——3》)

(今は昔、桃園というのは今の世尊寺である。また寺にならないころは西の宮の左大臣が住んでおられた。)

(昔日，名谓桃园者乃今之世尊寺也。在其未成寺时西宫的左大臣曾居住于此。)

76. 虚空にただよひけるが、雲にてはなかりけり。(《平家物語・十一——远矢》)

(大空に漂うものがあったが、それは雲ではなかった。)

(虽为漂浮于天空之物，但其并非云彩。)

此外，还有如《讃岐典侍日記・下》"人などに立ちまじるべき有さまにもなく見苦しくやせ衰へ……。"、《延庆平家物語・六末》"惜マセ給ヘキ御身ニハナケレトモ只尋常ニテ消入ナハヤトゾ被思召ケル。"等。

如上所示，"なり"也可在其未然形"なら"后接"ず""で"，或以连语"になし"等形式表示否定之意。但实际上，使用"にあり"的否定形"にあらず"的用例比前者"ならず""にもなき"等要多。例如：

77. 日入りはてて、風の音、虫の音など、はたいうべきにあらず。(《枕草子・1》)

(日がすっかり沈んでしまって、風の音や、虫の声など〈がするのも〉、また言うまでもなくいいものだ。)

(日落西山后，风声、虫的鸣叫声等自不待言，〈也是悦耳动听的〉。)

78. 秋は暮れ、冬になりぬれば、なにごとにあらねど、……。（《蜻蛉日記・上》）

（秋は暮れ、冬になってしまったので、これといった特別のことではないのだけれども、……。）

（秋色将尽，已为冬日，故而并无什么特别的事情，然而……。）

79. 思ひしにあらぬことどもなどありて、……。（《更级日记・与継母分別》）

（予想したことでないいろいろなことなんかあって、……。）

（出现种种预想不到的事情，……。）

80. 行く河の流れは絶えずして、しかも、もとの水にあらず。（《方丈记・序》）

（ゆく川の流れは、〈いつも〉絶える事のないものであるが、しかし、〈その水は〉前に見たもとの水ではない。）

（流淌的河水滔滔不息，但〈此水〉已非前所见的原来的水了。）

81. ……人におそれ、人に媚ぶるは、人のあたふる恥にあらず、……。（《徒然草・134》）

（……その為に人に恐れたり、人にへつらったりするのは、人が加える恥辱ではない、……。）

（……为此而畏惧他人，或谄媚于人。〈凡此种种〉并非他人所施加于你的耻辱，……。）

但需注意，在使用"にあらず"表示否定时，大都在"に"与"あらず"等之间插入系助词（如"は""も"等）、副助词（"し""しも""だに"等）[1]，即以"…には（も）あらず（あらで）""…

---

[1] 见『必携古語辞典』（山田俊雄等编，角川书店，1988年版）608页；『文語文法詳説』（汤泽幸次郎著，右文书院，1977年版）360-361页。

にも（しも）あらねば""…にだにあらぬを"等形式对否定表示强调之意。例如：

82. おのが身は、この国の人にもあらず。月の都の人なり。（《竹取物语・升天》）

    （わたしの身は、この国の人でもない。月の都の人である。）

    （我并不是这一世间的人，乃是月都上的人。）

83. ……いとやむことなきゝはにはあらぬが、すぐれて時めきたまふありけり。（《源氏物语・桐壶》）

    （……たいして高貴な身分ではない方で、特別に帝の寵愛を受けていらっしゃる方があった。）

    （……有一位身份并不高贵，特别受到天皇宠爱的〈桐壶更衣〉。）

84. 此は、只者にもあらざりけり。（《今昔物语集・廿——400》）

    （これは、ただの人間ではなかった。）

    （此人并非寻常之辈。）

85. 「早う童には非で、大刀抜きたる者にこそ有りけれ」と思て、……。（《今昔物语集・廿八——42》）

    （〈夫〉は、「なんと童髪の奴ではなく、太刀を抜いた者ではないか」と思って、……。）

    （〈丈夫〉感到："并非披着头发的家伙，而是拔出刀来的那个人吧。"……。）

86. ……飛び立ちかねつ鳥にしあらねば。（《万叶集・五——893》）

    （……どこへ飛んで行ってしまうこともできない。鳥ではないので。）

(……本非行空鸟，岂能飞东西。)

87. これは、物によりてほむる<u>にしも</u><u>あらず</u>。(《土佐日记・12月22日》)

(これはよい贈(おく)り物をもらったことによってほめるの<u>ではない</u>。)

(此并非收到了礼物而予以称赞的。)

88. 皇子(みこ)は我<u>にも</u><u>あらぬ</u>気色(けしき)にて、胆(きもき)消え居給(ゐたま)へり。(《竹取物语・蓬莱玉枝》)

(皇子は<u>茫然自失(ぼうぜんじしつ)のてい</u>で、肝をつぶしてすわっていらっしゃる。)

(皇子显得茫然自失的样子，像吓破了胆似地坐着。)

89. すべて、かやうの楽(たの)しみ富(と)める人に対して、いふ<u>には</u><u>あらず</u>。(《方丈记・闲居之意趣》)

(大体、こうした楽しさは、なにも金持(かねも)ちの人に対していっているの<u>ではない</u>。)

(这种乐趣原就并非对富者所言。)

90. ……かつ破(やぶ)り捨(す)つべきものなれば、人の見るべき<u>にも</u><u>あらず</u>。(《徒然草・19》)

(……〈書いて〉すぐに破り捨てるべきものなので、他人が〈わざわざ〉見るようなもの<u>でもない</u>。)

(……〈写后〉应立即将其撕破弃之，因其并不值得他人一观。)

此外，还有《古今集・秋上——193》"月見れば千ぢにものこそ悲(かな)しけれわが身ひとつの秋(あき)<u>に</u>はあらねど。"《落窪物语・一》"さらに聞(き)こえさすべき<u>にも</u>あらず。"等，用例较多。

(二)表示疑问之意——

即在连语"にあり"的"に"与"あり"之间插入系助词"か"或"や",如"…にかある""…にやある"等表示疑问。而实际上,在"…にかある""…にやある"之后多接推量助动词"む""けむ"等,以"…にか(や)あらむ""…にか(や)ありけむ"等形式予以表示。例如:

91. 人の心も同じことにやあらむ。(《土佐日记・1月19日》)
   (人の気持ちも同じことなのであろうか。)
   (人的心情也是相同的吗?)

92. この子もいかに思ふにかあらむ。うちうつぶして泣きゐたり。(《蜻蛉日记・下》)
   (この子どももどう思っているのであろうか、うつむいて泣いている。)
   (这孩子〈也不知〉是怎么想的?正低头哭泣。)

93. 「海賊の舟にやあらむ。小さき舟の飛ぶやうにて来る」などいふものあり。(《源氏物语・玉鬘》)
   (海賊の舟であろうか。小さい舟が飛ぶように追ってくることよ」などと言う者がいる。)
   (有人言道:"是海盗的船吧。小船飞似地追了过来。")

94. 「これはもし鬼にやあらむ」と思ひて怖ぢけれども、……。(《今昔物语集・十九——18》)
   (〈盗人は〉「これは、もしや鬼であろうか」と思って恐れたけれども、……)
   (〈盗贼〉心想:"此人莫非是鬼吧。"〈不禁〉感到恐惧起来,然而……。)

95. ……朝夕の宮仕につけても、人の心をものみ動かし、恨みを負ふつもりにやありけむ。(《源氏物语・桐壶》)
   (……朝夕の宮仕につけても、人の心をひどく動かし、恨みを受けることが積もった結果であったであろうか。)

(……连〈桐壶更衣〉早晚侍奉天皇也惹得她们(=其他女御和更衣们)焦躁、忌恨，也许是〈她长年〉蒙受这种怨恨的结果吧。)

96. 今は昔、いつのころほひのこと<u>にか</u>あり<u>けむ</u>。(《今昔物语集・十九——41》)

(今は昔、いつごろのことであっ<u>たろうか</u>。)

(昔日，〈不知〉是何时的事了？)

但需注意的是，在上述"…にか(や)あらむ""…にか(や)ありけむ"等形式予以表示时，常省略接"…にか(や)"后的结词"あらむ""ありけむ等，仅以"…にか(や)"结句。此种结句法尤其多用于插入句中，也见于心语、会话和所谓的"说话"文学等当中[1]。例如：

97. あやし。ひが耳<u>にや</u>〈あらむ〉。(《源氏物语・若紫》)

(変だ。聞きちがい<u>だろうか</u>。)

(怪了，是否听错了？)

98. 夜、盗人を射たりける禄と思ひける<u>にや</u>〈あらむ〉。(《今昔物语集・廿五——12》)

(昨夜、盗人を射殺したほうびの品と思ったの<u>であろうか</u>。)

(这是对我昨晚射死盗马人的奖品吧。)

99. 「その鼻より氷魚の出でたるは、いかなること<u>にか</u>〈あらむ〉」と言ひければ、……。(《宇治拾遗物语・五——10》)

(〈主人は〉、「あなたの鼻から氷魚が出たのは、どういう

---

[1] 见『古典読解の基本語法』100-101页；『考究古典文法』223页；『高等古典文法・教授資料』83页。

ことであろうか」と言うと、……。)

(当〈主人〉说:"从你的鼻子里跳出冰鱼来,这是怎么回事啊?")

100. 徳の至れりける<u>にや</u>〈あらむ〉。(《徒然草・60》)

(これはこの僧都の徳が、至極のところに到達してためな<u>のであろうか</u>。)

(这是因此位僧都(=僧官名)之德行已到达至高无上的境界了吧。)

101. いづれの御時<u>にか</u>〈ありけむ〉、女御更衣あまたさぶらひ給ひける中に、……。(《源氏物语・桐壶》)

(どの〈帝の〉御代<u>であったのであろうか</u>、女御や更衣が数多くお仕えになっていた中に、……。)

(是某朝天皇治世年间吧,在后宫侍奉皇上的众多女御与更衣中,……)

102. いま一人の御息所は、玄上の宰相の女<u>にや</u>〈ありけむ〉。(《大镜・时平》)

(もう一人の御息所は、玄上の宰相の御女<u>でしたでしょうか</u>。)

(另一御息所是玄上宰相的女儿吧。)

此外,还有《更级日记》"何のにほひのある<u>にか</u>〈あらむ〉と涙ぐましう聞こゆ。"、《徒然草・14》"昔の人は、ただ、いかに言ひ捨てたることぐさも、皆いみじく聞こゆる<u>にや</u>〈あらむ〉"等例。

(三) 表示强调之意——

即在连语"にあり"的"に"与"あり"之间插入系助词("は""も""ぞ""なむ""こそ"等),接续助词("て"),

副助词（"し""のみ"等），如"…には(も)あり""…にぞ(なむ)ある""…に(こそ)あれ""…にて(し、しも)あり"等[1]。例如：

103. これは龍のしわざにこそありけれ。この吹く風は、よき方の風なり。（《竹取物语・龙首珠》）

（これは龍のしわざであったよ。この吹く風は、良い方角に吹く風だ。）

（这正是龙所为。此风是向好的方向吹的风。）

104. 目には見て手にはとられぬ月のうちの桂のごとき君にぞありける。（《伊势物语・73》）

（目では見ていながら手に取ることはできない。あの月の中の桂の木のようなあなたなんだなあ。）

（君如月中桂，虽见不可得。）

105. さは、これ翁まろにこそありけれ。（《枕草子・9》）

（それでは、これこそ翁まろだったとのだ。）

（那么，这才是翁丸（=狗名）了。）

106.「……我が男聞きて、うたてあるさまにもこそあれ」……。（《大和物语・148》）

（「……わたしのいまの夫が聞いて、不快に思うであると困る」……。）

（……若我现在的丈夫听了感到不快的话，则可就难办了。）

107. これらも……作り事にぞありける。（《玉胜间》）

（これらのことも……作り話であった。）

（这些事也都是……编造的假话。）

108. 頼義見るに、まことによき馬にてありければ、……。（《今昔物语集・廿五――12》）

---

1 见『古典文法・別記』142-143頁；『古典読解の基本語法』96頁。

(頼義が〈その馬〉を見たところ、ほんとうに良馬であったので、……。)

(赖义一见〈此马〉，便〈感到〉确实是匹良马，故而……。)

109. 顕密の道に付きて止む事無かりける人也。其れに極じく力有る人にて有りける。(《今昔物语集・廿三——19》)
(顕教・密教の双方に達した人であったが、その上、えらく力の強い人であった。)
(〈实因僧都〉为通达显教和密教的人，而且还是个力大无比的人。)

110. 〈仲家は〉みなし子にてありしを、三位入道養子にして、不便にし給ひしが、……。(《平家物语・四——高仓宫之死》)
(〈仲家は〉みなし子であったが、三位入道が養子にして、かわいがっておられたが、……。)
(〈仲家は〉乃是孤儿，而三位入道将其收为养子，并〈十分〉疼爱，但……。)

111. ……年久しくありて、なほわづらはしくなりて、死ににけり。かかる病もある事にこそありけれ。(《徒然草・42》)
(……長年たった後に、いっそう病気がひどくなって死んでしまった。このような病気も存在することであるのだ。)
(……在过了许多年后，〈行雅僧都的〉病变得更为严重，后终于死去了。竟也会有这样的疾病！)

112. 吾はもよ、女にしあれば、汝を除て男は無し、汝を除て夫は無し。(《古事记・上》)
(私は女ですから、あなたのほかに男はありません。あなたのほかに夫はありません。)
(我是女子，故而除你外并无男子，除你外并无丈夫。)

但需注意：

其一，在上述"…にこそあり"表示强调之意时，也见有省略"…にこそ"后的结词"あれ"，仅以"…にこそ"结句的用例。例如：

113. ……この僧なれども、よしなき謀猛く、奢れる人にて、よしなき謀叛にもたくみしけるにこそ〈あらめ〉。（《平家物語・一——鵜川械斗》）

（……この俊寛も僧侶だが、気性も激しく驕り高ぶった人で、それでつまらない謀反にも関係したのであろう。）

（……此俊宽(=法胜寺执行)虽也是僧侣，但是个气性暴躁、高傲的人，故而参与了这一无谓的谋反吧。）

其二，在"…にてあり"表示强调之意时也见有于"…にて"与"あり"之间插入系助词"は"或"も"，为"…にては(も)あり"的用例，如：

114. 大路（おほぢ）見たるこそ、祭（まつり）見たるにてはあれ。（《徒然草・137》）

（大路のさまを見たのが、本当に祭りを見たというものである。）

（看了大路上的景况，就等于真切地看了祭祀了。）

其三，在"…にてあり"表示强调之意时，由于进入镰仓时代后"にてあり"中的"にて"有时发生"音便"，遂出现了"であり"的用例[1]。如：

---

[1] 见『文語文法詳説』364页；『古典読解の基本語法』96页；『研究資料日本文法・第7巻』4页。

115. 遠流の人の、道にて出家しつるをば、約束の国へはつかはさぬ事である間、始は日向国へと定められたりしかども、……。(《平家物語・三——大臣流放》)

（流罪の人が、途中で出家した場合は、前に定められた国へはやらぬことになっているので、初めは日向国へと定められていたが、……。）

（流放远地的犯人在途中出家的，(按)规定不去以前所定的地方，所以去了初定的日向国，但……。）

116. ……「何条子細を申すぞ。御定であるに、とくとく仕れ。舟仕らずは、一々に射ころさんずるぞ。」といひければ、……。(《平家物語・十一——逆櫓》)

（……どうしてつべこべと文句を申すのだ。御命令だ。すぐさま船を出せ。漕ぎ出さなければ、いちいち射殺するぞ。」と言ったので、……。）

（〈奥州佐藤三郎兵卫嗣信、伊势三郎义盛〉言道："为什么还说那些废话。这是命令！马上开船！若不将船划去，便把〈尔等〉全部射死！"所以，……。）

(四)表示敬语(仅限于尊敬和郑重的表达方式)——

即在连语"にあり"中的补助动词"あり"分别换成尊敬补助动词"おはす""おはします"以及郑重补助动词"侍り""候ふ"，则遂成为"…におはす(おはします等)""…に侍り(候ふ)"的敬语表达方式[1]。

Ⅰ．尊敬的敬语表达方式：

---

[1] 见『必携古語辞典』608页；『日本文法大辞典』612页；『文語文法詳説』363-364页；『高等古典文法・教授資料』83页。

117. 「人ざまもよき人におはす。」などいひ居たり。(《竹取物語・蓬莱玉枝》)

（〈翁〉は、「車持の皇子は御人品も立派な人でいらっしゃる。」などといっている。)

（〈伐竹翁〉言道："车持皇子的人品也十分高雅出众。"）

118. これ、亭子太上法皇の第一の皇子におはします。(《大鏡・醍醐天皇》)

（このお方は、亭子の帝、宇多法皇の第一の皇子でいらっしゃいます。）

（这位醍醐天皇乃是亭子帝，宇多天皇的第一皇子。）

此外，还有《宣命・41诏》"上無き仏の御法は……異しく奇しき験をあらはし授け賜ふものにいましけり。"、《大鏡三——忠平》"このおとどは……朱雀院並びに村上の御をぢにおはします。"等。

但为了使其带有疑问、强调等意，常在"に"与"おはす(おはします)"之间插入系助词"は""も""や""か""なむ""こそ"以及接续助词"て"，如"…にか(や)おはする""…にておはす(おはします)"等。例如：

119. ……一日召し侍りしにやおはしますらむ。(《源氏物語・若紫》)

（……先日、私をおよび寄せになられたお方でいらっしゃいましょうか。）

（……〈您〉就是日前召唤我的那位公子吧。）

120. 宮内卿は、九条殿の御子にぞおはしける。(《栄華物語・諸种喜悦》)

（宮内卿は、九条殿の御子でいらっしゃった。）

(宮内卿乃九条殿之子。)

121. ただ今の御年廿ばかりにこそおはしませど、……。(《荣华物语・初花》)

(〈中宮彰子は〉、目下の御年齢は二十歳ぐらいでいらっしゃいますが、……。)

(〈中宮彰子〉现下的年龄约二十岁左右,然而……。)

122. 二条の后の、まだ帝にも仕うまつり給はで、ただ人にておはしましける時のことなり。(《伊势物语・3》)

(〈これは〉二条の后が帝の后にもおなり遊ばないで、普通の身分でおいでになられた時の話である。)

(〈此乃〉二条皇后尚未成为帝后,还是一个普通身份时的事。)

123. 菅原のおとど、右大臣の位にておはします。(《大镜・时平》)

(菅原道真公が、右大臣の位でいらっしゃいました。)

(菅原道真公乃官居右大臣之位。)

124. 己が主にておはしましつる人の失せ給へるを、あつかふ人の無ければ、……。(《今昔物语集・十八――29》)

(私の御主人でいらっしゃいましたお方が、お亡くなりになりましたのに、お葬式のお世話をする人がおりませんので、……。)

(我的主人去世了,然而无人料理葬礼,故而……。)

125. ……「甲斐源氏に浅利与一殿こそ勢兵にてましまし候へ」。(《平家物语・远矢》)

(……「甲斐源氏の浅利与一殿こそ強弓の精兵でおられます」。)

(〈后藤兵卫实基答道:〉"甲斐源氏的浅利与一正是强弓之能手。")

此外，还有《宇津保物语·梅之花笠》"更に知り奉らず、誰にかおはしますらむ"、《平治物语·三》"尾張寺の母池の禅尼と申すは、清盛のためには継母にておはしませども、重く執し給へば……"等例。

但需注意，诚上所言，由于进入中世镰仓时代后，"……にておはす(おはします等)"中的"にて"发生"音便"，遂出现"でおはす(おはします等)"的用例：

126. 平家の君達でおはするにこそと思ひ、おしならべてむずとくむ。(《平家物语·九——忠度之死》)
(平家の公達であられるにちがいないと思い、馬をおし並べてむずと組みつく。)
(〈六野太忠纯〉寻思："〈此人〉肯定是平家的公子吧。"便与其马并列，忽猛然使劲地交战开来。)

127. ……大音声をあげて申しけるは、"……その仮名 実名分明ならず。今日の源氏の太将軍は誰人でおはしますぞ"。(《平家物语·十一——嗣信之死》)
(……大音声をあげて申すには、"……その仮名・実名がはっきりわからない。今日の源氏の大将軍はどなたでいらっしゃるのか"。)
(〈越中次郎兵卫盛嗣〉 大声喊道："……〈听〉不清楚你们的通称、本名。今日源氏的大将军是哪一位？")

Ⅱ. 郑重敬语表达方式：

128. その北の方など、なにがしがいもうとにはべる。(《源氏物语·若紫》)
(その奥方は、私の妹でございます。)
(这位夫人是我的妹妹。)

129. ゆゆしき身にはべれば、……。(《源氏物語・桐壺》)
（〈私は喪に服している〉不吉な身でございますので、……。）
（〈我乃正在服丧的〉不祥之身，故而……。）

130. ……郎等ども、「あらはに御損に候ふ。」などと言ひて、……。(《今昔物語集・廿八——38》)
（……家来たちは、「明らかに御損でございますな。」などと言って、……。）
（……家臣们言道："这分明是一大损失啊！"……。）

131. これは、……蓮生と申す法師に候ふ。(《謡曲・敦盛》)
（私は、……蓮生と申す法師でございます。）
（我乃……名唤莲生的法师是也。）

但为了使其带有疑问、强调等意，它与上述"…におはす(おはします)"一样，常在"に"和"侍り(候ふ)"之间插入系助词"は""も""か""や""ぞ""なむ""こそ"以及接续助词"て"，为"にぞ侍り(候ふ)""にこそ侍れ(候へ)""にて侍り(候ふ)"等。例如：

132. 「まことにやはべらむ。かれ見はべらむ」と言ひたれば、……。(《枕草子・9》)
（〈忠隆が〉「ほんとうでございましょうか。それを見させていただきましょう」と言っているので、……。）
（〈忠隆〉却说："真是〈翁丸〉吗？请让我看看吧。"因而……。）

133. これはゆゆしげにこそ侍るめれ。(《枕草子・9》)
（これは見るからにとてもとてもひどい様子でございますよ

うです。)

(看去〈翁丸此狗的〉模样十分难看。)

134. ……かへすがへすつれなき命にもはべるかな。(《源氏物語・桐壺》)

(……どう考えても、思い通りにならない寿命でございますよ。)

(……怎么想也全怨〈妾身〉命薄啊。)

135. この殿、……思ふに、延喜・朱雀院の御ほどにこそは侍りけめ。(《大鏡・仲平》)

(この貞信公が、……思うに、醍醐天皇か朱雀天皇かどちらかの御代でございましたでしょう。)

(此贞信公……想来当在醍醐天皇或在朱雀天皇的治世年间吧。)

136. 郎等ども、喜び合ひて、「そもそも、こは何ぞの平茸にか候ふぞ」と問へば、……。(《今昔物語集・廿八——38》)

(家来たちは、喜びあって、「これはいったい、どういう平茸でございますか。」と尋ねると、……。)

(当家臣们庆贺〈长官平安归来〉后问道："这些平菇究竟是怎么回事啊？"，于是……。)

137. 水手・梶取申しけるは、「この風は追ひ手にて候へども、普通に過ぎたる風で候。……」と申せば、……。(《平家物語・十一——逆櫓》)

(船頭や梶取は、「この風は追い風ですが、普通以上の疾風です。……」申すと、……。)

(当船夫和舵手言道："此风虽是顺风，但它是比通常的要猛烈得多的疾风。"……。)

138. これは三保の松原に、白竜と申す漁夫にて候ふ。(《謡曲・羽衣》)

（私は、三保の松原に住む白竜といいます漁夫でございます。）

（我乃住在三保的松原的、名唤白龙的渔夫是也。）

但需注意：

其一，进入中世镰仓时代后，"にて候ふ"中的"にて"发生"音便"，遂为"…で候ふ"。此种音便现象除见于上例137中的"……普通に過ぎたる風で候。"外，尚有以下等例：

139.「八幡でましまし候。やがて此所は八幡の御領で候」と申す。（《平家物语・七——木曾愿书》）

（〈その者は、〉「八幡でいらっしゃいます。ほかならぬこの土地も八幡宮の御領地でございます」と答えた。）

（〈此人〉答道："〈所祭祀的神〉是八幡。此土地也是八幡宫的领地。"）

140.……させる弓矢とる身で候はねば、……ただ朝夕祗候せしばかりで候ひき。（《平家物语・十一——皇居女官》）

（……たいした弓矢を取る身でございませんから、……ただ朝夕伺候しただけでございました。）

（……我（=木工右马允知时）并不是一个多么了不起的武士，……只是早晚伺候〈于中将左右〉而已。）

其二，同样在进入中世镰仓时代后出现了上述"に候ふ"转化而成的郑重补助动词"候ふ（也写为"ざうなふ"）"，其意同"…ございます""…です"等[1]。例如：

---

[1] 见『詳説古語辞典』55页；『最新全訳古語辞典』374页；『古語辞典・第八版』（松村明编，旺文社，1994年版）531页。

141. 梶原源太うち寄ッて、「それはたが御馬ぞ」。「佐々木殿の御馬候」。(《平家物語・九》)

(梶原源太はただちに近寄り、「それはだれの御馬か」。「佐々木殿の御馬でございます」。)

(梶原源太立即靠近问道:"这是谁的马?","是佐佐木老爷的马。")

142. 梶原、「……舟はきっとおし戻すが大事ざうらふ。……」と申しければ、……。(《平家物語・十一——逆櫓》)

(梶原、「……船はすばやく押し戻すのが大変でございます。……」と申したので、……。)

(梶原言道:"……船只敏捷地退回一事,是十分重要的。……",故而……。)

此外,还有《平家物语・二》"「いつも我が山の力にてこそ、かやうの御願は成就すること候へ……。"、《平家物语・二》"……急ぎ小松殿へ馳せ参って、「世は既にかう候う」と申しければ、……。"《谣曲・自然居士》"あら曲もなやざうらふ。"等例。

如上举大量用例所示,与"なり"的构词、意义用法等相比,其接续、连用形"に"以及与"て、して、あり"等构成的连语"にて""にして""にあり"的用法更为复杂、细微、多样,其中以"にあり"尤甚。本文依据有关论说,将其归纳为表否定、疑问、强调、敬语(限于尊敬和郑重)等四种主要用法予以说明,或有助于读者对"なり"一词的理解和应用。

(本文2003年3月发表于《日本语言文化论集・第二集》(北京大学外国语学院日语系、北京大学日本文化研究所编,北京出版社),后以此为基础,经修改、整理、补充而成。)

浅析日本文言中的可能表现
——以"ゆ・らゆ"等"否定表现"为中心——

所谓可能表现，简言之则为表达某一主体具有实现某种动作、作用的可能性和能力的一种表达方式。它在日本文言中，除了主要用助动词"ゆ""らゆ""る""らる""可し"等外，也还使用动词"能ふ"、副词"得"等予以分别表现。

诚如所知，在可能表现中既有积极的、肯定的表现，即所谓"肯定表现"（…できる），也有消极的、否定的表现，即所谓"否定表现"（…できない）。但在日本文言表现中存在这一倾向——"肯定表现"并不发达，相反的多为"否定表现"[1]。窃以为：厘清其多为"否定表现"的此种倾向，则有利于把握日本文言中可能表现的特点及其用法。为此，本文参考有关论说，对使用上述"ゆ""らゆ"等予以表现的诸种常用的可能表现进行梳理、比较，并附以大量实例对其多为"否定表现"的倾向做一印证、浅析。

---

1 见『考究古典文法』（中田祝夫著，新塔社，1974年版）177-178页；『古典標準問題新講』（森野宗明著，旺文社，1971年版）128-129页；『日本文法大辞典』（松村明编，明治书院，1983年版）124-126页。

助动词 "ゆ"、"らゆ"

表1

基本形	未然形	连用形	终止形	连体形	已然形	命令形	活用型
ゆ	え	え	ゆ	ゆる	ゆれ	えよ	"下二段活用型"
らゆ	らえ	らえ	らゆ	らゆる	らゆれ	らえよ	同上

（一）"ゆ"为上代表示自发、被动、可能之意的助动词，但其用例几乎均表示自发，如《万叶集・五——898》"慰むる心はなしに雲隠り鳴き行く鳥の音のみし泣か<u>ゆ</u>。"，《万叶集・七——1406》"秋津野に朝居る雲の失せ行けば昨日も今日も亡き人思ほ<u>ゆ</u>。"等，仅有少量用例表示可能之意，而且其中"肯定表现"很少，大多为"否定表现"，即与"ず""ましじ"等否定词并用，表示不可能之意[1]，如《日本书纪・齐明・歌谣119》"山越えて海渡るともおもしろき今城の中は忘ら<u>ゆ</u>ましじ。"，《万叶集・廿——4482》"堀江越え遠き里まで送り来る君が心は忘ら<u>ゆ</u>ましじ。"等[2]。此外，尚有下例：

1. 漁する海人の子どもと人は言へど見るに知ら<u>え</u>ぬ貴人の子と。（《万叶集・五——953》）
（魚をとる漁師の子等だとあなたがたが言うが、<u>見てわかりました</u>良家の娘ごだと。）
（你等虽言渔夫子，一见便知良家女。）

---

1 见『古典語現代語助詞助動詞詳説』（松村明编，学灯社，1976年版）1683页；『古語大辞典』（中田祝夫编监修，小学館，1984年版）1683页；『日本文法大辞典』881页。
2 见『古語大辞典』1762-1763页；『全訳読解古語辞典』（铃木一雄等编，三省堂，1995年版）1200页；此句中的"忘ら"为"四段活用"动词"忘る"的未然形，下例2至例3中的"忘ら"皆属此。早在奈良时代，既有"四段"的"忘る"（意谓有意识地能动地忘记），也有"下二段"的"忘る"（意谓自然地忘记）。进入平安时代后虽多用"下二段"的"忘る"，但仍见有"四段"的"忘る"的用例。如《拾遗集・恋四—870》"わすらるる身をば思はず誓ひてし人の命の惜しくもあるかな。"等，故需注意区别。

2. 港廻に満ち来る潮のいやましに恋はまされど忘らえぬかも。(《万叶集・十二——3159》)
(港のあたりに満ちて来る潮のように、いよいよ恋しさはつのるけれども、忘れられないことよ。)
(恋情难忘日益浓,犹如港湾潮来涌。)

3. わが母の袖持ち撫でてわがからに泣きし心を忘らえぬかも。(《万叶集・廿——4356》)
(わが母が袖で私を撫でてながら、私のために泣いた心を忘れることができないことよ。)
(我母持袖抚摸我,不忍惜别泪双流,此情永记在心头。)

4. ひなくもり碓氷の坂を越えしだに妹が恋しく忘らえぬかも。(《万叶集・廿——4407》)
(碓氷の坂を越えた折、いとしい人が恋しくて忘れられないことよ。)
(翻越碓冰岑,思恋我妹来,情深难忘怀。)

(二)"らゆ"也为上代表示自发、被动、可能之意的助动词,但在上代的文献中却仅见其表示可能的,未发现其有表示自发、被动的用例,故而此词也有"可能助动词"之谓。实际上"らゆ"的用例并不多见,且在表示可能之意时仅见其"否定表现",即与"ず"等否定词并用,而且只接动词"寝""寝ぬ"下,其中尤以"寝の寝らえぬに"的形式表示不可能者居多[1],如《万叶集・十五——3684》"秋の夜を長みにかあらむ何ぞここば眠の寝らえぬもひとり寝ればか"等。此外,尚有下例:

---

1 见『古典語現代語助詞助動詞詳説』70页;『古語大辞典』1683页;『研究資料日本文法・第7巻』(铃木一彦等编,明治书院,1985年版)147-149页;『文語文法詳説』(汤泽幸次郎著,1977年版)203-205页;『古典文法・別記』(冈崎正继著,秀英出版,1991年版)147-149页。

5. ……ぬばたまの夢に見えつつ寝ねらえずけれ。(《万叶集・四――639》)

(……夜の夢にお姿がずっと見えて私は眠れなかったのだ。)

(……夜梦见君姿，辗转难入眠。)

6. ほととぎすいたくな鳴きそ独り居て寝の寝らえぬに聞けば苦しも。(《万叶集・八――1484》)

(ほととぎすよ、ひどくは鳴かないでくれ。ひとり寝覚めて寝られぬ時にその声を聞くと苦しい。)

(杜鹃切莫啼，独寝难入眠，此时闻其声，我心更苦凄。)

7. 夜を長み眠の寝らえぬにあしひきの山彦響めさ雄鹿鳴くも。(《万叶集・廿――4482》)

(夜が長いので、眠れずにいると、山にこだまさせて雄鹿が鳴くことよ。)

(长夜难入眠，此时雄鹿鸣，回响声声在山间。)

8. 妹を思ひ眠の寝らえぬに秋の野にさ牡鹿鳴きつ……。(《万叶集・十五――3678》)

(妻を思ってどうにも寝られないのに、秋の野に牡鹿が鳴いた。……)

(思妻不成眠，于此秋野里，却闻雄鹿鸣。)

9. 妹を思ひ眠の寝らえぬに暁の朝霧隠り雁がねぞ鳴く。(《万叶集・十五――3665》)

(あの子を思って眠れないでいると、明け方の霧の中で雁が鳴くことだ。)

(思妹难成眠，其间天已明，声声不绝耳，雁鸣朝雾里。)

助动词"る"、"らる"

表2

基本形	未然形	连用形	终止形	连体形	已然形	命令形	活用型
る	れ	れ	る	るる	るれ	れよ	"下二段活用型"
らる	られ	られ	らる	らるる	らるれ	られよ	同上

（一）在上代，除以上述的"ゆ""らゆ"为主外，还使用"る"表示可能之意。

"る"在上代也为表示自发、被动、可能之意的助动词，但由于"ゆ""らゆ"的存在，其并不发达，用例也不多，并就在其少量用例中也多为表示自发之意。如《万叶集·十四——3372》"相模路の淘綾の浜の真砂なす児らはかなしく思は<u>るる</u>かも。"等。其表示可能的用例很少，而且多与"ず"等否定词并用表不可能之意，如《万叶集·廿——4322》"わが妻はいたく恋ひらし飲む水に影さへ見えてよに忘<u>られず</u>"等。后随其用例日益增多，及至平安时代后终于取代了上代的"ゆ"，并增添了表示尊敬之意的用法，但"る"在表示可能之意时却与上述的"ゆ"相仿，仅有少量"肯定表现"的用例[1]，如：

10. 忘ら<u>るる</u>時しなければ、葦鶴の思ひ乱れて音をのみぞなく。（《古今集·恋一——514》）

（忘れようとしても忘れられる時がないので、心も乱れて声をあげて泣くばかりであるよ。）

（方寸已乱唯哭泣，只缘无时不思君。）

---

[1] 见『日本文法大辞典』910-911页；『古語大辞典』1741页；『ベネッセ古語辞典』（井上宗雄等编，Benesse，1999年版）1300页；『全訳古語例解辞典·第三版』（北原保雄编，小学館，1999年版）1176页。

11. 南(みなみ)は、はるかに野(の)の方(かた)見(み)やらる。(《更级日记・出发》)

(南は、遠く野の方をながめることができる。)

(南面远远地能看到田野的那一边。)

但"る"的大多数用例则为"否定表现"，即与否定词、反语（见例19）等并用。此种倾向在"和文系"的文章中最为明显，如《源氏物语・桐壶》"御胸(おほむむね)のみ、つとふたがりて、つゆまどろまれず、明(あ)かしかねさせ給(たま)ふ。"等。又如：

12. ものは少(すこ)しおぼゆれども、腰(こし)など動(うご)かれぬ。(《竹取物語・燕之子安贝》)

(気がすこしはっきりしたが、腰がなにしろ動(うご)かれない。)

(虽神志稍觉清醒，但腰仍不能动弹。)

13. ……湯水(ゆみづ)飲まれず、同じ心に嘆(なげ)かしがりけり。(《竹取物語・天之羽衣》)

(……湯水を飲むことができず、〈竹取の翁や媼(おうな)と〉同じ心で嘆かしがった。)

(……〈人们也都〉汤水不进，〈我与伐竹翁、老妪〉均持有同样的心情，感到十分哀伤。)

14. 涙(なみだ)のこぼるるに、目も見えず、ものもいはれず。(《伊勢物語・62》)

(涙がこぼれるので、目も見えず、口もきけない。)

(只因泪水〈从眼中〉溢出，眼也看不见，口也不能言。)

15. かくのみ心をつくせば、物なども食はれず、……。(《紫式部日記》)

(このように気をもんでばかりいるので、物を食べることなどもできないで、……。)

(只是感到如此地焦躁不安，故而也不能进食，……。)

16. 物暗うなりて、文字も書かれずなりにたり。(《枕草子・300》)

(なんとなく薄暗くなって、文字も書けなくなってしまった。)

(总觉得变得昏暗，故而字也不能写了。)

17. 人々おどろきて、めでたうおぼゆるに忍ばれで、……。(《源氏物語・須磨》)

(人々は目を覚まして、おみごとと感嘆するにつけても、悲しさをこらえきれなくなって、……。)

(人们醒来，〈对源氏所吟诗句〉不胜赞叹，然而难忍心中之悲痛，……。)

18. ……知らぬ人の中にうち臥して、つゆまどろまれず。(《更級日記・宮中供職》)

(……知らぬ人の間で寝るために、少し眠れない。)

(……因睡在不相识的〈同辈的〉女官之间。故而丝毫也未得入睡。)

19. いらへに、何とかはいはれ侍らむ、ただ、「承りぬ」とて、立ち出で侍るに、……。(《湖月抄本源氏物語・帚木》)(文中连语"かは"于此表示反语)

(その返答に、なんと言うことができましょうか、何とも言いようがありませんので、ただ「承知しました」と言って、女の家を立ち去ろうとしますと、……。)

(对此，我能回答什么呢？故而只说了声"知道了"后正要离开女家时，……。)

此外，还有《拾遺集・15》"つらけれど恨むる限り有りければ、物は言はれで音こそ泣かるれ。"等。

（二）"らる"与上述的"る"略有不同，在上代的文献中并未见其例，进入平安时代后方始出现，遂取代了"らゆ"，并增添

了表示尊敬之意的用法。"らる"在表示可能时与上述的"る"相仿，多为"否定表现"，即与否定词、反语等并用，表示不可能之意[1]，如《蜻蛉日记·上》"眠りもせられず、忙しからねば、つくづくと聞けば、……。"等，又如以下例：

20. ……おきふしよるはいこそねられね。(《古今集·恋二——605》)
（……私は起き上がったり臥せったりして、恋しさのために、夜は眠ることもできない。）
（……时卧又时起，皆为苦思恋，夜也不得眠。）

21. あの国の人をえ戦はぬなり。弓矢して射られじ。(《竹取物語·升天》)
（あの〈月の〉国の人に対しては、とても戦うことはできないのです。弓矢で射ることはできますまい。）
（绝不能向那月宫中的人开战。绝不能用弓箭射向他们。）

22. しばしうち休みたまへど、寝られたまはず。(《源氏物語·空蝉》)
（〈源氏〉しばらくお休みになったが、お眠りになれない。）
（〈源氏〉稍稍睡了一会儿，但终也未得入眠。）

23. 男はた寝られざりければ、外の方も見出して伏せるに、……。(《伊勢物语·69》)
（男もまた眠ることができなかったので、外の方を眺めて横になっていると……。）
（此男子也未得入睡，故而在其正躺着眺望屋外的时候，……。）

---

[1] 见『日本文法大辞典』905-906页；『古語大辞典』1730页；『日本文法辞典』(江湖山恒明等著，明治书院，1962年版)381页；『改訂増補国文法入門』(松尾聰著，研究社，1984年版)21-23页。

24.「二千里の外の故人の心。」と誦したまへる、例の涙もとどめられず。(《源氏物语・须磨》)

（「二千里の外の故人の心。」とお読みになっているのは、いつものように人々は、涙もとめられず。）

（人们照例地为〈源氏〉所吟诵的诗句——"二千里外故人心"而流泪不止。）

25.いささか身じろきもせられず、気あがりて、……。(《紫式部日记》)

（〈狭いところに四十人もの人がいたので〉、ほんの少しの身じろぎもできずに、のぼせあがって、……。）

（〈在狭窄的地方，坐着四十人之多〉，所以身子动也不动地〈让人〉感到不适，苦不堪言，……。）

26.……雨降りなどすれば、恐ろしくて寝も寝られず。(《更级日记・出发》)

（……雨が降ったりするので、恐ろしくとても寝ることが出来ない。）

（……由于天降大雨，吓得我根本无法入睡。）

27.「いで、いと興ある事いふ老者たちかな。更にこそ信ぜられね。」といへば、……。(《大镜・序》)

（〈侍〉「いや、大そう面白いことをおっしゃるご老人達ですな。いっこうに信ずることができません」というと、……。）

（当〈武士〉言道："老人们确实讲了〈许多〉非常有趣的事情！〈然而对此〉根本无法相信。"……。）

（三）进入镰仓时代后，"る"和"らる"在表示可能时二者依然存在多与否定词、反语等并用，表示不可能之意的倾向。例如：

28. あるじの郡司は、郎等引き具して出でぬ。いもねられざりければ、やはらおきて、……。(《宇治拾遺物語・九——1》)

(主人の郡司は、家来をひき連れて出て行った。なかなか眠れなかったので、そっと起きて、……。)

(担任郡司的主人带领从者出去了。而我总也睡不着，于是便悄悄地起来，……。)

29. 静憲法印はあまりのあさましさに、つやつや物も申されず。(《平家物語・一——鹿谷》)

(静憲法印はあまりの驚きにろくに物も申すことができない。)

(静宪法印(僧侣的最高位)由于过度的惊吓〈使其〉也不能利索地说话。)

30. 起きあがらむとすれども、なじかは起きらるべき。(《源平盛衰記・五》)(文中副词 "なじかは" 于此表示反语)

(起きあがろうとするけれども、どうして起きることがであるだろうか、おきることはできない。)

(虽说想要站起来，然而怎么站也站不起来。)

31. しばらくなでて後、抜かむとするに大方抜かれず。(《徒然草・53》)

(しばらく舞って後、〈足鼎〉を抜こうとするのに、どうしても抜くことができない。)

(〈小童〉跳了一会舞后，尽管〈使劲地〉要将头从鼎中拔出，但怎么也拔不出来。)

32. そのうつはもの、昔の人に及ばず、山林に入りても、餓を助け、嵐を防ぐよすがなくては、あられぬわざなれば、……。(《徒然草・53》)

(現今の人の器量は昔の人に及ばず、たとい出家して山林に

入ったところで、餓えをしのぎ、寒い嵐を防ぐ手段が無(な)くては、生きていけないことだから、……。)

(现代人的器量不及古人，即便出家归入山林，若无忍饥、防御寒风〈袭击〉的方法，也难以生存下去，故而，……。)

33. 予(よ)は口(くち)を閉(と)ぢて、眠(ねむ)らんとしていねられず。(《奥州小路・松岛》)

(私は句作をあきらめて眠ろうとしたが、眠(く)られない。)

(我断了作句的念头，虽〈闭口〉想睡，然终也不能入眠。)

但随着时间的推移，上述"る""らる"也逐渐出现表示可能的、即不与"ず""なじかは"等否定词、反语相接，单独表示可能的"肯定表现"的用例。这一现象在中世镰仓时代后期的著名随笔集《徒然草》中表现得尤为明显[1]，例如：

34. 大(おほ)かた、家居(いへゐ)にこそことざまは、推(お)しはからるれ。(《徒然草・10》)

(大体、住居によって、〈その家の人の〉人柄は推量できる。)

(大体上可依据住居来推测〈此家人的〉人品。)

35. 「かくてもあられけるよ」と、あはれに見るほどに、……。(《徒然草・53》)

(「こんな〈物(もの)さびしい〉ふうでも住んでいるができたいんだなあ。」と、しみじみと感(かん)じ入って見ているうちに、……。)

(思及"如此〈寂静之处〉竟也能居住下来！"不禁感慨万分，其间〈在我〉观看〈对面的〉庭院里，……。)

---

1 见『考究古典文法』177页；『岩波講座 日本語7・文法Ⅱ』(大野晋等编，岩波书店，1977年版)120-121页；『よくわかる国文法』(塚原铁雄等著，旺文社，1974年版)229页。

36. 家の作りやうは、夏をむねとすべし。冬は、いかなる所にも住まる。(《徒然草・55》)

(家の造り方は、夏を主にするのがよい。冬は、どんなところにでも住むことができるものである。)

(建造房屋，宜以夏为主。冬日，则无论何处皆可居住。)

37. 吾妻人こそいひつる事はたのまるれ。都の人は、言請のみよくて、実なし。(《徒然草・141》)

(東国の人こそ一たん言ってしまった事は、信頼できる。都の人は、口先の引き受けだけがよくて、誠実さがない。)

(唯东国人，凡一旦言出之事当可信赖，〈然而〉京都人只是口头应允，并无诚意。)

(三) 诚如所言，"る""らる"既可表示可能，也可表示自发、被动、尊敬之意，而其中的"可能"和"自发"二者意义上的差异有时表现得极为细微，故而不易理解、识别。在这些用例中"る""らる"有的看上去似表可能，实际上却为自发之意，此种现象在平安时代尤为明显，望加注意。例如:

38. おもしろき夕暮れに海見やらるる廊にいで給ひて、……。(《源氏物语・须磨》)

(趣深く感じられる夕暮れに、〈源氏は〉自然に海の渡される渡り廊下におでましになって、……。)

(〈源氏〉在富有情趣的黄昏时分，来到那自然地展现在〈眼前〉的一片茫茫大海的回廊，……。)

39. 雲は、足の下に踏まる。(《更级日记・足柄山》)

(いつのまにか、足の下に踏むようなぐあいになる。)

(不觉间，感到云层踩在脚下。)

上例38即写自请隐居须磨的源氏一日下到回廊，凭栏眺望那自然地映入眼帘的海上景色的神情。又上例39则描述《更级日记》的作者菅原孝标女一行于天色未明中翻越云雾弥漫的足柄山时，不由地对眼前的自然情景所产生的一种感觉，因而上述例文中的"(見や)らるる"和"(踏ま)る"均表示自发(=自然に…される)，并非可能之意。此外，还有如《土佐日记・1月21日》"なほこそ国のかたは見やらるれ。"、《更级日记・狭小的邸宅》"……梅、紅葉など咲き乱れて、風につけて、かかへ来るにつけても、住み馴れしふるさとかぎりなくて思ひ出でらる。"等。

就一般而言，可用下述方法予以识别——"る""らる"在为肯定表现时多表自发；若为否定表现时则多为可能之意[1]。上述此法本身似乎同样可以说明"る・らる"在表示可能时，其间所存的多为"否定表现"的这一倾向吧。

助动词"べし"

表3

基本形	未然形	连用形	终止形	连体形	已然形	命令形	活用型
べし	(べく)	べく	べし	べき	べけれ	○	"形容词活用型"
	べから	べかり	○	べかる	○	○	

上述"べし"为推量助动词。可表当然、可能、意志、推量、命令之意。其表可能的用法早见于上代，如《神乐歌》"我妹子が穴師の山人と人も知るべく山葛せよ山葛せよ。"、《万叶集・八——1478》"わが宿の花橘の何時しかも珠にぬくべくその実なりなむ。"等。此外，尚有下例：

---

[1] 见『古典読解の基本語法』(加藤是子著，新塔社)39-40页。

40. ……青柳は蘰にす<u>べく</u>成りにけらずや。(《万叶集・五——817》)

(……青柳は、かずらにすることができるほどに芽ぶいているではないか。)

(……青柳已发芽,几可做发饰。)

41. 水底の珠さへ清に見つ<u>べく</u>も照る月夜かも。……(《万叶集・四——1082》)

(水底に沈んだ玉までは、はっきりと見ることができるほどに、こういう照る月だなあ。……)

(明月当空照,其色何皎洁,沉入水底玉,几可清晰见。)

但此词在表示可能时,多与"ず""じ"等否定词并用,表示不可能之意[1]。正如下例42所示:

42. 貫之が「……」と言へるは、古今集の中の歌くづとかや言ひ伝えたれど、今の世の人の詠みぬ<u>べき</u>ことがらとは見えず。(《徒然草・14》)

(貫之が、「……」とよんでいるのは、古今集の中の取るに足らない歌とか言い伝えているけれども、今日の歌人が必ずよむことのできる歌のさま<u>とは思われない</u>。)

(贯之所咏"……",虽被传为在《古今集》中乃不足取之歌,但很难说今之歌人定能咏出此歌之情趣来吧。)

以下为叙述方便,兹将其分为"肯定表现"和"否定表现"两个部分,分别举例予以说明[2]。

---

1 见『文法早わかり辞典』(国文学编辑部编,学灯社,1981年版)160页;『古典の基礎』(铃木一雄著,旺文社)125页。
2 见『古典語現代語助詞助動詞詳説』214页;『日本文法大辞典』759页。

——肯定表现——

此词在表示可能时确有不少肯定表现。除上例40、41外尚有下例。如：

43. 行く蛍雲の上まで往ぬべくは、……。(《伊势物语・45》)
（飛んでゆく蛍よ。もし雲の上までも高く飛んでゆくことができるなら、……。）
(〈向空〉飞去萤火虫，若能高飞上云端，……。)

44. この歌を、これかれあはれがれども、一人も返しせず。しつべき人もまじれれど、……。(《土佐日记・1月7日》)
（この歌を〈拝聴して〉、だれもかれもが、感心してみせはするものの、だれひとりとして返歌をする者がいない。〈返歌ぐらいはりっぱに〉やってのけられる人も〈一座の中に〉まじってはいるものだけれども、……。）
(〈聆听了〉此歌后，〈表面上〉谁都显出十分赞叹的样子，然而无一人作返歌奉和。〈其实在座中〉也有能出色地作返歌的人，但……。)

45. 実方の君に、「人の消息びびしく言ひつべからむ者一人」と召せば、……。(《枕草子・35》)
（実方の君に、「人の口上を立派に伝えられそうな者を一人呼べ」とお召しになると、……。）
(当〈中纳言〉对实方君言道："叫一个会传话的人来！"……。)

46. 大蔵卿ばかり耳とき人はなし。まことに蚊のまつげの落つるをも、聞きつけたまひつべうこそありしか。(《枕草子・275》)
（大蔵卿ほど耳が鋭い人はない。ほんとうにまつげが落ちる

時の音でも聞きつけなさることができそうであった。）

（没有像大藏卿那样耳朵特别灵敏的人。真是连蚊子睫毛落地之声也可听见似的。）

47. さりぬべきをりみて、対面すべくたばかれ。（《源氏物語・空蝉》）

（適当な機会を見計らって、〈空蝉〉に逢うことができるように取り計らってくれ。）

（设法找个合适的机会，让我能〈与空蝉〉会面。）

48. 下るべき所のあらばこそは、下りて守の御有様をも見奉らめ。（《今昔物語集・廿八——38》）

（〈下へ〉下りることのできる道があれば、下りて守の様子を見ようけれども、……。）

（若有路能下到〈谷底〉，便可下去探探长官的情况，然而……。）

49. まことに来世にて逢ふべくは、ただ今死しても行かんとぞ思ふ。（《平治物語・三》）

（まことにあの世においても、逢うことができるのなら、今すぐ死んでも行こうと思う。）

（若在来世确实也能相见，纵然现在立即去死我也要去。）

——否定表现——

诚上所言，"べし"多与否定词、反语等并用。此外，还可以"…べくもあらず""…べからず"的连语形式表示不可能之意。

（一）"べし"可与"ず、じ、なし"等否定词并用。例如：

50. その山を見るに、さらに登るべきやうなし。(《竹取物語・蓬莱玉枝》)

(その山を見ると、まったく登ることのできそうな方法もない。)

(一见此山〈如此陡峭〉,简直无法攀登而上。)

51. ありところは聞けど、人の行きかよふべき所にもあらざりければ、……。(《伊势物语・4》)

(〈その後、男は、女の〉居場所だけは聞いていたけれども、〈そこは〉人の通っていけるような所でもなかったので、……。)

(〈其后,此男子〉虽听说女子的居处,但〈彼处〉并非一般人可径自进出之地,故而……。)

52. ことに人多く立ちこめて、分け入りぬべきやうもなし。(《徒然草・41》)

(〈そこには〉とくに人が大ぜいこみあっていて、とうてい中へ分けいれそうもなし。)

(〈在那里〉人尤其多,拥挤不堪,根本无法挤进去。)

53. あはれと聞き知るべき人もあらじと思ふに、……。(《徒然草・44》)

(じみじみと情趣があると聞きわけ得る人もあるまいと思うにつけて、……。)

(在我感到〈于远离城市之地〉,盖无人能解〈笛声〉有如此美妙之情趣时,……。)

(二)"べし"有时也可与表示反语的系助词"やは"、副词"いかでか"等并用。例如:

54. 石作の皇子は、……「天竺に二つとなき鉢を、百千万里の

程を行きたりとも、いかでかとるべき」と思ひて、……。
（《竹取物语・佛之石佛》）

（石作の皇子は、……「天竺に二つとない鉢を、百千万里の距離を行ったりして取ることができようか、できはしないだろうか。」と思って、……。）

（石作皇子想："即便走上十万八千里，也拿不到天竺仅有的一只石钵。"……。）

55. ……まいて琴につくりて、さまざまなる音の出で来るなどは、「をかし」など、世の常にいふべくやはある。（《枕草子・37》）

（……まして、弦楽器につくって、いろいろの音がでてくるなど〈と考えると〉は、「おもしろい」などととおりいっぺんな評語でどうして評せられようか、実にまったくすばらしいものである。）

（……何况做成弦乐器，弹奏出各种声音来，于此怎么能用"颇有意思"这样世上一般的语言来评述呢？应该〈说〉实在太美了。）

56. さてもやは長らへ住むべき。（《徒然草・10》）

（〈その住まいに〉いつまでも長く住みとおすことができるであろうか。）

（难道〈此住家〉能永远地住下去吗？）

57. 位高く、やむごとなきをしもすぐれたる人とやはいふべき。（《徒然草・38》）

（〈しかし〉、官位が高く、身分の尊い人を、すぐれている人ということができようか、できしはしないだろう。）

（〈但〉即便官居高位，身份高贵者，也未必可称其为杰出之士吧。）

（三）"べし"还可以"…べく（う）もあらず""…べからず"等连语形式表示不可能之意。

Ⅰ．べく（う）もあらず(=…ことができそうない)[1]，主要用于和歌、物语等"和文"中。例如：

58. ……かの家に行きてたたずみ歩きけれど、かひあるべくもあらず。（《竹取物语・求婚》）
（……姫の家に行って、〈そのあたりを〉たちどまったり歩いたりするけれども、かいがありそうにもない。）
（〈此五人〉……去辉夜姫的家，〈徘徊在其周围〉，时走时停，然而似无效果。）

59. 一の御子は、……この御にほひには並び給ぶべくもあらざりければ、……。（《源氏物语・桐壶》）
（第一皇子は、この若宮のお美しさには、とてもお並びになることができそうにもなかったから、……。）
（第一皇子几无法与这小皇子俊秀的容貌相比，故而……。）

60. 又の日、旅に久しくもありぬべき様のものども、数多ある。身には言ひ尽すべくもあらず、悲しうあはれなり。（《蜻蛉日记・中》）
（次の日、自分の家を離れて他所で長く生活できそうな必要な品々を多く届けてくれたのは、私にはことばで言いつくすことができそうにもないほど、悲しくしみじみと思はれる。）
（次日，给我送来可以长时间在山寺生活所需的许多物品，这于我身心而言，不禁深感悲痛，几用语言也难以说尽。）

61. ……いづれまされりといふべくもあらず、女思ひわづらひ

---

[1] 见『日本文法大辞典』757-758页；『古語大辞典』1469页。文中连语"…べくもあらず"尚可表示"…するはずもない""…しそうにもない"等。

ぬ。(《大和物語・147》)
(どちらの愛情かまさっているということはできそうもない。女は思いなやんでしまった。)
(很难说哪个人的恋情更深,此女子为此感到很苦恼。)

62. 道のほどのをかしう、あはれなる事、言ひ尽すべうもあらず。(《更级日记・高浜之游》)
(途中の景色がよく、しみじみと趣深い事はすっかり表現できそうもない。)
(途中景色优美,极富情趣,这几〈使人〉难以描述。)

63. ……堪ふべくもあらぬわざにもよく堪へ忍ぶは、ただ色を思ふが故なり。(《徒然草・9》)
(〈総じて女が〉……とても辛抱のできそうもないことにもよく堪え忍ぶというのは、ただ男への情愛を思うからだ。)
(〈总之,女子〉……能忍受难以忍受之事,只因其心系于对男子的情爱。)

Ⅱ. "…べからず"[1](…できない)。例如:

此连语主要用于"汉文训读文"和"和汉混淆文"中,在平安时代的"和文"中,几不用"…べからず",而多用上述的"…べく(う)もあらず"以及"…まじ"等。

64. 但し、是は獣ものの王なり。弓を以ても射る可からず。縄を以ても執る可からず。(《三宝絵・上》)
(但し、これは獣たちの王である。弓を使って射てもいけない。また縄を使って捕らえてもいけない。)
(但,此乃兽王。既不可用弓射之,也不可用绳捕之。)

---

[1] 见『詳説古語辞典』(秋山虔等编,三省堂,2000年版)1080页;『ベネッセ古語辞典』1099页。文中连语"…べからず"尚可表示"…てはいけない""…はずがない"等意。

65. 与に共に学ぶべし、未だ与に道に適くべからず。与に道に適くべし。未だ与に立つべからず。（《论语・子罕篇》）

（いっしょに同じ学問をすることができても、いっしょに同じ道をゆくことができない。いっしょに同じ道をゆくことができても、いっしょに同じ位置に立つことができない。）

（可与共学，未可与适道，可与适道，未可与立。）

66. 鬼神も窺ふべからず、盗賊も犯すべからず。（《池亭记》）

（鬼神も窺うことはできなく、盗賊も犯すことはできない。）

（鬼神也不可窥，盗贼也不可犯。）

67. 今夜は参る可からず。其の故は、駄の足折れ損じて乗るに能はざれば、……。（《今昔物语集・十三——34》）

（今夜は参れません。と申しますのは、馬の足が折れて乗れないのです。）

（今晚不能去了。是因驮马的腿折断而不能骑了。）

68. 「今日は、日暮れぬ。勝負を決すべからず。」とて、源平互ひに引き退くところに、……（《平家物语・十一——那须与一》）

（「今日は日が暮れてしまった。勝負を決めることができない。」といって、源平互いに兵を引いてさがったところに、……）

（说了"今天色已晚，不能决战了。"正当源平两家彼此退兵之际，……。）

69. ……心をなやますことは、あげて数ふべからず。（《方丈记・世间难生存》）

（……心を悩まし苦しめることは、一つとりあげて数え上げられない〈ほどたくさんある。〉）

（……烦心苦恼之事，多得难以一一枚举。）

70. 羽なければ、空をも飛ぶべからず。(《方丈記・地震》)
(羽がないので、空を飛ぶこともできない。)
(因无翅膀，故不能在空中飞翔。)

71. まして、その数ならぬ類、尽してこれを知るべからず。
(《方丈記・閑居》)
(まして人数にも入らない〈身分のいやしい〉人人〈の死んだ数というもの〉は、知り尽すことはできないほど多いことであろう。)
(何况那些不足道的〈出身卑贱的〉死者人数更是〈多得〉几乎不可能全都知晓吧。)

72. この大事は、権化の人も定むべからず、博学の士も計るべからず。(《徒然草・143》)
(この〈臨終という〉大事は仏神の化身のような人も判定することはできないし、学識豊かな人も測定することはできない。)
(〈临终〉这一大事连神佛之化身这样的人也不能判定，学识渊博的人也不能判定。)

动词"あたふ"

表4

基本形	未然形	连用形	终止形	连体形	已然形	命令形	活用型
あたふ	あたは	あたひ	あたふ	あたふ	あたへ	あたへ	"四段活用型"

(一)动词"あたふ"(適ふ・能ふ)(自・ハ・四)表示可能、理解、适合等意，一般均与否定词并用，该词在表示可能时多与"ず""じ"等否定词并用，表示不可能之意(=…できない)，即所谓"否定表现"。其用例早见于上代，多用"连体形+こと+能は

ず""連体形+に+能はず"等形式予以表示[1]。例如：

73. ここに神八井耳命は、弟の建沼河耳命に譲りて白さく、「吾に仇を殺すこと能はず。汝命はすでに仇をえ殺したまひき。……」とまをしき。(《古事记・中》)
(こうして神八井耳命は、弟の建沼河耳命に皇位を譲って申すには、「私は敵を殺すことができなかった。あなたは完全に敵を殺すことがおできになった。……」と申した。)
(于是，神八井耳命让皇位与其弟建沼河耳命言道："我不能杀死仇敌。而您完全能杀死仇敌。……")

74. ……怨むるところここにあり、黙してやむこと能はず。(《万叶集・十七——3966》)
(……恨めしいのはここです。何も言わずにすますことはできません。)
(……所怨乃此，不能无言而止。)

此外，除上述"连体形+こと+能はず"等形式外，也有以连体形直接与"能はず"相连，即为"连体形+能はず"的形式，如《古事记・中》"もしまことに天孫の胤ならば、火も害ふ能はじ"等，然其例似并不多见。

上述"连体形+こと+能はず""连体形+に+能はず"的形式主要用于"汉文训读文"中。例如：

75. 天人大衆も皆その量の深浅を測ること能はず。(《地藏十轮经一・元庆点》)

---

[1] 见『古語大辞典』38页；『文語文法詳説』199页；『例解古語辞典』(佐伯友梅等编，三省堂，1980年版)20页；『必携古語辞典』(山田俊雄等编，角川书店，1988年版)26页。

（天人大衆も皆その量の深浅をはかることはできない。）

（天人大众也皆不能测其量之深浅。）

76. 涅槃経をよく読むとも、車を引くことあたはず。（《灵异记》）

（涅槃経をよく読んでも、車を引くことができない。）

（即便用功阅读涅槃经，也不能拉车。）

77. 其の中に居る者は、火も焼くこと能はず、風も倒すこと能はず。（《池亭记》）

（その中にいるものは、火もやくことはできない。風もたおすことはできない。）

（居于其中者火也不能烧，风也〈吹〉不倒。）

78. 一句の恩をだにも報ずる事能はじ。（《三宝绘・中・序》）

（一句の恩にさえもむくいることができないだろう。）

（甚至连一句之恩也不能报答吧。）

79. 一つの塔に籠りて宿りしぬ。僅かに食を得たりと云へども、食するに能はず。（《今昔物语集・二——39》）

（ある塔に籠って住んでいる時、ほんのわずか食い物を手に入れたが、それを食べようとしても、なぜか食べられない。）

（隐住在某塔时弄到仅仅一点食物，然而即便想吃也〈不知〉为何不能吃。）

80. その時、夫人、自ら起ちて燭を燃す事能はずして、前に有る女を遣はして火を燃さ令むるに、……。（《今昔物语集・七——43》）

（その時に、夫人はみずから立っていって灯をともすことができず、前にいる侍女をやってともさせようとした。だが、……。）

（此时，夫人自己不能站起来点灯，于是欲让前面的侍女〈去〉点，但……。）

81. ……丹波(たんば)の国(くに)に下向(げかう)して、其の国に有る間に、身に病付きて、行歩(ぎやうぶ)する事能(こと)はず。(《今昔物語集・十三——20》)
(……丹波国に下(くだ)ったが、その国にいる間に、病にかかり、歩くことができなくなった。)
(……来到了丹波国，就在该国期间，因身患疾病而不能行走。)

82. 冥途(めいど)には、各業(おのおのごふより)依て罪(つみ)を受(う)くれば、代(かは)らむと思(おも)ふと云(い)ふとも、其の事能(そのあた)はじ。(《今昔物語集・十四——8》)
(冥途では、各自がその前世の業によって罪を受けるのだから、代ろうと思ってもできることではあるまい。)
(在冥途上，各自依据在前世所犯罪孽〈的轻重〉而受罪，所以即便想于此替代也是不可能的吧。)

（二）上述"连体形+こと+能はず""连体形+に+能はず"的形式，在中世时多见于《平家物语》和"和汉混淆文"中。例如：

83. 院宣(ゐんせん)と号(がう)して、いだし奉(たてまつ)るべきよし、責(せめ)ありといへども、出(いだ)し奉るにあたはず。(《平家物語・四——山門牒狀》)
(院宣と称して、お出しするよう要請がありますが、お出し申すことはできません。)
(虽声称上皇之命，要求交出〈高倉宮〉，但难以奉命交出。)

84. 人はかへりみる事をえず、車(くるま)は輪(わ)をめぐらすことあたはず。(《平家物語・十一》)
(〈立っている〉人は後(うし)ろを振(ふ)り返(かえ)って見ることができないし、車輪(しゃりん)を回(まわ)して進むことができない〈ほどひどい混雑(こんざつ)ぶりだ〉。)
(〈那人群十分混乱、拥挤，站着的〉人几乎不能回头看，车也不能转动轮子向前进。)

85. ……権門のかたはらにをるものは、深くよろこぶ事あれども、大きに楽しむにあたはず。(《方丈記・世间难存》)

(……権力者の隣に住んでいる者は、何か非常に喜ぶ事があったとしても、心からそれを楽しむことができない。)

(……身居权门之邻，纵有极其喜悦之事，也不能尽情欢乐。)

86. 人は一日に千里を行くこと能はず。魂よく一日に千里をも行く。(《雨月物语・菊花之约》)

(人は一日に千里を行くことできない。けれども、魂は一日によく千里をも行くことができる。)

(人于一日里走不了千里，然而魂魄一日甚至可行千里。)

但需注意，和歌、物语等"和文"中则多用"え…ず""…あへず"[1]等。如平安朝的《源氏物语》中未见有以上述"连体形+こと+能はず"等表示不可能之意的用例。

(三) 如上所示，动词"能ふ"在表示可能时几均与"ず""じ"等否定词并用，表示不可能之意。及至明治时代后，在现代日语中虽说依然见有表示不可能之意的用例，如"行くこと能わ(=は)ず"、"感嘆措く能わ(=は)ず"、"水無くば、人は一日も生活する能はず"、"団結をなす能はず"等，而且偶尔也见有以"能はず"的形式单独表示不可能之意的用例，如"神に能わざる

---

[1] 见『古語辞典・第八版』(松村明等编，旺文社，1994年版)67页；『最新全訳古語辞典』(三角洋一等编，东京书籍，2006年版)65页。"あへず"是由动词"敢ふ"的未然形与否定助动词"ず"构成，其除单独表示"たえきれない、こらえきれない"等意外，尚可接动词连用形下，即以"…あへず"的形式表示"…できない""…しきれない"等意。

("ざる"为"ず"的连体形)はなし"等[1]。

　　与此同时，也日渐出现不与否定词并用，单独或直接接动词连用形下表示可能之意的用例[2]，如"能ふ限りの援助をする""酒の力を籍りて能う丈感傷的になって、…"等。此外：

87. 危きに臨めば平常なしあたはざる所のものを為し能う。
　　（《夏目・我是猫》）
88. 小生は、意を決して席を立ち、能ふ限り鄭重な露西亜語でその人物にたずねました。（《五木・蒼白》）

副词"得"

表5

基本形	未然形	连用形	终止形	连体形	已然形	命令形	活用型
得	え	え	う	うる	うれ	えよ	"下二段活用型"

　　（一）"得"系由动词"得"（他下二段）的连用形"え"转化而来，为表示可能之意的陈述副词。其初，此词在上代表示可能时尚存有表示意愿的用例，即单独表示可能的"肯定表现"（= …できる）[3]，如《万叶集・十——2091》"彦星の川瀬を渡るさ小舟のえ

1　见『大辞林』（松村明编，三省堂，1993年版）46页；『国語大辞典』（尚学图书编，小学馆，1982版）50页；『古語大辞典』38页；『論語・孟子要解』（今井宇三郎著，有精堂）135-136页；『学研国語大辞典』（金田一春彦等编，学习研究社，1980年版）32页。关于进入明治时代后所见单独以"能は(わ)ず"的形式表示不可能之意的用例，实际上早在"汉文训读系"的文章中已有此用法，例如：
　"能はざるにあらずせざるなり。"（《孟子・梁惠王》）（不为也非不能也。）
　（これはしないからであって、できないからではない。）
2　见『学研国語大辞典』（金田一春彦等编，学习研究社，1980年版）32页；『新潮国語辞典』（山田俊雄等编，新潮社，1995年版）41页。关于在明治时代日渐出现不与否定词并用，单独或直接接动词连用形下表示不可能之意的用例一事，有的学者认为，此系为适用于明治后翻译欧美语中的可能助动词之需。
3　见『古語大辞典』237页，245页；『全訳古語例解辞典・第三版』178页，179页，183页；『詳説古語辞典』216页，217页，220页。

行きて泊てむ川津し思ほゆ。"等，此外，尚有下例：

89. ここにその暴き浪おのづから伏ぎて、御船え進みき。(《古事記・中・景行天皇》)

    (さて、その荒れ狂う波は、自然に静まって命の御船は進むことができた。)

    (于是狂浪自息，御船得进。)

90. 汝命、既に仇に得殺したまひき。(《古事記・中》)

    (あなたは完全に敵を殺すことがおできになった。)

    (您完全能将敌人杀死。)

91. 面忘れだにも得すやと……。(《万叶集・十――2574》)

    (せめてあの人のお顔だけでも忘れることができるようかと、……。)

    (至少也不能忘却他的容颜，……。)

但在上代，此词也有与否定词"ず、じ、まじ、で"以及反语"めや"等并用表示不可能之意，即为"否定表现"，如《万叶集・四――543》"……あそそにはかつは知れどもしかすがに黙も得あらねば……。"等。此外，尚有下例：

92. それより入り幸でまして、走水の海を渡ります時に、その渡の神、浪を興てて、御船廻ひて、え進み渡りまさず。(《古事記・中・景行天皇》)

    (そこから更に東国の奥にお進みになって、〈相模から安房に向かって〉走水の海をお渡りになる時に、その海の神が波浪を荒立てて、〈それで命の〉御船は揺れただよって進むことができない。)

    (由此再向东国的深处前进，在从相模渡走水之海向安房航行

的时候，此处的海神却兴风作浪，〈故而，倭建命的〉御船颠簸飘荡而不得前进。）

93. しかるに今、吾が足得歩まず。（《古事记・中》）

（ところが今、私の足は歩くことができない。）

（然而现今，我的脚不能走了。）

94. 故、兵を持ち入りて殺さむとせし時、手足わななきて、得殺したまはざりき。（《古事记・中》）

（それで神八井耳命は武器を持ってはいり込んで、異母兄を殺そうとした時、手足がふるぶるふえて、ついにお殺しになることができなかった。）

（于是，神八井耳命拿着武器进入〈里面〉正要杀害异母兄时，而手脚〈不停地〉发抖，最终也未得以将其杀死。）

95. 玉かつま安倍島山の夕露に旅寝えせめや……。《万叶集・十二――3152》）

（この安倍島山の夕暮れの露の中で、旅寝をすることができようか。……）

（安倍岛上夕露重，旅人岂得宿山中。……）

（二）自进入平安时代后，"得"几乎均与上述否定词、反语并用，表示不可能之意。例如：

96. ここにおはするかぐや姫は重き病をし給へば、えいでおはますまじ。（《竹取物语・升天》）

（ここにいらっしゃるかぐや姫は、重い病気をなさっているので、出でいらっしゃることはできないでしょう。）

（在此的辉夜姬因身患重病，恐不能外出吧。）

97. 「……ただし、この玉たはやすくえ取らじを、いはむや、龍の首の玉はいかが取らむ。」と申しあへり。（《竹取物

語・龍首珠》)

(「……しかし、この玉は容易に手に入れることが出来ますまい。それなのに、まして竜の首にある玉は、どうして取りましょう」と申しあっている。)

(〈家臣们〉均言道："……但，此珠恐怕很难轻易地弄到手吧。何况是在龙头上的玉珠无论如何也拿不到吧。")

98. 竜の首の玉をえ取らざりしかばなむ、殿へもえ参らざりし。(《竹取物語・龍首珠》)

(竜の首の玉を取ることができなかったので、お邸へもお伺いできませんでした。)

(因没取到龙首珠，故而未能去老爷的邸宅拜访。)

99. 四日、風吹けば、え出で立たず。(《土佐日記・1月2日》)

(四日、風が吹くので、出発することができない。)

(四日，因起风而不能出航。)

100. 忘れがたく、口惜しきこと多かれど、え尽くさず。(《土佐日記・2月16日》)

(〈亡き子〉を忘れきれず、残念なことが多いのだが、とても述べつくすことはできない。)

(〈总也〉不能忘却〈亡女〉，令人痛惜之事甚多，然而难尽其言。)

101. 子は京に宮づかへしければ、まうづとしけれど、しばしばえまうでず。(《伊勢物語・84》)

(子どもは、都にいて宮仕えをしていたので、〈母のところ〉へ参上しようと思ったけれど、そうちょいちょい参上することはできなかった。)

(孩子们均在京都入宫侍奉，故想去〈母亲所在地〉拜访，然而却不能时不时地常去拜访。)

102. 女、いとかなしくて、後に立ちて追ひゆけど、え追ひつか

で、……。(《伊势物语・24》)

(女は、たいそう悲しくて、〈男の〉後ろから追いかけて行ったが、追いつくことができなくて、……。)

(此女子十分悲伤，虽随〈男子走后〉便追了上去，但也未能追上，……。)

103. ……門よりもえ入らで、童の踏み開けたる筑地のくづれより通ひけり。(《伊势物语・5》)

(〈その男は〉……門からはいることもできず、子供たちの踏みあけた土塀のくずれたところを通っていた。)

(〈此男子〉……不能由门进入，遂通过被孩子们踩开的土墙倒塌了的地方，〈去到东京五条街附近的一女子家〉。)

104. いかでさおほくよませたまひけむ。われは三巻四巻だにも、えよみ果てじ。(《枕草子・23》)

(村上の帝は、どうしてそんなにたくさんおよみあそばされたのだろうか。わたしは三巻か四巻さえも、よみ終えることができないだろう。)

(村上帝怎么会读那样多的书啊。我恐怕就连三、四卷也都没读完吧。)

105. ……いよいよ飽かずあはれなるものに思ほして、人のそしりをもえはばからせたまはず、……。(《源氏物语・桐壶》)

(……〈帝は〉ますます限りなくふびんなものとお思いになって、人の非難をも気がねあそばすこともおできにならず。……)

(……〈桐壶帝〉更觉怜爱万分，故而也不顾他人之非议，便……。)

106. 盗人、道の間にてはえ取らずして、京まで付きて、盗人上りにけり。(《今昔物语集・廿五——12》)

（盗人は、途中では盗むことができず、京まで〈馬に〉付いて、盗人は上ってしまった。）

（盗马贼在途中未能得手，于是他就跟着马一直来到了京城。）

107. ……みなその人を殺して年月を送りけるほどに、公も国の司もこれを追捕せらるることもえなかりけるに、……。（《今昔物语集・廿九——36》）

（……みな、通行人を殺して年月を送っていたが、朝廷でも国司でもこの賊たちを逮捕なさることもできなかったのだが、……。）

（……〈他们〉全都杀害了行人，〈其后〉虽过了一些时日，但无论朝廷还是国司也均未能捕捉到这些盗贼，然而……。）

108. たれもいまだ都慣れぬほどにて、え見つけず。（《更级日记・源氏物语》）

（だれもまだ都に慣れないころなので、『源氏物語』を見つけることもようなし得ない。）

（那时候谁都不熟悉京都的〈情况〉，故而很难找到〈《源氏物语》一书〉。）

（三）进入中世后仍见有"え"与否定词、反语并用，表示否定表现的用例。如《鹭流狂言・萩大名》"この間は殊のほか無掃除なによって、えお目にかくる事はなるまいよ。"等，然而其用例似已不多见了。

但需注意，此词正如上例所示，在平安时代多与否定词、反语并用，表示不可能之意，故而使得这种表示可能之意的形式，即"得…ず"（"まじ""で"）几成为一种习惯用法。故而，即便在句中省略了包括那接"得"之后，与其并用的否定词"ず"在内的叙述部分，也依然可知其表示不可能之意（此用法主要见于会话

中)¹。例如：

109.「今宵はえなむ」などしぶらせ給ふに、……。(《枕草子・104》）

(〈中宮さま〉「今晩はとても〈参ることができません〉」などとぐすぐすしていられるが、……。)
(〈中宮〉言道："今晚确实〈去不了〉。"脸上显出为难的神情，……。)

在上句会话中的"え"后可视为省略了叙述部分的"参らぬ"，全句应为"「今宵はえなむ参らぬ」などしぶらせ給ふに、……。"

此外，又如《宇津保物语・藏开・上》"いま曲一つつかうまつらむとすれど、騷がしければ、えなむ。"(此句中的"え"后可视为省略了"つかうまつらぬ")等。

上述省略"得"后的叙述部分的这种用法，窃以为同样也可以说明"得"这一副词多与否定词并用，表示不可能之意的倾向吧。

(四)此外，"得"还以"え…ず""え…じ"等形式构成"え避らず""えあらじ""え言はず"等连语，此等均可表示不可能之意。例如：

110.ある時にはえ避らぬ馬道の戸を鎖しこめ、……。(《源氏物語・桐壺》）
(ある時には、避けることができない馬道の両端の戸を閉め

---

1 『全訳読解古語辞典』206页，208页，210页，211页；『最新全訳古語辞典』229页，231页，233页；『ベネッセ古語辞典』(井上宗雄等编，Benesse，1999年版)214页，216页，218页。

て閉じこめ、……。)

(有时，将〈桐壶更衣(=源氏之母)〉必经的走廊两端的门锁闭，不让她出来、……。)

111. <u>えさらず</u>思ふべき産屋のこともあるを、……。(《蜻蛉日記・中》)

(<u>避けることができない</u>出産のこともあるので、……。)

(也有不可回避的有关"生产"之事，故而……。)

112. <u>え</u> 避らぬ事のみいとど重なりて、事の尽くる限りもなく、……。(《徒然草・59》)

(……<u>避けられない</u>事だけが、いっそう重なって、事がしまいになるという際限もなくて……。)

(……就〈那些〉难以躲避之事反而日益增多，无穷无尽，……。)

113. 親王、この歌をかへすがへすよみつつ返し<u>えせず</u>なりにければ、……。(《古今集・羇旅歌——419・歌序》)

(親王は業平の歌を繰り返しお読みになっておられたが、返歌が<u>おできにならなく</u>なってしまったので、……。)

(亲王反复吟咏在原业平所作之歌，然而总也未能答和，故而……。)

114. 身の病いと重くなりて、心にまかせて物詣でなどせし事も、<u>えせず</u>なりたれば、……。(《更級日記・夫之任官》)

(自身の病気がたいそう重くなったので、かつて思うままに参詣などもした事<u>もできなく</u>なったので、……。)

(因自身的病势十分沉重，已不能像以前那样随心所欲地去拜庙了，所以……。)

115. 紫のゆかりを見て、つづきのみまほしくおぼゆれど、ひとかたらひなども<u>えせず</u>。(《更級日記・源氏物語》)

(紫の上に関する巻(=「若紫」の巻など)を読んで、その続

きが読みたく思われるけれども、人に頼(たの)む事などもとてもできない。）

（〈我〉读了"紫上"的一卷后不禁很想读一读它的续卷，然而〈此事〉就是托人〈也很难借到〉。）

116. なほいとかうわびしうては、えあらじ。（《大和物语·148》）

（やはり、ひどくこんなに生活が苦しくては、生きていくことができないだろう。）

（若生活依然如此地艰难、困苦，那就很难生存下去吧。）

117. ……言はまほしきこともえ言はず、せまほしきこともえせずなどあるが、わびしうもあるかな、……。（《更级物语》）

（……言いたいことも言えず、したいこともできないなどという〈状態な〉のが、つらいことでもあるなあ、……。）

（……想说而不能说，想做而不能做。这种〈状态〉该是多么地〈让人〉难受啊！……。）

118. 物にも乗らぬ際(きは)は、大路(おほぢ)をよろぼひ行きて、築泥(ついひぢ)・門(かど)の下(した)などに向きて、えも言はぬ事どもし散(ち)らし、……。（《徒然草·175》）

（馬や車にも乗らない身分の低い者は、大路をよろよろ歩いて、土塀(どべい)や門の下などに向いて、なんともいえないことまでやりちらし、……。）

（甚至连车马都坐不上的身份卑贱的人在大路上蹒跚地走着，〈他们〉对着土墙和门下等处〈简直令人〉难以启齿地〈在那里〉为所欲为。）

【简约归纳】

通过以上使用"ゆ""らゆ"等予以表现的诸种常见的可能表

现的整理、比较，也许已看出在可能表现中所存多为"否定表现"的这一倾向。为便于识别，兹将其做一简约的归纳。

（一）上代助动词"ゆ""らゆ"在表示可能时，前者仅有少量的"肯定表现"，多为与否定词、反语并用，表示不可能之意的"否定表现"。后者在表示可能时仅见其与否定词并用、表示不可能之意的"否定表现"。而且，其用例也并不多，只接动词"寝"
"寝ぬ"下，尤多以"寝の寝らえぬ"的形式，二者在进入平安时代后终于分别为助动词"る""らる"所取代。

（二）助动词"る""らる"在表示可能时，前者虽见于上代，然表示可能之意的"肯定表现"很少。后者（"らる"）在上代的文献中未见有其用例，进入平安时代，二者依然多与否定词、反语并用，表示不可能之意，这一多为"否定表现"的倾向在平安时代的"和文"中表现得尤为明显。及至中世后，随着时间的推移方始日渐多出现不与否定词、反语并用，单独表示可能之意的"肯定表现"。其用例尤多见于中世镰仓后期的随笔集《徒然草》中。

（三）"可し"为推量助动词，可表示意志、推量、当然、可能等。其表示可能的用法早见于上代，后也得广泛使用。在其表示可能之意的用例中确有不少"肯定表现"，但依然存在着多与否定词、反语等并用表示不可能之意的这一倾向。

此外，"可し"也还以"…べくもあらず""…べからず"等连语的形式表示不可能之意。

（四）动词"能ふ"表示可能的用法早见于上代，并多与"ず"
"じ"等否定词并用，以"こと＋能はず""…に＋能はず"以及"连体形＋能はず"等的形式表示不可能之意。主要用于"汉文训读文"中。但需注意，在进入明治时代后，其一，见有单独以"能はず"表示不可能之意的用例；其二，日渐多出现单独的、或上接动词连用形下表示可能之意的，即为"肯定表现"的用例。

（五）"得"为上代陈述副词，其在上代既可单独表示可能，也可与否定词、反语等并用表示不可能之意。但进入平安时代后，"得"几乎都与否定词、反语等并用表示不可能之意。而且，"得…ず"的这种表示不可能的形式，几成为一种习惯用法，故而在对话中即便仅有"え"，省略"え"后的叙述内容和"ず"也可知其表示不可能之意。

此外，尚以"え…ず(じ)"形式构成"え避らず""えせず"等连语。

如(一)至(五)所述，在使用"ゆ""らゆ"等所表现的诸种常用的文言可能表现中，可以说"肯定表现"并不发达，相反的多为"否定表现"。也就是说，其中，即在表示可能之意的用例中确实存在着程度不同地表示不可能之意的这一倾向。

（本文1993年2月发表于第四届《日本学中日学术研讨会论文集》(北京日本学研究中心编，第四届日本学中日学术研讨会编辑委员会编)。后以此为基础，经修改、整理、补充而成。）

日本文言敬语及其表达方式
——以平安时代敬语为中心——

　　日本文言的重要特点之一就是敬语及其表达方式异常发达，尤其在等级森严、极其讲究礼仪表现的平安时代(794—1192)，敬语的用法更为复杂、多样，在长期的应用中自成体系，加之随着时代的发展所引起的若干语法变迁的影响，遂成为学习日本文言语法、阅读日本古典作品中的一大难题。

　　诚如所知，在日本古典作品中存有多省略主语(或者说主语常不显露于表面)的这一现象，读者往往需根据作者(或说话人)使用的敬语及其表达方式所显示的各种不同待遇关系来推断主语及其身份地位、等级差异，辨明人我亲疏关系、作者(或说话人)的意图和文章的脉络等。窃以为，若阅读日本古典作品而不识敬语及其诸种表达方式者几乎寸步难行。也许仅从以下所录例文中便可略见一斑。

例　文
（原文）

亀山殿の御池に大井川の水をまかせられんとて、大井の土民
　　　　　　　　　　　　　　　　(A)
に仰せて、水車を作らせられけり。多くの銭を給ひて、数日に営
　(B)　　　　　　(C)　　　　　　　　　(D)
み出だして、掛けたりけるに、大方廻らざりければ、とかく直し

けれども、終に廻らで、いたづらに立てりけり。さて、宇治の

里人を召して、こしらへさせられければ、やすらかに結ひて参ら
　　(E)　　　　　　　　　　(F)　　　　　　　　　　　　(G)
せたりけるが、思ふやうに廻りて、水を汲み入るゝ事めでたかり

けり。

よろづに、その道を知れる者は、やんごとなきものなり。

（現代日本語訳文）

亀山離宮の庭のお池に、大井川の水をお引き入れなさろうとして、大井の里の土地の者にお言いつけになって、水車をお作らせになった。たくさんの銭をお与えになって、〈土民は〉数日間かかって作りあげて、すえつけたところが、すこし廻らなかったので、いろいろと直してみたが、とうとう廻らないで、なんの役にも立たずに立っていた。そこで、こんどは、〈水車の名所である〉宇治の里の者をお呼びになって、こしらえさせなさったところ、やすやすと作ってさしあげたが、その水車が望みどおりにうまく廻って、水を汲み入れることがみごとであった。何事によらず、その道を知っている者は尊いものである。

上述例文为中世镰仓时代兼好法师(约1283-1352)所著著名随笔集《徒然草》中的51段。此段通过制造水车一事赞叹了精通此道之可贵。作者在例文中虽然并未写明命令大井和宇治两地居民制造水车的行为发动者及其身份地位，但读者同样可以根据作者对行为发动者和两地居民的动作所使用的敬语及其表达方式所显示出的等级差异等待遇表现，推断出谁是行为的发动者及其身份地位吧。

作者在例文中使用了尊敬动词"仰せ(仰す)"(B)、"給ひ(給ふ)"(D)、"召し(召す)"(E)等表述了行为发动者的动作，对其表

示很高的敬意。而且，对其动作还使用了尊敬助动词"…られ(らる)"(A，C，F)以示敬意。此外，还使用了谦让动词"参らせ(参らす)"(G)来贬低宇治当地居民的动作，间接地对行为发动者表示敬意。由此可以判断：该行为的发动者是一个地位相当显赫的贵人(据称，此离宫乃中世镰仓(1184-1333)前期嵯峨天皇(786-842)所建，其子龟山天皇(1249-1305)让位后隐栖于此)。

正如上述例文所示，敬语及其诸种表达方式所显示的各种待遇关系犹如一道道色调相异、浓淡不一的线索，遂使读者能清楚地识别文中的主语、人我关系、作者(说话人)的意图等，便于准确把握敬语表达方式，进而正确阅读理解日本古典作品。足见学习敬语及其诸种表达方式该是何等重要。

诚如所知，日语文言中的敬语与现代口语一样分为尊敬语(尊敬語そんけい)、谦让语(謙讓語けんじょうご)、郑重语(丁寧語ていねいご)三类；其表达方式也基本相同，即使用体言(表示敬意的名词、代名词、接头词、接尾词等)、敬语动词、敬语补助动词、敬语助动词(仅有尊敬的、并无表示谦让、郑重的助动词)等构成。但需注意，文言的(尤其是平安时代的)敬语构成法十分复杂、繁多，而且规则严密，自成体系，决非现代日语中的敬语可与之同日而语。

本文拟以平安时代的敬语及其表达方式为中心，以大量的实例对下列常见的七种敬语表达方式(其中不涉及使用"敬语名词"等体言部分)的构成、意义用法，以及对有关用例的简要说明、注意事项等分别做一说明、简析。

以下为七种敬语表达方式的分类：

一、尊敬语的敬语表达方式。

二、谦让语的敬语表达方式。

三、郑重语的敬语表达方式。

四、形容词、形容动词的尊敬语和郑重语的敬语表达方式。

五、助动词"たり"和"なり"的尊敬语和郑重语的敬语表达

方式。

　　六、敬语叠用的表达方式。

　　七、中世敬语"御…あり（なる）"的尊敬语的敬语表达方式。

一、尊敬语的敬语表达方式

　　尊敬语表达方式（又称"動作主尊敬"、"為手尊敬"等），即谓作者（或说话人）为了直接向话题中的动作主表示敬意，对其动作、所属事物、状态等所采用的一种尊敬的语言表达方式。一般而言，它若用于文章的叙述部分（=地の文），系作者对话题中的动作主表示敬意；用于会话部分，则为说话人对话题中的动作主表示敬意。此种表达方式主要使用尊敬动词、尊敬补助动词、尊敬助动词等三者予以表示。

　　（一）使用尊敬动词（如"ます""います""給ふ""御座す""ご覧ず"等）——

1. 我が背子が国へましなばほととぎす鳴かむ五月はさぶしけむかも。（《万叶集・十七——3996》）

　　（あたなが故郷へいらっしゃったならホトトギスが鳴く五月は淋しいことであろうよ。）

　　（君若故乡去，〈依依难惜别〉，杜鹃啼五月，寂寞当无比。）

　　【说明】　此歌系作者介内藏忌寸绳麻吕写对与大伴家持的别离所表惜别之情。作者为地方官的次官，其官职位于大伴家持（时任"税帐使守"）之下，故而使用"まし"表述家持的动作，对其表示敬意。

2. 故、教への随に少し行でますに、備さに其の言の如くなりしかば、即ち其の香木に登りて坐しき。(《古事记・上》)

(そこで教えに従って少しお行きになると、何から何までそのことばのとおりだったので、すぐにその桂の木に登ってお待ちになった。)

(于是,〈火远理命〉随其所教而行,〈所见〉俱如其言,故而立即登上桂树等待。)

【说明】此句描写由迩迩艺命与木花之佐久毘卖所生"三尊"(即火照命、大须势理命和火远理命)之一的火远理命听从潮神所教来到海神宫后,登上桂树等待海神之女一事。作者用"行でます""坐し"表述火远理命的动作,对其表示敬意。

3. 答へて曰さく、「人有りて、我が井の上の香木に坐す。……」とまをしき。(《古事记・上》)

(〈侍女は〉答えて、「人が来ておりまして、私どもの泉のほとりの桂の木におられます。……」と申した。)

(〈侍女〉答道:"有人坐在我泉边的桂树上。……")

【说明】此话系侍女对海神之女丰玉毘卖命所言。其中的坐者为"三尊"之一的火远理命(见上例2),故而说话人用"坐す"表达坐者火远理命的动作,以示敬意。

4. かかる程に、門を叩きて、「車持の皇子おはしたり。」(《竹取物语・蓬莱玉枝》)

(そうこうするうちに、〈供者が〉門を叩いて「車持の皇子がお越しになりました。」と告げる。)

(就在此时,〈从者〉叩门告〈伐竹翁〉言道:"车持皇子驾到。")

【说明】此话系辉夜姬正担心"是否会输给车持皇子?"时,

从者叩门告知伐竹翁时所言。说话人用"おはし（おはす）"表述皇子的动作，对其表示敬意。

5.「ここにおはするかぐや姫は、重き病をし給へば、え出でおはしますまじ。」と申せば、……。(《竹取物语・升天》)

(「ここにおいでになるかかぐや姫は、重い病気をしていらっしゃるので、おいでになることはできないだろうか。」と申すと、……。)

(当〈伐竹翁〉言道："于我处的辉夜姬因患重病，恐不能出来吧。"此时……。)

【说明】此话系伐竹翁回答那从天而降、要让辉夜姬快快出来的天人时所言。说话人用"おはする"表述辉夜姬的状态、动作，对其表示敬意。

6. これを聞きて、かぐや姫、少しあはれとおぼしたり。(《竹取物语・燕之子安贝》)

(これを聞いて、かぐや姫は〈中納言を〉少し気の毒にお思いになった。)

(辉夜姬听后，〈对中纳言之死〉略感悲怜。)

【说明】此句写辉夜姬听说中纳言病故一事的心情，作者用"おぼし"表达辉夜姬悲怜的情状，对其表示敬意。

7. かぐや姫のたまふやうに、違はず、作り出でつ。(《竹取物语・蓬莱玉枝》)

(〈こうして〉かぐや姫のおっしゃるように違わず作り出した。)

(于是，〈车持皇子〉如辉夜姬所言分毫不差地〈将玉枝〉造了出来。)

【说明】此句写车持皇子召集了工匠内麻吕等六人，正如与辉

夜姫所言一般造出了玉枝一事。作者用"のたまふ"表述辉夜姫的动作，对其表示敬意。

8. ……面を塞ぎてさぶらへど、初めよく御覧じつれば、類なくめでたく覚えさせたまひて、……。（《竹取物语・出猎》）

（……〈姫は〉顔をかくしているけれども、〈天皇は〉はじめに御覧になったので、比類なく美しくお思いになって、……。）

（……〈辉夜姫〉虽〈用衣袖〉遮住了脸，而〈天皇〉却是初次清楚地见到她的面容，故而感到貌美无比，……。）

【说明】此句写天皇借去山中狩猎一事进入位于山麓下的伐竹翁的家中，当其见到无比美丽的辉夜姫时的情状。作者使用"御覧じ"表述天皇的动作，以示敬意。

9. 仁和帝、親王におましましける時に、人に若菜たまひける御歌。（《古今集・春上——21・歌序词》）

（仁和の帝が親王でいらっしゃった時に人に若菜をお贈りになった時のお歌。）

（此歌乃仁和帝尚为亲王时赠某人嫩菜时所作。）

【说明】此"歌序词"（即有关歌集的编撰、作歌的态度等的序文）写仁和帝（=光孝天皇）在接位前赠某人嫩菜时作歌一事。作者用"たまひ"表述仁和帝的动作，对其表示很高的敬意。

10. 御送りして、とく往なむと思ふに、大御酒たまひ、禄たまはむとて、つかはさざりけり。（《伊势物语・83》）

（〈馬頭は〉お送りして、早く〈自分の家へ〉帰ろうと思っていると、親王はお酒を下さり、ごほうびを下さろうとし

て、いつまでもお帰しにならなかった。)

(当〈马头翁〉将惟乔亲王(=文德天皇的第一皇子)送到官邸后就想回〈自家〉时，亲王欲赐酒、恩赏奖品于他，总也不让其回家。)

【说明】此句写右马寮的长官马头翁送惟乔亲王回官邸后所遇亲王赐酒等事。作者分别使用"たまひ""たまは"表述亲王的动作，对其表示敬意。

11. 時は三月の晦日なりけり。親王、<u>大殿籠ら</u>であかし<u>給う</u>てけり。(《伊勢物語・8》)

(時は三月の末であった。親王は、〈その夜〉<u>おやすみにならないで</u>、夜をおあかしなされてしまった。)

(时值三月末，〈当晚〉亲王一夜未眠直至天明。)

【说明】此句写惟乔亲王落发隐栖前的情状。作者用"大殿籠ら"表述惟乔亲王的动作，对其表示敬意。

12. 明雲座主、相者にあひ給ひて、「己れ、もし兵杖の難やある」と尋ね給ひければ、相人、「まことに、その相<u>おはします</u>」と申す。(《徒然草・146》)

(明雲座主が、人相見にお向いになって、「自分に、もしかすると、剣難の相がありはしないか」とお尋ねになったところ、人相見は、「ほんとうに、その相が<u>おありです</u>」と申し上げる。)

(当明云座主向相人问道："我或许有身遭杀伤之相吧？"相人便答道："确有此相。"。)

【说明】此系明云座主(=太政大臣久我雅实之孙，比叡山延历寺的贯主)与相人的对话。此相人用"おはします"表述明云座主的动作，对其表示敬意。

（二）使用尊敬补助动词（如"…ます""…います""…おはします""…給ふ"等）——。例如：

13. 松浦郡、昔、気長足姫尊、新羅を征伐たむと欲して、この郡に行でまして、玉島の小河のほとりに進食したまひき。（《肥前风土记》）
（松浦郡、昔日、神功皇后が新羅を討伐しようとお思いになって、玉島の小河のほとりでお食事をなさった。）
（松浦郡，昔日神功皇后欲伐新罗时行至此郡，于玉岛的小河畔进食。）

【说明】此句写神功皇后（=神哀天皇的皇后）在准备出征新罗的途中，行至松浦郡后进食一事。作者用"…たまひ"表述皇后的动作，对其表示敬意。

14. 其れより入り幸でまして走水海を渡りましし時に、其の渡りの神、浪を興し、船を廻らして、得進み渡りたまはざりき。（《古事记・中》）
（其処からさらに進んでおいでになって、走水の海をお渡りになった時、その渡りの神が浪をおこして、御船をただよわせたので、進み渡ることがおできにならなかった。）
（由此再往〈东〉去，在渡过走水海时，此海峡神兴风作浪，遂使御船〈在海上〉飘荡，故而〈倭建命〉不得前进。）

【说明】此句写奉命东征的景行天皇的皇子倭建命从相武国再往东去时，在海上所遇风浪一事。作者分别使用"…まし""…たまは"表述皇子倭建命的动作、情状，直接对其表示敬意。

15. 古老のいへらく、「昔、神祖の尊、諸神たちのみ処に巡り行でまして、駿河の国福慈の岳に到りまし、ついに日暮れ

にあひて、宿りを請欲ひたまひき。……」……。(《常陆风土记》)

(〈ある〉老人がいったことには、昔、尊い祖先神が、神々の〈住んで〉いらっしゃるところに巡回しておいでになって、駿河国にある富士山に到達され、ついに日暮れ時になってしまい、宿泊する場所にお求めになった。……」といった。……)

(古老曰："昔日，祖先神巡访诸神的居处，行至骏河国富士山，〈此时〉也已日暮，便求宿〈安息〉。……"……。)

【说明】此话系古老讲述祖先神巡访诸神的居处，于日暮时分求宿安息一事。说话人分别使用"…まし""…たまひ"表述祖先神的动作，对其表示敬意。

16. 其の父に曰して言はく、「三年住みたまへど、恒は嘆かすことも無かりしに、今夜大きなる一嘆為たまひつ。若し何の由か有る」とまをしき。(《古事记・上》)

(その父の神に、「三年も私と一緒にお住まいになられていますが、いつもはため息をつかれるなどありませんでしたのに、昨夜は大きなため息をおつきになりました。もしや何か事情があるのではないでしょうか」と申し上げた。)

(〈丰玉毘卖命〉对其父海神言道："他与我住了三载，素无叹息。但昨晚却大声叹息，这或许有什么缘由吧。")

【说明】此话系海神之女丰玉毘卖命夜闻其夫火远理命叹息声后，次日对其父海神所言。说话人于两处使用"…たまへ"、"…たまひ"表达上述"三尊"之一的火远理命的动作，对其表示敬意。

17. 「我が御家へも寄り給はずしておはしましたり。……」と

いふ。(《竹取物语・蓬莱玉枝》)

(〈竹取の翁が〉、「御自分のお邸へもお寄りなさらないでおいでになりました。……」というので、……。)

(〈伐竹翁〉言道:"〈车持皇子〉连自己的宅邸都没有回去就来到〈这里〉了。……"所以……。)

【说明】此话系伐竹翁对辉夜姬所言,说话人用"…給は"表述取来蓬莱玉枝的车持皇子的动作,对其表示敬意。

18. 日暮れぬれば、かの寮におはして見給ふに、誠に、燕巣つくれり。(《竹取物语・燕之子安贝》)

(日が暮れたので、〈中納言〉はあの大炊寮にいらっしゃって、ご覧になると、本当に燕が巣をつくっている。)

(天黑了,所以〈中纳言〉去了那个大膳寮一看,燕子果然正在做窝。)

【说明】此句写中纳言(石上磨足=石上朝臣磨)去查看燕子是否做窝一事。作者使用"…給ふ"表述中纳言的动作,对其表示很高的敬意。

19. 八月十五日ばかりの月に出で居て、かぐや姫いといたく泣きたまふ。(《竹取物语・升天》)

(旧暦八月十五日〈の満月〉近くの月に、縁側に出で座って、かぐや姫はたいそうひどくお泣きになる。)

(辉夜姬来到廊下坐着,对着那接近八月十五晚上的圆月而放声痛哭。)

【说明】此句写辉夜姬观看月亮时想到月宫将派人前来迎她上天,觉得此去定会使伐竹翁夫妇生悲,故而放声哭泣一事。作者使用了"…たまふ"表达辉夜姬的动作,对其表示敬意。

20. 上達部(かんだちめ)は奥(おく)に向(む)きて長々(ながなが)と*ゐ*給(たま)へり。(《枕草子・35》)

(上達部は奥に向かって長々とお座(すわ)りになった。)

(公卿们面向里,长长地〈并排〉坐着。)

【说明】此句写到了小白河殿(地名,约于白川附近)去听讲(谓"结缘的法华八讲")的公卿们的情状。作者用"…給へ"表述公卿们的动作,对其表示敬意。

21.「宮(みや)は大殿籠(おほとのごも)りにけり。見たてまつりて、くはしう御ありさまも奏(そう)しはべらまほしきを、待(ま)ちおはしますらむに、夜更(よふ)けはべりぬべし」とて急(いそ)ぐ。(《源氏物語・桐壺》)

(〈命婦(みょうぶ)は、〉「若宮(わかみや)はもうおやすみになってしまわれました。〈若宮を〉見申(もう)し上げて、詳しく御様子も奏上(そうじょう)いたしたいと存(ぞん)じますが、〈今ごろは、帝(みかど)が〉お待ちでいらっしゃるでしょうよ。それにきっと夜もふけてしまうから。」と言って帰参(きさん)を急ぐ。)

(〈命妇〉言道:"小皇子休息了。本想见了小皇子后将此情况详奏皇上,但〈现在,皇上〉正等候回复吧。而且夜已很深了。"言毕便急速回宫。)

【说明】此话系命妇(=女官名)奉桐壶帝之命夜访桐壶更衣的母家,在其即将回宫时对更衣的母亲(=太君)所言。说话人用"…おはします"表述急等回复小皇子、即有关源氏情况的皇上的动作,对其表示敬意。

22. ……上(うへ)も御涙(おなみだ)のひまなく流(なが)れおはしますを、あやしと見(み)奉(たてまつ)りたまへるを、……。(《源氏物語・桐壺》)

(〈若宮(わかみや)は〉……帝(みかど)も御涙が絶(た)え間(ま)なく流れていらっしゃるのを、不思議なことだとお見あげ申(もう)していらっしゃるが、……。)

(〈小皇子〉……见桐壶帝不断地流泪而感到奇怪，……。)

【说明】此句写桐壶更衣去世后，小皇子(即日后的源氏)见父王桐壶帝流泪不止的情状。作者用"…おはします"表述桐壶帝的动作，对其表示敬意。

(三)使用尊敬助动词(如"…す""…さす""しむ""…る""…らる"和"す"等。)——

Ⅰ."す""さす"和"しむ"虽均为尊敬助动词，但前二者"す""さす"多用于和歌以及物语等"和文系"中，后者"しむ"则多见于"汉文训读文""和汉混淆文"等中。上述三者一般均不能单独使用，只有下接尊敬补助动词"給ふ""御座す"等方可表示敬意，即为"…せ(させ、しめ)＋給ふ(御座す、御座します)等"。这种敬语表达方式也称"最高敬语"(又称"尊敬复合助动词")。例如：

23.〈帝は〉夜の御殿に入らせたまひても、まどろませたまふこと難し。(《源氏物语・桐壶》)
(〈帝は〉ご寝所におはいりになっても、とろとろお眠りになることができかねる。)
(〈皇上〉即便进了寝所休息也难以熟睡。)

【说明】此句写皇上(=桐壶帝)夜晚思念桐壶更衣(=源氏的生母)的母家而难以熟睡的情状。作者分别用"…せたまひ""…せたまふ"表达皇上的动作，对其表示很高的敬意。

24.「さ思されむはいかがせむ。はや、おはしまして、夜更けぬさきに帰らせおはしませ」と申せば、……。(《源氏物语・夕颜》)

(〈惟光〉「そうお思いになるのでしたら、しかたありません。早くお出かけになりまして、夜の更けぬうちにお帰りなさいませ」と申しあげると、……。)

(当〈惟光〉(对源氏)禀道："若您是这样想的，那也就如此了。则请您早些出门，未至夜深时就请回来。"……。)

【说明】此话系惟光(=源氏乳娘之子，惟光大夫)在劝阻源氏欲去见夕颜的尸体一事、而其执意要去时所言。惟光大夫用"…せおはしませ"表示源氏的动作，对其表示敬意。

25. 朝餉の間に、うへはおはしますに、御覽じて、いみじうおどろかせたまふ。猫を御ふところに入れさせ給ひて、……。(《枕草子・9》)

(朝餉の間に、主上はいらっしゃった時で、御覽あそばして、たいへんびっくりあそばされる。猫は自分の御ふところにお入れあさばされて、……。)

(皇上在进入早餐的房间时，看见〈此等情景，不禁〉大为吃惊，于是将猫放入自己的怀里，……。)

【说明】此句写皇上(此处指一条天皇，即圆融天皇之子)见乳母马命让狗咬猫一事而大为吃惊的情状。作者用"…せたまふ" "…させ給ひ"表述皇上的情状、动作，表示对其很高的敬意。

26. 世をたもたせたまふこと二年。寛弘八年十月二十四日、御年六十二にてうせさせおはしましけるを、……。(《大鏡・冷泉院》)

(ご在位は二年でした。寛弘八年十月二十四日、御年六十二歳でお亡くなりになりましたが、……。)

(〈冷泉院天皇〉在位二年。宽弘八年十月二十四日，于六十二岁时驾崩，但……。)

【说明】此句系写冷泉院天皇自即位之驾崩的年历。作者分别用"…せたまふ""…させおはしまし"表述天皇的年历，对其表示很高的敬意。

27. 御衣(おんぞ)たまはりたまへりしを、筑紫(つくし)に持て下(くだ)らしめたまへりければ、御覧ずるに、いとどその折(をりおぼ)思し召(め)し出(い)でて、作(つく)らしめたまひける。(《大镜・时平》)

(御衣をご下賜(かし)なされたそれを、この筑紫に持ってお下(くだ)りになっていらっしゃったので、〈取り出して〉ご覧になったところ、ますますその当時のことを思い出(だ)しなさってお作りなされた〈漢詩は次の詩ですよ〉。)

(〈道真公〉将皇上恩赐之御衣带到了筑紫，因而每当〈取出〉观看时就越发深切地回忆起当时的情景，故而作了〈以下的汉诗〉。)

【说明】此句写因受左大臣时平的陷害而被左迁至九州的道真公(=曾任右大臣的菅原道真)无限感慨地忆及去年的今晚于宫中举行菊花宴时，天皇恩赐御衣一事。作者使用"…しめたまへ""…しめたまひ"表述道真公的动作，对其表示很高的敬意。

28. 法皇(ほふわう)まづ故女院(こにようゐん)の御事(おんこと)おぼしめていでて、御涙(おんなみだ)せきあへさせ給はず。(《平家物语・四——严岛临幸》)

(法皇はまず亡(な)くなられた女院の御事を思い出(だ)されて、御涙をおさえることがおできにならない。)

(法皇首先想起已故的女院(=建春门院)，落下了难以抑止的眼泪。)

【说明】此句写法皇见高仓上皇与其母建春门院的相貌极为相似时而不禁显露出的情状。作者用"…させ給は"表述法皇的情状，对其表示很高的敬意。

29. 主上 今年十八、中宮は廿二にならせ給ふ。しかれどもいまだ皇子も姫宮も出できさせ給はず。(《平家物語・三——赦文》)
（高倉天皇は今年十八歳、中宮は二十二歳におなりになる。けれども、いまだに皇子も皇女もおできにならない。）
（高倉天皇今年十八岁，中宫二十二岁。然而，至今未见生下一个皇子或皇女。）

【说明】此句写平家的人们期盼已有身孕的中宫(＝入道相国之女)为平家平安地生下一个皇子的心情。作者用"…せ給ふ"表述中宫的年龄，对其以示很高的敬意。继后作者又用"…させ給は"表述平家所盼生下皇子皇女的动作，对其表示很高的敬意。

30. ……山へもかへらせ給はず、御庵室へもはいらせ給はず、御涙にむせばせ給ひ、あきれてたたせましましたる処に、……。(《平家物語・灌頂巻——临幸大原》)
（〈女院〉山へもお引き返しにならず、また御庵室へもお入りなさらず、涙にむせんで、ただぼうぜんちとお立ちになっているところへ、……。）
（正当〈女院〉既不折回山去，也不回到庵室，抽泣哽咽，只是茫然地立着的时候，……。）

【说明】此句写后白河天皇探望女院(＝高仓天皇的皇后)时见其所在之庵室及其由山上归来后之情状。作者分别使用"…せ給は""…せ給は""…せ給ひ""…せましまし"表示女院悲痛之情状，对其表示很高的敬意。

31. 新院のおりゐさせ給ひての春、詠ませ給ひけるとかや。(《徒然草・27》)
（新院が御退位なさってその年の春、次のような歌をお詠みになったとか。）

（据云，似在新院退位后的那年春天，作了这样一首歌的。）

【说明】此话系新院(=花园天皇)作歌一事。作者分别用"…させ給ひ""…せ給ひ"表述新院的动作，对其表示很高的敬意。

Ⅱ．上述"…せ(させ、しめ)"不仅可以下接"給ふ"等构成"最高敬语"，也可下接尊敬助动词"らる"构成"最高敬语"，即为"…せ(させ・しめ)＋らる"，但此种表达方式的敬意程度比"…せ(させ、しめ)＋給ふ"等要低。例如：

32. 小松殿（こまつどの）、中宮（ちうぐう）の御方（おかた）に参（まゐ）らせ給ひて、金銭（きんせん）九十九文、皇子（わうじ）の御枕（おんまくら）におき、「……」とて、桑（くは）の弓（ゆみ）、蓬（よもぎ）の矢（や）以て、天地（てんち）四方（しほう）を射（い）させらる。(《平家物语・三——安产》)

（小松殿は中宮のもとへおいでになって、金銭九十九文を皇子の御枕もとにおき、「……」といって、桑の弓、蓬の矢で、天地四方を射させられた。）

（小松殿走到中宫身边，将九十九文金币放在皇子的枕边，言道："……"。随后便用桑弓蓬矢射天地四方。）

【说明】此句系写小松殿（即小松内大臣）祝福中宫平安分娩、皇子诞生的情状。作者用"…させらる"表述小松殿的动作，对其表示很高的敬意。

此外，也见有《御一代闻书》"南無阿弥陀仏（なむあみだぶつ）を泥（でい）にて写させられて、御座敷（ざしき）に掛けさせられて……。"等用例。

但需注意：

其一，在句中出现"…せ(させ、しめ)＋らる"时，应辨别"らる"上接的"…せ(させ、しめ)"是尊敬助动词"す(さす、しむ)"的连用形"…せ(させ、しめ)"，还是其他什么助动词的连用形。例如：

33. 亀山殿の御池に大井川の水をまかせられんとて、大井の土民に仰せて、水車を作らせられけり。……。さて、宇治の里人を召して、こしらへさせられければ、……。(《徒然草・51》)

(亀山離宮の庭のお池に、大井川の水を引き入れなさろうとして、大井の里の土地の者にお言いつけになって、水車をお作らせになった。……そこで、こんどは、宇治の里の者をお呼びになって、こしらえさせなさったところ、……。)

(〈后嵯峨天皇〉欲将大井川之水引入龟山离宫的水池，于是命大井川沿岸的居民，让〈他们〉制作水车，……于是召集宇治的居民，〈让他们〉制作水车，……。)

【说明】此句系写后嵯峨天皇为了将水引入离宫中的水池而让大井川沿岸和宇治的居民制作水车一事。作者于三处使用"…られ"表述天皇的动作以示敬意。但"まかせられ…"中的"せ"为"まかす(サ・下二)"的未然形，而"作らせられ…"中的"せ"和"こしらへさせられ…"中的"させ"乃分别为使役助动词"す""さす"的未然形，并非尊敬助动词"す""さす"，故而需根据前后文意予以判断。

其二，"る""らる"二词与上述"す""さす""しむ"不同，在"る""らる"二者后是不接尊敬补助动词"…給ふ"的，故在句中若出现"…れ給ふ""…られ給ふ"时，则其中的"れ""られ"几均为被动助动词或自发助动词的连用形"れ""られ"。例如:

34. 昌泰四年正月二十五日、太宰権帥になし奉りて流され給ふ。(《大镜・时平》)

(昌泰四年正月二十五日、太宰権帥に任命し申し上げて、

〈道真公は〉、お流されになりました。）

（于昌泰四年二十五日，被任命为太宰权师后，〈道真公〉便遭流放。）

【说明】此句写宇多帝由于听信了左大臣时平对右大臣菅原道真的谗言，道真公遂被流放一事。句中的"（流さ）れ"为被动助动词"る"的连用形。作者在"流され"下接"…給ふ"是表示道真公的动作(=流され)，以此对其表示敬意。

35. なきことにより、かく罪せられたまふをかしこくおぼしなげきて、やがて山崎にて出家せしめたまひて、……。（《大镜・时平》）

（〈道真公は〉無実の罪によって、処罰されなさったことをひどくおなげきになって、旅の姿のままで出家なさって、……。）

（〈道真公对他自己〉，即因背负莫须有的罪名而被处以〈流刑〉一事感到万分悲痛，于是就这样穿着旅装便在山崎出家了，……。）

【说明】此句写道真公蒙受不白之冤后，从京都被流放到筑紫的途中情状。句中的"（罪せ）られ"为被动助动词"らる"的连用形。作者在"罪せられ"下接"…たまふ"来表述道真公的动作，对其表示敬意。

III. 关于尊敬助动词"る""らる"的用法，诚如所知，助动词"る""らる"于进入平安时代后方始为敬语助动词，表示尊敬之意，但其敬意程度比上述的"…給ふ""す（さす、しむ）"等要弱，但需注意：

A. "る""らる"于平安时代大多不能单独表示尊敬之意，约于平安中期前仅见其有少数单独表示尊敬的用例（见下例36等）。

如：

36. かぢとりの昨日釣りたりし鯛に、銭なければ、米をとりかけて、落ちられぬ。(《土佐日記・1月14日》)
(船頭がきのう釣っておいた鯛に、銭を持ち合わせていないので、米を代わりに与えて交換して、精進落ちをなさった。)
(昨天，船头钓了一尾鲷鱼，因〈船主〉恰巧无钱，便以米为代金换了〈船头的〉鲷鱼，遂用此开斋。)

【说明】此句系写时逢"节忌"，船主以米换鲷，方始得以开斋一事。作者用"…られ"表示船主的动作，对其表示敬意。

此外，还有《宇津保物语・俊荫》"……俊蔭十六歳になる年、唐土船いだし立てらる。"，《更级日记・父之任官》"親、からうじて、はるかに遠きあづまになりて、……と、夜昼嘆かるるを聞くここち、花・もみぢの思ひも皆忘れて、……。"等用例。

但，自进入平安后期，开始逐渐多出现"る""らる"单独表示尊敬之意的用例。如：

37. ……入道殿「かの大納言、いづれの船にか乗らるべき。」とのたまはすれば、「和歌の舟に乗りはべらむ。」とのたまひて、……。(《大镜・赖忠传》)
(……〈大納言殿に向かって〉、入道殿が、「そこにおいでの大納言が、どの船にお乗りになるおつもりか。」とおっしゃったところ、〈大納言殿は〉「和歌の船に乗りましょう。」とおっしゃって、……。)
(当入道殿对大纳言殿言道："在座的大纳言准备乘坐什么船啊？"。大纳言便道："我就乘坐〈作歌的〉和歌船

吧。"……。)

【说明】此话系入道殿(=藤原道长,平安中期的摄关、廷臣)在大井河上举行泛舟游览时(其中分"诗之舟""音乐之舟"和"和歌之舟"等三种),询问大纳言殿(=四条大纳言藤原公任,歌学者)有关乘船的对话。说话人(入道殿)用"…る"表述大纳言的动作,对其以示敬意。

38. 亦、元明天皇の御代に、和銅三年と云ふ年、此の寺を移して、奈良の京に造らる。(《今昔物语集・十一——16》)

(また、元明天皇の御代、和銅三年という年、この寺を奈良の京に移築なさった。)

(又,元明天皇治世年间,于和铜三年的这一年,将此寺移建于奈良京。)

【说明】此句系写元明天皇(=女帝,阿闭天皇)移建寺院一事。作者用"…る"表述天皇的动作,对其以示敬意。

39.〈入道〉「……今は出仕し給へ。官途の事も申し沙汰仕るべし。さらばとう帰られよ。」とて、入り給ひぬ。(《平家物语・三——行隆其人》)

(〈入道〉「……今は出仕なさい。官職のこともおとりはからいいたしましょう。では早くお帰りなさい。」といって、奥へおはいりになった。)

(〈入道相国〉言道:"现在〈您〉就出来做官。官职之事由我来安排吧,〈那您〉就快回去吧。"〈言毕〉便到里边去了。)

【说明】此话系入道相国(=平清盛)对由其派人去向前左少辨行隆(=中山中纳言显时卿的长子)所言,说话人用"…れよ"表述行隆的动作,对其以示敬意。

40. 大将その御所に参って、まづ随身に惣門をたたかせらるるに、うちより女の声して「……」ととがむれば、……。
（《平家物语·五——赏月》）

（大将は、その御所に参って、まず随身に正門をたたかせられると、なかから女の声で「……」と問いただすので、……。）

（当大将来到其御所，先让侍从叩打正门，此时从门内〈传出〉女子的声音，叮问道："……"所以……。）

【说明】此话系写德大寺左大将实定卿回到旧都访其妹大宫的御所时所遇之情状。作者使用"…らるる"表述大将让侍从去叩门的动作，对其表示敬意。

41. さるほどに夜もやうやうあけゆけば、大将暇申しつつ、福原へぞ帰られける。（《平家物语·五——赏月》）

（やがて夜もあけたので、大将はお暇を申して、福原へ帰られた。）

（不久天也亮了，于是大将告辞后便回福原了。）

【说明】此句系写大将（见上例40）辞别大宫及女官们回新都福原一事。作者用"…れ"来表述大将的动作，对其以示敬意。

42. ……鉢に植ゑられける木ども、皆掘り捨てられにけり。
（《徒然草·154》）

（〈この資朝卿〉……鉢にお植えになった、多くの植木を、全部、鉢から掘り出して、お捨てになってしまった。）

（〈此资朝卿〉……将〈他〉栽在盆中的许多花木全将其从盆中挖出扔掉了。）

【说明】此话系写资朝卿（＝藤原资朝，曾任权大纳言）因其兴趣的改变，扔弃那盆中曲折变形的花木一事。作者在二处使用"…ら

れ"表达资朝卿的动作，对其以示敬意。

此外，还有《十训抄·七》"この使ひを召し迎へて、「尋ねらるるに……」"等。

B. 诚上所言，"る""らる"在平安时代大多不能单独表示尊敬之意。除上述"らる"接"せ(させ、しめ)"下构成的最高敬语，以及始于平安前少数单独表示尊敬之意的用例外，还可接"仰す""思す""おす""めす"等尊敬动词的未然形下，构成"仰せらる""御覽ぜらる""召さる""おぼさる""おぼしめさる"等"最高敬语"（也称"尊敬复合助动词"），但不接"おはします""まします"等属于"存在系"的尊敬动词下，而且原则上也不接尊敬动词"のたまふ"下。例如：

43. 馬の命婦をもさいなみて、「乳母かへてん、いとうしろめたし」と仰せらるれば、……。（《枕草子·9》）
（〈主上は〉馬の命婦を責めて。「守り役を変えてしまおう。ひどく気がかりだ」と仰せになるので、……。）
（〈主上〉申责了乳娘马命夫(=管理御猫的人)，吩咐道："换个乳娘吧。〈否则〉真是让人担心。"所以……。）

【说明】 此句写天皇对让翁九(=狗名)去咬御猫的乳娘时所言。作者用"仰せらるれ"表述天皇的动作，对其以示很高的敬语。

44. 「……いかなるひさごの、いかになびくならむと、いみじうゆかしくおぼされければ、御簾を押し上げて、『あのをのこ、こち寄れ。』と召しければ……。」と語る。（《更级日记·竹芝寺》）
（「〈里人〉「……〈帝の御むすめは〉どんな瓢箪が、どのように〈風に〉揺れるのだろうかと、ひどく知りたくお思

いになられたので、御簾をおし上げて、『そのしまべ、こちらに寄れ。』とお呼びになったので……。」と語った。)

(〈当地人〉言道:"……〈皇女〉很想知道是什么样的酒葫芦? 它是如何〈随风〉摇晃的? 于是她将竹帘卷上去,召唤人说:'那个下人,到这边来!'所以……。")

【说明】此话系当地人对抵达武藏竹芝寺的菅原孝标女(=《更级日记》的作者)所讲的有关竹芝寺的古老传说。说话人用"おぼされ"表述传说中的皇女的动作,对其以示敬意。

45. 法皇、……山の座主、寺の長吏に仰せられて、山、三井寺の悪僧どもを召されけり。(《平家物語·八——鼓判官》)

(法皇は、……延暦寺の座主、園城寺の長吏に仰せられて、延暦寺・三井寺の荒法師たちを呼び集められた。)

(法皇……命令延历寺的座主和园城寺的长老,召集延历寺和三井寺勇猛强悍的法师们。)

【说明】此句系写法皇令延历寺等的座主等召集延历寺、三井寺勇猛的法师们一事。作者分别用"仰せられ""召され"表述法皇的动作,对其以示很高的敬意。

Ⅳ. 使用上代尊敬助动词"す":

此"す"与上述的"す""さす""しむ"和"る"、"らる"等尊敬助动词有所不同,其仅限于上代,进入平安时代后也就随之衰微了。多接"四段""サ变"动词的未然形下,表示轻微的尊敬,内含亲密、亲切等意。例如:

46. 故、二柱の神、天の浮橋に立たして、其の沼矛を指し下ろして、……。(《古事記·上》)

(それで、二柱の神は天地の間に架けられた天の浮橋にお立ちになって、その沼矛を下界にさしおろして、……。)

（于是，二神站立那架在天地间的天之浮桥上，将此沼矛放入下界，……。）

【说明】此句写二神（=伊邪那歧命和伊邪那美命）奉天神之命加固国土一事。作者用"…し"表述二神的动作，对其表示敬意。

47. 爾に火遠理命、海さちを以ちて魚釣らすに、都て一つの魚も得たまはず、……。（《古事记·上》）

（それで、火遠理命は海の獲物を取る道具でお釣りになったが、全く一匹の魚も釣れなかったばかりでなく、……。）

（于是，火远理命拿着鱼钩〈去〉钓鱼，但不仅一尾鱼也未能钓到，而且〈连钩都〉……。）

【说明】此句写火远理命借乃兄火照命的鱼钩钓鱼一事。作者用"…す"表述火远理命的动作，对其表示敬意。

48. かれ、その父の大神、その聟夫に問ひて曰ひしく、「今旦、我が女の語るを聞けば、『三年坐せども、恒は嘆かすこともなかりしに、今夜大きなる嘆きしたまひき』と云ひき。……」といひき。（《古事记·上》）

（その父のワタツミの大神は、その聟君に尋ねて、「今朝わたしの娘の語ることを聞くと、『三年もおいでになるけれども、平素は嘆息なさることもなかったのに、今夜深いため息をなさいました。』と言っていました。……」と言った。）

（于是其父绵津见大神问其婿曰："今晨听我女儿言道：'在此三载，平日也素无叹息，然而〈昨晚〉却大声叹息。'……"。）

【说明】此话系绵津见大神听了女儿丰玉毘卖命诉说——其夫火远理命昨晚大声长叹，或许有什么缘由吧，其后便问其女婿时所言，作者用"…す"表述火远理命（=火照命之弟，为天照大御神的

子孙)的动作，对其表示敬意。

49. ……この岡に菜摘ます児家告らせ名告らさね。……(《万
    叶集・一——1》)
    (……この丘で菜を摘みになっている娘さん、あなたの家
    〈がどうか〉をお話しください。名前もお話しください
    な。……)
    (……岗上摘菜女，告我你的家，告我你的名。……)

【说明】此歌传为雄略天皇(=允恭天皇第五皇子)所作，系写某
一春日，天皇向其所遇一摘菜少女求爱之情状。作者使用"…す"
"…さ"均表述少女的动作，以显示亲切、亲密之意。

50. わが背子は仮盧作らす草なくは小松が下の草を刈らさね。
    (《万叶集・一——11》)
    (わが君よ、あなたは〈今宵の宿りの〉仮庵を作っていらっ
    しゃるが、〈屋根を葺く〉草が足りなければ、あの小松の
    下の草をお刈りなさい。)
    (君建茅小屋，权为今宵宿，〈铺顶〉若不足，割取松下
    草。)

【说明】此歌推说为女性所作。系写一女子教丈夫(或兄弟)搭
建在外旅宿的小茅屋一事。作者用"…す""…さ"表述丈夫(或兄
弟)的动作，对其表示轻微的尊敬、亲切之意。

此外，还有《万叶集・九——1808》"葛飾の真間の井を見れ
ば立ちならし水汲ましけむ手児奈し思ほゆ。"等用例。

但需注意：

其一，在上代，"す"除了主要接"四段""サ变"动词外，
还可接动词"寝"(下二段)"臥ゆ"(下二段)等下，但此时会发生

"动词活用"的变化,即成为"サ行四段"的尊敬动词,如"寝→寝す""着る→着す""見る→見す""臥ゆ→臥やす"等。其例:《万叶集·四——514》"我が背子が着せる衣の針目落ちずこもりにけらし我が心さへ。"、《万叶集·三——479》"愛しきかも皇子の命のあり通ひ見しし活道の路は荒れにけり。"等。

其二,"す"在与"四段"动词中的"知る""聞く""織る""思ふ"等相接时会发生音韵变化,即为"知る→知ろす""聞く→聞こす""織る→織ろす""思ふ→思ほす"(此词后再由"おぼほす"变为"おぼす")等。例如《古事记·上》"賢し女を有りと聞こして麗し女を有りと聞こして、……。"、《古事记·下·歌谣67》"女鳥の我が王の織ろす機誰が料ろかもとうたひたまひき。"等。

其三,诚前所言,及至平安时代后"す"也随之衰微,其仅仅残留在尊敬动词的"おぼぼす""おぼす""聞こす(聞こしめす)""知ろす(知ろしめす)""召す""遣はす"等的词尾部分,其例如《古今集·假名序》"かかるに、今すべらぎの天の下しろしめすこと、四つのとき、九のかへりになむなりぬる。"、《源氏物语·桐壶》"この君をば、私物におぼほし、かしづき給ふこと限りなし。"等。

二、谦让语的敬语表达方式

谦让语表达方式(又称"対象尊敬""受け手尊敬"等),即谓"说话人(或作者)以谦卑、贬低话题中的动作主的动作、状态、所属事物等,间接地向动作的接受者(即为动作所及的尊敬对象)表示敬意而采用的一种自谦的语言表达方式。它若用于文章的叙述部分,系作者对话题中的动作接受者表示敬意;用于对话部分,则为说话人对话题中的动作接受者表示敬意。此种表达方式主要使用谦

让动词、谦让补助动词予以表示。

（一）使用谦让动词（如"申す"、"奉る"、"まゐる"、"うけたまはる"等）——

51. 其の父に白して曰はく、「吾が門に麗しき人あり」とまをしき。（《古事记・上》）

   （その父の神に、「私どもの門のところに美しい男がいます」と申し上げた。）

   （〈丰玉毘卖命〉对其父海神言道："我宫门外有一壮丽的男子。"）

【说明】此话系海神之女丰玉毘卖命对其父海神所言。说话人分别用"白し""まをし"谦卑自身的动作，间接地向其父海神以示敬意。

52. 「……其の人水を乞はす故に水を奉れば、水を飲まさずて、此の璵を唾き入れたまひき。是れ得離たず。故、入れし任に将ち来て献りぬ」とまをしき。（《古事记・上》）

   （〈従婢〉「……その方が水をご所望なされるので、水を差し上げましたところ、水をお飲みにならないで、この玉を吐き入れられました。ところが、どうしても引き離すことができません。そこで入れたまま持ってきて差し上げる次第です」とお答え申し上げた。）

   （〈侍女〉答道："此人乞求饮水，故而献上。可他并未饮水，却将此玉吐入〈玉壶中〉，然而我怎么也取其不下，于是只得将此附玉之壶拿来献上。"）

【说明】此话系上述丰玉毘卖命的侍女答丰玉毘卖命所言。讲她见一壮丽的、比海神更为高贵的男子（即火远理命）及其乞求饮水等事。说话人有两处分别用"奉れ""献り"谦卑自身的动作，前

者间接地对乞求饮水的男子以示敬意；后者间接地向丰玉毘卖命表示敬意。此外，说话人还用"まをし"谦卑自己的动作，向听者丰玉毘卖命间接地以表敬意。

53. 憶良らは今は罷らむ子泣くらむそれその母も吾を待つらむぞ。(《万叶集・三——337》)

   (わたくし憶良めは今はお先に失礼いたしましょう。家では子どもが泣いておりましょう。それに、その子の母親もわたくしを待っておりましょう。)

   (忆良〈无奈〉先罢宴，〈情系母子〉难自已，想必我儿泣在家，其母也待我〈早〉归)

   【说明】此歌系山上忆良所写。写他于宴席间思及在家的母子而欲中途退席一事，作者用"罷ら"谦卑自己的动作，间接地对设宴的主人表示敬意。

54. 雷鳴の壺に召したりける日、大御酒など賜べて、雨のいたう降りければ、夕さりまで侍りて、……。(《古今集・离别——397・歌序词》)

   (雷鳴の壺に帝がお召しになった日、お酒などいただいて、雨がたいへん降ったので、夕方までお仕え申し上げて、……。)

   (〈醍醐天皇〉于雷鸣壶召见之日，上赐酒等，此时天降大雨，故而一直侍奉到傍晚，……。)

   【说明】此歌序词为纪贯之所写。写作者于雷鸣壶(=袭芳舍)受醍醐天皇的款待，时遇大雨，于此舍侍奉天皇直至傍晚一事。作者用"侍り"谦卑自身的动作，间接地向听者天皇表示敬意。

55. 〈中将は〉薬の壺に御文添へて参らす。展げて御覧じて、いといたくあはれがらせたまひて、……。(《竹取物語・升天》)

(〈そして、中将は〉不死の薬の壺に御手紙を添えて差しあげる。〈天皇は手紙を〉ひろげてごらんになって、とてもひどく感動あそばされて、……。)

(〈于是，中将〉把装着不死药的壶，并附上〈辉夜姬的〉信一同呈献给皇上，〈皇上〉展开此信后大为感动。……。)

【说明】此句系写中将向皇上献上壶和信后，以及皇上读信时的情状。作者用"参らす"谦卑中将的动作，间接地向皇上表示敬意。

56. 翁、かぐや姫にいふやう、「ここら大きさまで養ひたてまつる志疎かならず。翁の申さむこと聞きたまひてむや」といへば、……。(《竹取物語・五公子求婚》)

(竹取の翁がかぐや姫に言うには、「……こんなに大きくなるまでお育て申した〈わたしの〉気持ちは、並たいていのものではありません。この老人の申すことは、きっと聞き入れなさるでしょうか」というと、……。)

(当伐竹翁对辉夜姬言道："……我将您抚养到这么大，为之所付出的心血，操劳可非同一般，请务必听从我这个老人所言吧。……")

【说明】此话系伐竹翁见五位贵公子如此恋慕辉夜姬、并向她求婚的情状后劝说辉夜姬时所言。说话人用"申さ"谦卑自身的动作，间接地向听者辉夜姬表示敬意。

57. むかし、男ありけり、童より仕うまつりける君、御髪おろし給うてけり。正月には必ずまうでけり。おほやけの宮仕

へしければ、常にはえまうでず。(《伊势物语・85》)

(昔、男がいた。子供のときからお仕えしていたご主君が、出家なされてしまった。男は正月にはかならず参上した。朝廷の奉仕をしていたので、ふだんは参上できなかった。)

(昔日，有一男子。此男子自孩童起一直侍奉的主君落发出家了。〈他〉在正月必定登门拜访。〈后〉因为男子供职于朝廷，故而平时就不能常去拜访了。)

【说明】此句系写登门拜访那落发为僧的主君(=惟乔亲王)一事。作者用"仕うまつり"，此外还使用"まうで""まうず"谦卑男子的动作，间接地对主君表示敬意。

58. むかし、水無瀬にかよひ給ひし惟喬の親王、例の狩しにおはします供に馬頭なる翁つかうまつれり。(《伊势物语・83》)

(昔、水無瀬の〈離宮へ〉おかよいになられた惟喬親王が、いつものように鷹狩をしにおいでになる、その供に、右馬寮の長官である老人がお仕え申している。)

(昔日，往返于水无濑〈的离宫〉的惟乔亲王与往常一样去鹰猎。任右马寮长官的老人为其随从，侍奉于左右。)

【说明】此句系写惟乔亲王去鹰猎时由右马寮长官侍奉一事。作者用"つかうまつれ"谦卑右马寮长官的动作，间接地对惟乔亲王表示敬意。

59. 「さてば、扇のにはあらで、くらげのななり」と聞こゆれば、……。(《枕草子・102》)

(「それでは、扇の骨ではなく、くらげの骨であるようですね。」と申しあげると、……。)

(当〈我说〉："那么，还不是扇骨，好像是水母骨吧。"此

时，……。）

【说明】此话系作者(=清少纳言)对中纳言(=关白藤原道隆之子，伊周之弟)所言。说话人用"聞ゆれ"谦卑自身的动作，间接地向听者中纳言表示敬意。

60. ……やすらかに結びて、<u>参らせ</u>たりけるが、思ふやうに廻りて、水を汲み入るる事めでたかりけり。(《徒然草・51》)

（……やすやすと作って<u>さしあげ</u>たが、その水車が望みどおりにうまく廻って、水を汲み入れることがみごとである。）

（……〈宇治居民〉毫不费力地将水车装好后献给了〈皇上〉。此水车转动得轻快自如。此景令人不胜赞叹。）

【说明】此话系写宇治居民制造水车献给皇上一事。作者用"参らせ"谦卑宇治居民的动作，间接地对皇上表示敬意。

（二）使用谦让补助动词（如"…奉る""…申す""…聞ゆ"等)——

61. 翁、「こはなでふ事を宣ふぞ、竹の中より見つけ<u>聞え</u>たりしかど、菜種の大きさおはせしを、我がたけたち竸ぶまで養ひ<u>奉り</u>たる我が子を、何人か迎へ<u>聞え</u>む。まさに許さむや。」といひて、……。（《竹取物語・升天》）

（竹取の翁は、「これは、まあ何という事をおっしゃるのです。貴女は竹の中から見つけ申しましたが、〈その時は〉小さくて菜種の大きさで、養育申した〈この紛れもない〉我が子を、誰がお迎え申し上げようか。〈来たって〉どうして許しましょうか、決して許しません。」といって、……。）

(伐竹翁言道:"您这是在说什么。您是我从竹简中找见的。〈那时您〉小得像菜种那么大,而是我〈将您〉养到几乎与我差不多的身高,〈无可置疑地〉您就是我的孩子了。谁要来迎〈我的孩子〉?即便来了,我也绝不容许!"……。)

【说明】此话系伐竹翁听了辉夜姬所说,即"她本是月亮世界上的人,八月十五日即将派人来迎我上天"等一席话后对其所言。说话人在两处用"…聞え""…奉り"谦卑自身的动作;此外还用"…聞え"谦卑欲来迎接辉夜姬回月宫的天人的动作。此二者均间接地对辉夜姬表示敬意。

62. ふと天の羽衣うち着せたてまつりつれば、翁をいとほしく、かなしとおぼしつることも失せぬ。(《竹取物语・升天》)

(〈天人が、かぐや姫に〉さっと天の羽衣をお着せ申しあげたので、〈かぐや姫は〉竹取の翁を気の毒だ、悲しいとお思いになっていたことも失くなってしまった。)

(〈天人〉立即让辉夜姬穿上天之羽衣,故而〈辉夜姬〉觉得伐竹翁十分悲痛、可怜的这种思念也就随之消失了。)

【说明】此句系写当天人让辉夜姬穿上羽衣后,辉夜姬对伐竹翁的思念也就完全消失一事。作者用"…たてまつり"谦卑天人的动作,间接地向辉夜姬表示敬意。

63. 正月に拝み奉らむとて、小野にまうでたるに、比叡の山のふもとなれば、雪いと高し。(《伊势物语・83》)

(正月に、〈右馬寮の長官は親王に〉お目にかかろうと思って、小野に参上したのであるが、〈小野は〉比叡山のふもとであるから、雪がたいそう高く積もっている。)

(正月,右马寮长官想谒见亲王,便去小野拜访,但〈小野〉

位于比叡山的山麓，故而雪积得厚厚的。）

【说明】此句系写右马寮长官于正月想谒见削发为僧、隐居在小野的亲王一事。作者用"…奉ら"谦卑右马寮长官的动作，间接地对亲王表示敬意。

64. 光る君といふ名は、高麗人のめできこえて、つけたてまつりけるとぞ言ひ伝へたるとなむ。(《源氏物语・桐壶》)

（光る君という名は、高麗人が、おほめ申して、おつけしたのであると、言い伝えているとのことである。）

（据传："光君这个名字乃高丽人为赞扬〈小皇子〉而取的。"）

【说明】此句系写"光君"一名为高丽相人所取一事。作者分别用"…きこえ""…たてまつり"谦卑高丽相士的情态、动作，间接地对光君小皇子(即日后的源氏)表示敬意。

65. 御むかへに、女房、春宮の侍従などいふ人もまゐりて、「とく」とそそのかし聞ゆ。(《枕草子・104》)

（お迎えに、主上付きの女房、春宮の女房なども参上して、「早く」とおのぼりをおすすめ申しあげる。）

（〈那些〉侍奉皇上的女官、春宫等的女官们也来迎接，催请〈中宫〉"快快进宫。"。）

【说明】此句写女官等奉天皇之命催请中宫定子速速进宫一事。作者用"…聞ゆ"谦卑女官等人的动作，间接地对中宫表示敬意。

66. ……「京にとくあげ給ひて、物語の多くさぶらふなる、ある限り見せ給へ。」と、身を捨てて、ぬかをつき、祈り申すほどに……。(《更级日记・起程》)

（……「都に〈私も〉早く行かせて下さって、〈その都には〉物語がたくさんございますと聞きます〈が、その〉あ

りったけを見せて下さい。」と一心不乱になって、ひたいを〈床に〉すりつけてお祈り申し上げる〈そんなことをしている〉うちに、……。）

(……非常虔诚地跪拜在〈佛前〉，祈求〈佛〉："快让我进京吧。听说在京都有许多物语，全都让我看看吧。"于此期间，……。）

【说明】此句系写远离京城的上总国的作者菅原孝标女(《更级日记》的作者)在少女时代就向往物语世界，常趁没人时悄悄地进入佛堂求佛，让她早日进京一事。作者用"…申す"谦卑自身的动作，间接地对佛(=药师如来)表示敬意。

67. ……古き物はいはじ。新しうしたる束柱、蔀などをさへ破り焚きけり。この事を有賢、鳥羽院に訴へ申しければ、清仲を召して、……。(《宇治拾遺物語・五——6》)

(……古き物は言うまでもなく、新しく立てた短い柱や立蔀などまでもこわして焼いてしまった。このことを有賢が鳥羽院に訴え申したので、〈鳥羽院は〉清仲を召して、……。）

(……旧的东西就不用说了，连新立的短柱和格子板窗也都折掉烧毁了。有贤则向鸟羽院诉说了此事，故而〈鸟羽院〉便召见了清仲，……。）

【说明】此句系写有贤大藏卿向鸟羽院诉说了身为陪从的清仲拆掉并烧毁短柱等一事。作者用"…申し"谦卑有贤的动作，间接地对鸟羽院(=鸟羽天皇在让位后开设"院政"，故名)表示敬意。

68. ……この男を助けてけり。男、命の生きぬる事を悦びて、手を摺りて鹿に向ひて曰く、「何事をもちてか、この恩を報ひ奉るべき」といふ。(《宇治拾遺物語・七——1》)

(〈この鹿が〉……この男を助けてやった。男は命の助かったことを喜んで、手をすり合わせて鹿に向かい、「どうしてこの恩を<u>お報いした</u>らいいか」と言う。)

(〈此鹿〉……救了这一男子。这男子因获救而感到十分喜悦，于是合掌搓手地向鹿言道："〈我〉怎么报答您的恩情才好啊。")

【说明】此话系一几溺水而亡的男子对于将他从河中救起的〈白角五色〉鹿所言，说话人用"…奉る"谦卑自身的动作，间接地对鹿表示敬意。

69.……二位殿やがていだき<u>奉り</u>、「浪の下にも都のさぶらふぞ」となぐさめ<u>奉ッて</u>、千尋の底へぞ入り給ふ。(《平家物语・十一——先帝投河》)

(……二位殿はすぐ<u>お抱き申し上げ</u>、「波の下にも都がございますよ」と<u>お慰め申し上げ</u>て、千尋もある深い深い海底へおはいりになる。)

(……二位殿立即抱住〈幼主〉，并安慰他说："在波浪下也有京城。"〈言毕〉便投入足有千寻之深的海底。)

【说明】此句系写二位殿(=平清盛之妻，安德天皇之外祖母)怀抱八岁的幼主(=安德天皇)投海一事。作者于两处使用"…奉り""…奉ッ"谦卑二位殿的动作，间接地对幼主表示敬意。

70.〈女院〉「あの人共のはぐくみにて有るべしとこそ、昔は思はざりしか。」とて、女院御涙を流させ給へば、附き<u>参らせ</u>たる女房達も、皆袖をぞ絞られける。(《平家物语・灌顶卷——六道》)

(〈女院〉「あの人たちの世話で暮らうとは、昔は思わなかった。」とおっしゃって、女院が御涙をお流しになる

と、お附き申し上げている女房たちも、みなそでをぬらされた。)

(〈女院〉言道："昔日，我从未想道要依靠他们来照料生活。"当她为之而流泪时，侍奉〈女院〉的女官们也无不流泪，浸湿了衣袖。)

【说明】此句系写后白河法皇临幸大原慰问女院(=平清盛之女建礼门院)时女院及其女官们悲切的情状。作者用"…参らせ"谦卑女官们的动作，间接地对女院表示敬意。

71. それよりいそぎ都へのぼり、僧都の座しける御女の処に参つて、有りし様初より細々と語り申す。(《平家物語·三——僧都死去》)

(そこから急いで上京して、僧都の御娘がおられる所に参つてこれまでにあった事を始めからこまごまと申した。)

(〈有王〉由此赶忙进京去到僧都之女所在的地方，便〈对她〉详详细细地从头讲起〈有关僧都〉过去所发生的事情。)

【说明】此句系写僧都(=僧官名，此处指平安末僧人，法胜寺"执行"的俊宽)所使用的童仆有王在僧都死后便从九州赶到京都，告知其女有关僧都流放在鬼界岛上的事情。作者用"…申す"谦卑有王的动作，间接对僧都其女表示敬意。

三、郑重语的敬语表达方式

郑重语的敬语表达方式(也称"对者尊敬""聞き手尊敬"等)，即谓说话人(或作者)直接向听者(或读者)表示敬意而采用的一种郑重而谦逊地表述自己的动作或自己一方的动作、存在的语言表达方式，但它与文中话题的内容及其人物均无关。此种表达方式由郑重动词("侍り""候ふ")和郑重补助动词("…侍り""…候

ふ")予以构成。此二者用于文章的叙述部分，系作者对读者表示敬意；用于对话部分，则为说话人对听者表示敬意。

(一)使用郑重动词"侍り"、郑重补助动词"…侍り"——

Ⅰ."侍り"一词早见于上代，原为"仕ふ""をり""あり"的谦让语(＝伺候する、側近くお仕えする)，如《日本书纪·雄略十二年》"天皇、便ちに御田を、其の采女を奸せりと疑ひて、刑さむと自念して、物部(＝刑吏)に仕ふ。時秦酒公侍坐。(＝時に秦酒公、侍にハベリ)。……"等。进入平安时代后，虽仍有其用例，但日益少见，如《古今集·离别——397·歌序词》"雷鳴の壺に召したりける日、大御酒など賜べて、雨のいたう降りければ、夕さりまで侍りて(＝お仕え申し上げて)、……。"、《枕草子·56》"……御前のかたにむかひて、うしろざまに、「誰々か侍る(＝だれだれはひかえているか)」と問ふこそをかしけれ。"等。

但，此期主要用做郑重动词，为"いる""ある"的郑重语(＝おります、ございます)和郑重补助动词(＝…おります、…でございます、…ます)。上述二者均以极其郑重而谦逊的态度来表示自己或自己一方的动作、存在，从而直接向读者或听者表示敬意，但与主题无关。其主要用于对话，故也有"对话敬语"之称，很少见于和歌以及叙述部分(地の文)。例如《源氏物语·桐壶》"いともかしこきは、置き所も侍らず(＝ございません)"，《竹取物语·升天》"必ず心惑ひし給はむものぞと思ひて、今まで過し侍りつるなり(＝過ごしてまいったのでございます)。"

及至平安时代中期(一说于"平安时代末期")出现另一个郑重动词"候ふ"和郑重补助动词"…候ふ"。此词的敬意程度要比"侍り"高、强，故而多用"候ふ"。及至平安末的"院政期(1086-1192)"，"侍り"几乎被其所取代，继而便随之日益衰微。

自进入中世镰仓时代后，"侍り"则日趋古语化，或为老人

语，或作为书面语用于"拟古文"中。此期，"侍り"和"…侍り"多用于文章的叙述部分，二者均以极其郑重、谦逊的语气向读者或听者表述自己的感想和经验，尤其是后者，即作为郑重补助动词的"…侍り"更是如此，多接表示自己的感想和经验的动词后面，故而此词"侍り"也被称为"预感到读者的一种郑重表现"。这一现象可见于中世随笔集《方丈记》、《徒然草》中。

Ⅱ．"侍り"：

72．「さりとも、つひに見つくるをりも<u>侍ら</u>む。さのみもえかくさせたまはじ」といふ。（《枕草子・7》）
（〈忠隆（ただたか）〉「そんなにお隠（かく）しなさっても、発見するときも<u>ございましょう</u>。そういつまでもお隠（かく）しになれますまい」という。）

（〈忠隆〉言道："即便藏起不出来，也会有〈被〉发现（指名谓"丸翁"的狗）的时候吧。总不能一直这样地隐藏下去吧。"）

【说明】此话系藏人（＝侍奉于天皇左右，处理诸事的藏人所的官员）忠隆对中宫定子的女官（《枕草子》的作者清少纳言）所言。说话人藏人用"侍ら"郑重而谦逊地予以表达，直接对听者女官表示敬意。

73．ある人、「北山（きたやま）になむ、なにがし寺（でら）といふところに、かしこき行（おこな）ひ人（ひと）<u>侍（はべ）る</u>。……やがてとどむるたぐひあまた<u>侍り</u>き。……」など〈源氏に〉聞こゆれば、……。（《源氏物語・若紫》）
（ある人が、「北山に、なんとか寺という所に、尊い行者（ぎょうじゃ）が<u>ございます</u>。……すぐに発作（ほっさ）を止（と）めるようなことが数多（かずおお）く

ございました。……」と申し上げますので、……。)

(某人〈对源氏〉言道："在北山称某某寺庙的地方，有一极其尊严的修行僧。……〈此人〉当即控制疟疾发作的事例多不胜数。……"，故而……。)

【说明】此话系某人对正患疟疾而又时时发作的源氏所言。说话人分别用"侍る""侍り"郑重而又谦卑地予以表述，直接对听者源氏表示敬意。

74. 僧都あなたより来て、「……いみじう忍びたまひければ、知りはべらで、ここにはべりながら、御とぶらひにもまでざりけるに。」とのたまへば、……。(《源氏物語・若紫》)

(僧都が向こうから来て、「……はなはだ人目をお避けになったので、存じません。ここにおりましたのに、御見舞いにも参らなかったよ。」とおっしゃったので、……。)

(僧都从对面走来，〈对尼姑〉言道："……〈源氏〉极力避人耳目，所以我都不知道。虽说我在这里，也并未去探病询问。"故而……。)

【说明】此话系僧都对尼姑提及源氏来北山祈病等事。说话人用"侍り"郑重而谦逊地予以表达，直接对听者尼姑表示敬意。

75. 神無月の頃、栗栖野という所を過ぎて、ある山里に尋ね入ること侍りしに……。(《徒然草・11》)

(十月のころ、栗栖野という所を通ってある山里に〈人〉をたずねていったことがありました時に、……。)

(曾于十月时分，通过名谓栗栖野的地方，到某村拜访〈某人〉时，……。)

【说明】此句写作者兼好法师去某村拜访某人一事。作者使用"侍り"郑重而谦逊地予以表达。对读者表示敬意。

76. 行成大納言の額、兼行が書ける扉、なほ鮮かに見ゆるぞあはれなる。法華堂なども、未だ侍るめり。(《徒然草・25》)

(行成大納言の〈筆になる〉額や、兼好が書いた扉など、〈その文字が今でも〉あざやかに見えるのは実に感慨深いことだ。法華堂なども、いまだに残っているようです。)

(〈至今依然〉鲜明地可见出自行成大纳言之手的匾额和兼好所写的门扇等〈上的文字〉。于此，实使人感慨颇深。法华堂等也似尚残存〈于世〉。)

【说明】此句系作者兼好法师对于匾额等上的文字虽依稀可见，法华堂等也似尚存，但此等遗迹又能存留几时，深感世事变幻无常，痛惜万分。作者用"侍る"郑重而谦逊地予以表达，直接对读者表示敬意。

III. "…侍り"：

77. 桜の花の散り侍りけるを見てよみける。(《古今集・春下——76・歌序词》)

(桜の花の散りましたのを見て詠んだ歌。)

(此歌乃见樱花凋谢而作。)

【说明】此"歌序词"系歌人素性法师所写。其中的"花の散り"纯属自然现象，当无须对其使用郑重语表述，但作者为了直接向读者表示谦逊、郑重之意，故而也使用了"…侍り"，此种表现也被称为用于"表示第三者动作的典型的郑重语"。

78. 宮仕へ久しうつかうまつらで、山里にこもり侍りけるよめる。(《古今集・秋下——282・歌序词》)

(宮仕への出仕を長い間しないで、山里に引きこもっており

ました時に詠んだ歌。)

(〈此歌序词〉乃久未出仕宫廷、隐居于山村时所作。)

【说明】此"歌序词"为歌人藤原关雄所写。作者用"…侍り"郑重而谦逊地予以表达,直接向读者表示敬意。

79. かぐや姫泣く泣く言ふ、「さきざきも申さむと思ひしかども、必ず心惑ひし給はん物ぞと思ひて、いままで過ごし<u>侍</u>りつるなり。さのみやはとて、うち出で<u>侍</u>りぬるぞ。」と言ひて、……。(《竹取物语・皇上求婚》)

(かぐや姫は泣きながらいうには、「前々もお話しようと思いましたけれども、それこそきっとお心をお乱しになるだろうと思って、今まで申しかねて<u>過ごして来たのでございます</u>。でもそう<u>隠</u>してばかりもいられないと思いまして、<u>打</u>明けますのございますよ、……。」といって、……。)

(辉夜姫哭着言道:"我很早就想告诉你们,然而这样做定会〈让你们〉心烦意乱,所以一直到今天都难以启齿。但,我想再也不能总是这样地隐瞒下去了,故而今天才向你们吐露〈真情〉。……")

【说明】此话系伐竹翁夫妇见辉夜姫于八月十五日的一个晚上放声痛哭的情状后便询问其原因时辉夜姫所作的回答。说话人在两处分别使用了用"…侍り"郑重而谦逊地予以表达,直接对听者伐竹翁夫妇表示敬意。

80. ……うち泣きて書くことばは、「……過ぎ別れぬることかへすがへす本意なくこそ覚え<u>はべれ</u>。……」と書きおく。
(《竹取物语・升天》)

(……泣いて書く言葉は、「……ほんとうに去って別れてしまうことは、かえすがえす不本意に<u>思われます</u>。……」と

書置く。）

（〈輝夜姫〉边哭边〈在信上〉写道："我离开〈此国〉与你们分别而去，此举确非我本人所愿。……）

【说明】此系辉夜姫在天人即将迎其上天前给伐竹翁夫妇所写的一封信，说明此去确非本人所愿之心情。写信人用"…はべれ"郑重而谦逊地予以表达，直接向读者伐竹翁夫妇表示敬意。

81.〈命婦〉「……待ちおはしますらむに、夜ふけはべりぬべし。」とて急ぐ。（《源氏物语・桐壺》）

（〈命婦〉「……〈帝が〉待っていらっしゃるだろうし、そのうえに夜が更けてしましましょう」と言って急ぐ。）

（〈命妇〉言道："……〈皇上〉正候着吧，而且也已夜深了吧。"〈言毕〉便急速回宫。）

【说明】此句系写命妇奉天皇之命出宫探望太君（=桐壺更衣之母）后见夜已深，在其向太君告别时所言。命妇郑重而谦逊地用"…はべり"予以表述，直接对听者太君表示敬意。

82. 御文は、大納言殿取り給ひて、殿にたてまつらせ給へば、ひき解きて、「いとゆかしき御文かな。ゆるされ侍らば、あけて見侍らん」とのたまはすれど、……。（《枕草子・278》）

（主上の御手紙は大納言さまがお取りになって、関白さまにお差し上げあそばすと、上包みを引き解いて、「とても拝見したいお手紙ですね。もし宮のお許しがございますなら、あけて拝見いたしましょう」と仰せあそばすと、……。）

（大纳言接过主上的信，当〈他将此信〉交给关白后便打开包皮，并言道："我很想拜读此信！倘然中宫允许的话，我就打开拜读了。"此时……。）

【说明】此话系关白(=辅佐天皇执行政务的要职)很想拜读主上的信件而对中宫(=中宫定子)所言。说话人在两处用"…侍ら"郑重而谦逊地予以表达，直接对听者中宫以示敬意。

83.「雨の降り侍りつれば、さも侍りつむ。……」とて、往ぬ。(《枕草子・8》)
(〈生昌〉「雨が降りましたので、そんなこともございましたでしょう。……」と言って立ち去った。)
(〈生昌〉言道："因天下雨，路才如此〈泥泞〉吧。……"言毕便离去了。)

【说明】此话系大进(=中宫官职名，三等官)生昌(=平生昌，为平珍材之次子)在答中宫定子的女官提及有关道路一事时所言。此话中的"雨の降り"与前例77中的"花の散り"相同，纯属自然现象，无须对其使用郑重语，但说话人为了直接向听者女官表示谦逊、郑重之意，使用了"…侍り"，对听者中宫定子的女官以示敬意。

84. 嫗、內侍のもとに帰り出でて、「くちをしく、この幼きものは、こはく侍るものにて、対面すまじき」と申す。(《竹取物语・狩猎》)
(嫗は内侍のいる所に帰ってきて、「残念なことに、この小さい娘は強情者でございましてお会いしそうにもございません」と申しあげる。)
(老妪回到内侍所在处，向其禀告："非常抱歉，这小女孩非常固执、倔强，恐难以相见。")

【说明】此系内侍奉命来到伐竹翁家欲看看辉夜姬的美容，但辉夜姬不允，老妪便告知内侍时所言。老妪使用"…侍る"郑重而谦逊地予以表述，直接对内侍以示敬意。

85. おそれの中におそるべかりけるは、ただ地震なりけりとこそ覚え侍りしか。(《方丈记・地震》)

(恐ろしいことの中にも特に恐るべきものは、まったく地震であったと痛感した事でありました。)

(我痛感在〈诸多〉可怕的事情中，尤令人恐惧的当为地震了。)

【说明】此话系写约于元历二年七月九日发生强烈的大地震一事。作者鸭长明使用"…侍り"郑重而谦逊地予以表达，直接对读者表示敬意。

86. 五月五日、賀茂の競べ馬を見侍りしに、車の前に、雑人立ち隔てて見えざりしかば、……。(《徒然草・41》)

(五月五日に、賀茂の競馬を見物しました折に、私の乗っている牛車の前に下賎の者たちが立ちさえぎって競馬が見えなかったので……。)

(五月五日〈那天〉，在观看贺茂神社的赛马时因卑贱的人群拥堵在我乘坐的牛车前面而看不见赛马，故而……。)

【说明】此句系写此日众人观看贺茂神社的赛马时，蜂拥而至，几无法观看的状况。作者使用"…侍り"郑重而谦逊地予以表达，直接对读者表示敬意。

87. その時見たる人の、近くまで侍りしが、語り侍りしなり。(《徒然草・216》)

(その時見ていた人で、最近まで〈生きて〉いました人が、話しましたことです。)

(〈此事〉为当时见到的，且一直生活到最近的人所言。)

【说明】此句系写平宣时(=北条时政之曾孙，任幕府执事等)回忆最明寺入道(=北条时赖，镰仓五代执权，晚年出家)朴素、俭约之逸事为人所传诵。作者使用"…侍り"郑重而谦逊地予以表达，直

接对读者以示敬意。

88. ……さしも危(あぶな)き京中の家をつくるとて宝を費し、心をなやますことは、すぐれてあぢきなくぞ侍(はべ)る。(《方丈记・安元大火》)

(……かくも危険な都の中に家を作るといって、財産を注ぎこみ苦心するという事は、とりわけ無益なことなのである。)

(……要说在如此危险的京中建造家屋，则势必散尽财产，劳神焦虑。此乃尤为徒劳无益之事。)

【说明】此句系写从安元大火中看到悲惨的灾情以及顷刻间所烧毁的房屋与财物等，深感现世人们所做的一切，尤为毫无意义的行为一事。作者鸭长明使用"…侍る"郑重而谦逊地予以表达，直接对读者表示敬意。

但需注意，"…はべり"除上述连用形外，还可上接接续助词"て"，构成"…てあり"的郑重语(=…ております、…でございます)，例如《源氏物语・行幸》"皆聞きてはべり(=全部聞いております)。"、《源氏物语・夕颜》"乳母にてはべる者の(=乳母でございます者が、……。)"等。

(二)"候ふ"和"…候ふ"——

Ⅰ."候ふ"与"侍り"相同，自上代起便为"仕ふ""あり"、"をり"等谦让语(=お仕えする、伺候する)，例如《古事记・神代记・景行记》"門下に侍(さぶら)て……。"、《古事记・神代记・下》"殿内侍(さぶら)て……。"等。诚上所言，约于平安时代中期始作"いる""をり""あり"的郑重语(=をります、ございます)和

郑重补助动词（…ております、…でございます）。例如《枕草子》"からい目を見さぶらひつる。誰にかはうれへ申し侍らん。"、《更级日记》"めづらかなる事にさぶらふ。"等。二者均用于对话、书简文中，似不见用于叙述部分的例句。此词的敬意程度要比"侍り"高、强，故而"候ふ"多得使用。及至平安末的"院政期"后，其用例日益增多，几取代了"侍り"。此期的"候ふ"除少数"候ふ"外（见下例89），多为"…候ふ"的用例。

自进入中世后，"候ふ"和"…候ふ"更得广泛使用，并用于文章的叙述部分。其例多见于《平家物语》等中。

Ⅱ."候ふ"：

89. 翁、皇子に申すやう、「いかなる所にか、この木は<u>さぶらひ</u>けん。……」と申す。（《竹取物语・蓬莱玉枝》）
（竹取の翁が、皇子に申すには、「どのような所に、この木は<u>ありました</u>のでしょうか。……」と申す。）
（伐竹翁对皇子言道："在什么样的地方，有这种树啊？……。"）

【说明】此话系伐竹翁对取来蓬莱玉枝的车持皇子所言。说话人使用"さぶらひ"郑重而谦逊地予以表达，直接对听者车持皇子以示敬意。

90. 薩摩守宣ひけるは、「……世しづまり<u>候</u>ひなば、勅撰の御沙汰<u>候</u>はんずらん。……」とて、……。（《平家物语・七——忠度出奔》）
（薩摩守が言われた事には、「……社会の動乱がおさまりましたならば、勅撰集編纂の御命令も<u>ございます</u>でしょう。……」といって、……。）

(萨摩守忠度言道:"若〈日后〉社会动乱一旦平息,〈上〉也会令你编纂"敕撰集"的吧。……)

【说明】此话系折回京都的忠度访问三位朝臣藤原俊成(=著名歌人,为敕撰集《千载和歌集》的撰者),恳请俊成将其歌作编入和歌集一事所言。说话人用"候は"郑重而谦逊地予以表达,直接对听者俊成以示敬意。

91. 利仁（としひと）うちほほゑみて、「何事ぞ」と問（と）ふ。おとなしき郎等（らうどう）進（すす）み来（き）て、「希少の事候（さぶら）ひつるなり」といふ。まづ、「馬はありや」といへば、「二疋（ひきさぶらふ）候」といふ。(《宇治拾遺物語・一——18》)

(利仁はほほえんで、「何事ぞ」と尋ねる。主だった従者が進み出て、「珍しいことがありましたのです」と言う。利仁がまず、「馬はあるか」と言うと、「二匹ございます」と言う。)

(利仁微笑地询问道:"什么事啊?"那为首的家臣上前言道:"确有〈这样〉罕见的事情。"当利仁〈听后〉便先问:"有马吗?"答道:"有两匹。"。)

【说明】此话系利仁(=镇守府将军藤原时长之子)与为首的家臣有关马的对话。说话人(=家臣)分别使用"候ひ"、"候"郑重而谦逊地予以表述,直接对听者利仁以示敬意。

92. 其時（せうしゃう）、少将涙をはらはらとながいて、「……帰りける道に老翁の一人逢うたりければ、『やや、御辺（ごへん）は、ふるい人こそ見奉（みたてまつ）れ。当国（たうこく）の名所に、あこやの松と云ふ所や知りたる』と問ふに、『まったく当国のうちには候はず、出羽国（ではのくに）にや候（さぶらふ）らん』。……」とて、……。(《平家物語・二——阿古屋之松》)

(その時、少将は涙をはらはらと流して、「……その帰っていく途中に、一人の老翁に出逢ったので、「もしあなたはこの地にふるいお方とお見受けいたします。この国の名所で阿古屋の松という所を御存じではないでしょうか。」と尋ねたが、『当国の内にはまったくありません。出羽国にあるのでしょう』。……」といって……。)

(当时，少将簌簌地流着眼泪说："……〈实方中将〉在归去途中遇到一个老翁，〈于是便向他〉言道：'看去您是当地故老。您知道在此国的名胜中，有一名谓阿古屋之松的地方吗？〈故老答道〉：'根本不在本国，该在出羽国吧。'……。"……。)

【说明】此话系丹波少将听了兼原的回答，即"此去有木别院"的路程后所言。以上是少将于说话中提及的有关著名歌人藤原实方中将询问在归途中所遇时的对话。答话人(=故老)分别使用"候は""候ら"郑重而谦逊地予以表述，直接对听者实方中将表示敬意。

Ⅲ．"…候ふ"：

93. ……名のれ名のれとせめ候ひつれども、終ひになのり候はず。声は板東声で候ひつる」と申せば……。(《平家物语・七——实盛》)

(〈手塚の郎等が〉木曽殿の御前に馬を走らせて参り、「……名のれ、名のれと責めましたが、ついになのりません。声は坂東なまりでした」と申すと。……。)

(〈手塚的从者们〉策马来到木曽殿前报告道："〈我等〉多次催促他报上名来，但最终也未报上姓名。其说话声中带有关东的口音。"此时……。)

【说明】此话系木曾义仲的部下手塚太郎光盛的从者向木曾禀报他们与武士斋藤别实盛交战情况时所言。说话人使用"…候ひ""…候は""…(で＝にて)候ひ"郑重而谦逊地予以表达，直接对听者木曾殿表示敬意。

94.「京にとくあげたまひて、物語の多くさぶらふなる、あるかぎり見せたまへ。」と、……祈り申すほどに、……。（《更级日记・起程》）

（〈私〉「都へ早く私をお上げくださって、〈その都には〉物語がたくさんございますと聞きます〈が、その〉ありったけを見せてください。と一心不乱になって……。）

（〈我＝作者菅原孝标自身〉专心一致地……祈祷："让我快上京都去吧。〈在京都那里〉有很多物语，让我看那所有的物语。……。）

【说明】此话系写《更级物语》作者非常思念能读到诸种物语，故而独自一人进特佛堂向药师如来像祈祷让她读到所有物语一事。作者使用"…さぶらふ"郑重而谦逊地予以表达，直接对听者表示敬意。

95.「君はあの松原へ入らせ給へ。兼平は此の敵防ぎ候はん。」と申しければ、……。（《平家物語・九——木曽之死》）

（〈兼平〉「あたなはあの松原へお行きください。兼平はこの敵を防ぎましょう。」と申したので、……。）

（〈兼平对木曾殿〉言道："您进那片松林里去吧。由我来抵御〈来敌〉吧。"所以，……。）

【说明】此话系今井四郎兼平见有约五十骑敌军迎面赶来时对木曾殿所言。说话人用"…候は"郑重而谦逊地予以表达，直接对听者木曾殿表示敬意。

此外，还有《平家物语・九――木曽之死》"臆病でこそ、さはおぼしめしさうらへ。(＝そうお思になるのでございましょう)。"、《平家物语・二――少将求情》"大納言がことをばいかが聞こし召され候ふ(＝お聞きになりましたか)。"等。

但需注意：其一，"…候ふ"与上述"…侍り"相同，除接活用词连用形外，还可接接续助词"て"下，构成"…てあり"的郑重语(＝…ております、…でございます)，例如《平家物语・小教训》"命だに生きて候はば(＝生きておりましたら)、出家入道して、……。"等。其二，在"…候ふ"上接断定助动词"なり"的连用形"に"时遂成"ざぶらふ"(此为"なり"的郑重表现，意为"…でございます、…です")。例如《平家物语・三――赖豪》"いつも我が山の力にてこそ、かやうの御願は成就すること候へ(＝成就するのでございます)"、《谣曲・隅田川》"あれこそ沖の鴎候ふよ(＝沖の鴎ですよ)"等。其三，"…候ふ"还可表示尊敬之意，即将中世尊敬表达方式的"御…あり"中的"あり"改为"御…候ふ"即可，如《平家物语・二――德大寺参拜严岛》"…御祈誓候へかし(＝お祈りなさいませ)。七日ばかり御参籠候はば(＝ご参籠なさいましたら)、彼社には内侍とて、……。"以上详见本文"七，中世敬语'御あり(なる)'的尊敬语的敬语表达方式"。

但请注意，上述"…候ふ"的其二、其三的用法，在上述"…侍り"中则皆无。

四、形容词、形容动词的敬语表达方式

诚如所知，形容词、形容动词自身与下述"たり"和"なり"

一样，并无敬语表现，但可将与二者相融合的补助动词"あり"，即将由形容词"ク活用"和"シク活用"的连用形"…く(う)"和"…しく(しう)"与"あり"二者融合为形容词"カリ活用"(如"よかり、うれしかり"等)之前的"あ̇り̇"，以及由"…に"与"あり"二者融合为形容动词(如"静かなり、不便なり"等)之前的"あ̇り̇"换成敬语予以表示，但仅有尊敬和郑重两种敬语表达方式，无谦让的敬语表达方式。

(一)形容词的敬语表达方式

Ⅰ.尊敬表达方式，即由"…く(う)、…しく(う)"下接尊敬补助动词"…おはす、…おはします"，以"…く(う)おはす、…しく(しう)おはします"等的形式构成，但不接尊敬补助动词"…給ふ"。例如：

96. ……今すべらぎの天(あめ)の下しろしめすこと、四つのとき、九のかへりになむなりぬる。……ひろき御恵(おほんめぐ)みの蔭(かげ)、筑波(つくば)山の麓(ふもと)よりも繁(しげ)く<u>おはしまして</u>、……。(《古今集・假名序》)
(……今上天皇(きんじょう)が御即位(そくい)なされてから九年だった。……広大な御思恵(おんけい)という陰は、茂(しげ)っている筑波山の麓よりも繁くお<u>ありなされ</u>、……。)
(今上天皇自即位以来已有九年了。……天皇所赐无边恩泽之荫庇要比那树木茂密的筑波山的山麓更为浓密，……。)

【说明】此句是在《古今集・假名序》的有关《古今集撰集》中，对今上天皇(=醍醐天皇)所赐的无边恩泽的颂扬。作者用"繁くおはしまし"予以表述，对今上天皇表示敬意。

97. 大原野〈の神〉、春日〈の神〉、いとめでたくおはします。(《枕草子・287》)

(大原野の神、春日の神は、どこもそうすばらしくていらっしゃる。)

(大原野之神、春日之神都十分尊严，令人崇敬。)

【说明】此话系写天皇行幸八幡时所见诸多神社一事。作者用"めでたくおはします"表述二神的形态，对其以示敬意。

98. 〈若宮は〉……七つになりたまへば、読書始めなどせさせたまひて、世に知らず聡うかしこくおはすれば、あまり恐ろしきまで御覧ず。(《源氏物語・桐壺》)

(〈若宮は〉……七つになられたので、読書始めなどあそばされて、またとないほど聡明で賢くていらっしゃるので、その点を〈早死でもせぬかと〉ひどく恐ろしいことだとまでお思いなさる。)

(〈小皇子〉……已七岁了，便开始读书。〈他〉聪明、伶俐，几无与伦比。故而〈上皇〉甚至为此感到十分担心、不安〈他不会夭折吧〉。)

【说明】此句系写自其外祖母死后住进宫中的小皇子(=日后的源氏)生性聪慧，以及其父桐壶帝却反而为之产生忧虑之事。作者用"聡うかしこくおはすれ"表达小皇子的情状，对其以示敬意。

99. 北条の申されけるは、「……此若公は、……なのめならずうつくしうおはする間、あまりにいとほしくて、いまだともかうもし奉らで、おき参らせて候」と申せば、……。

(《平家物語・十二——六代》)

(北条の申されるには、「……この若公は、……非常にかわいらしい方なので、あまりに不憫で、まだ何もせずにその

ままお置き申しております」と申すと、……。)

(当北条四郎言道："此公子……长得非常清秀、可爱，也十分可怜，暂这样将其收留下来，尚未作处理。"……。)

【说明】此句写北条四郎对为打探小松三位中将的年仅十二的公子——六代的生死而来的(高雄的山寺)方丈所言。说话人北条四郎用"うつくしうおはする"表述六代的相貌、神情，对其表示敬意。

100. さて、かたへの人にあひて、「年比思ひつること、果し侍りぬ。聞きしにも過ぎて尊くこそおはしけれ。……」とぞ言ひける。(《徒然草・52》)

(そこで、仲間に向かって、「長年思いつづけて来たことをやっと果たしました。八幡宮は噂に聞いたのよりまさって、実に尊くあらせられました。……」と言った。)

(于是，〈某法师〉对僧友们言道："我总算实现了多年来的夙愿了。那八幡宮远胜于传闻，极为尊严、壮观，……。"。)

【说明】此话系仁和寺某法师参拜了山下的附属于八幡宮(=石清水八幡宮。此神社作为仅次于伊势神宫的宗庙受到朝廷的崇敬)的寺院后，便以为这就是八幡宮了。随即返回寺中后与僧友们所言。法师用"尊くこそおはし"表述八幡宮的壮观的形态，对其表示敬意。

此外，还有《源氏物语・嫩菜下》"今めかしくおはする宮にて、……世人も重く思ひきこえけり。"、《荣华物语・初花》"……御年二十ばかりにこそおはしませど、いと若うぞおはします。"等。

但需注意，在"…く(う)、…しく(う)"下接"…おはす、…

おはします"时，其间也可介以接续助词"て"、系助词"か""こそ"等。例如：

101. 醍醐の帝の御時、この大臣、左大臣の位にて、年いと若くておはします。……その折、帝御年いと若くおはします。（《大镜・时平》）

（醍醐天皇の御代に、この大臣は左大臣の位で、年がたいそう若くていらっしゃいました。……そのころは天皇もまたたいそう若くていらっしゃいました。）

（于醍醐皇帝治世年间，此大臣官居左大臣之位，甚为年轻。……那时，天皇也很年轻。）

【说明】此句系为《大镜・左大臣时平》中有关时平（=平安初期之廷臣）的生平等的叙述。作者用"若くておはします"表述左大臣的情状，对其表示敬意。

Ⅱ. 郑重表达方式，即由"…く（う）、…しく（しう）"下接郑重补助动词"…侍り、…候ふ"，以"…く（う）侍り（候ふ）、しく（しう）候ふ（侍り）"等形式构成。例如：

102. 嫗、内侍のもとに帰り出でて、「口惜しくこの幼き者は強く侍るにて、対面すまじき。」と申す。（《竹取物语・狩猎》）

（嫗が、内侍のところに帰って来て、「残念なことに、この子供は強情でございます者で、〈天皇に〉対面しますまい。」と申し上げると、……。）

（老妪回到内侍跟前〈对其〉言道："非常遗憾，这孩子生性倔强，恐不会与〈天皇〉相见的吧。"……。）

【说明】此句系老妪回复那奉旨来到其家查看辉夜姬容貌的内

侍中臣时所言。说话人用"強く侍る"郑重而谦逊地予以表达，直接向听者内侍表示敬意。

103. 大臣
   だいじん
・上達部
   かんだちべ
を召
    め
して、「何
              いづ
れの山か天
          てん
に近
      ちか
き」と問
                と
はせ給
  たま
ふに、ある人〈帝
                  みかど
に〉奏す。「駿河
                  する が
の国にあるなる山なむ、この都も天も近くはべる」と奏す。(《竹取物语・升天》)

(〈天皇様は〉大臣や上達部をお召しになって、「どの山が一番天に近いか」とお尋ねあそばすと、ある人が、〈帝に〉申しあげるに、「駿河の国にあるという山が、この都にも近く、天にも近うございます」と申しあげると、……。)

(〈天皇〉召集公卿和大臣们问道："哪座山离天最近？"。〈此时〉某人向〈天皇〉奏道："听说在骏河国中有一座山离京都不远，离天也很近。"……)

【说明】此话系天皇在询问公卿和大臣们哪座山离天最近，可将辉夜姬的信和不死药置于山顶烧却时为某人所答。说话人(即某人)用"近くはべる"郑重而谦逊地予以表达，直接对问者天皇致以敬意。

104. かぐや姫
       ひめ
いはく、「……今年ばかりの暇
                                      いとま
を申
    まう
しつれど、更
                さら
に許
      ゆる
されぬによりてなむ、かく思
                                  おも
ひ嘆
      なげ
き侍
    はべ
る、御心
          み こころ
をのみ惑
          まど
はして、去
            さ
りなむことの悲しく堪
                        た
へがたく侍るなり。……」といひて泣
                                          な
く。(《竹取物语・升天》)

(かぐや姫が言うには、「……〈月の都の人に〉今年だけの猶予
                                                          ゆう よ
を〈お願
          ねが
い〉申したけど、一向に許されないので、このように思い嘆いております。〈御両親様の
                                                                    りょうしん
〉御心ばかりをまどわして去ってしまうことが、悲しく耐
                                                              た
えがたいので

ございます。……」と言って泣く。)

(辉夜姫言道："……虽〈向月都上的人〉请求至少宽容我过了今年〈再离开人间〉，但全然不予允许，故而如此哀伤。〈因我的离去〉而使二老的心情感到烦乱。于此，我悲痛难忍。……"言毕哭了起来。)

【说明】此话系辉夜姬见了伐竹翁欲严密予以把守，不让天人将其接上天去的情景后，对伐竹翁所言。说话人用"堪へがたく侍る"郑重而谦逊地予以表达，直接对听者表示敬意。

105. 祇王、入道殿に申しけるは、「あそび者の推参は、常のならびでこそさぶらへ。其上年もいまだをさなうさぶらふなるが、適々思ひたつて参りてさぶらふを、……。」と申しければ、……。(《平家物語・一――祇王》)

(祇王が入道殿に申すには、「遊女の推参は、いつもよくあることです。そのうえ年も若いそうですが、たまたま思いたって参ったのですのに、……。」と申したので、……。)

(祇王对入道殿言道："游女自来之事本是常有的。而且听说年纪也很轻，虽说偶尔打算来也就来的，但……。"所以……。)

【说明】此话系在入道相国平清盛不让佛御前进入他的别邸时，那深得宠爱的舞女祇王见此情状后对平清盛所言。说话人用"をさなうさぶらふ"郑重而谦逊地予以表达，直接对听者表示敬意。

此外，还有《拾金集・九》"秋もをかしう侍りといひければ……。"、《宇治拾遺物語・五――8》"この侍いふやう、「……その時は侘しう、堪へ難く覚え候ひしが、おくれ参らせて後は、などさ覚え候ひけんと、くやしう候なり」といふ。"等。

(二)形容动词的敬语表达方式

Ⅰ.尊敬表达方式，即由"…に"下接尊敬补助动词"…おはす、…おはします"，以"…におはす、…におはします"等形式构成，但不接尊敬补助动词"…給ふ"。例如：

106. いと若(わか)く、盛(さか)りにおはしますさまを、惜(を)しく、悲(かな)しと見たてまつらせ給(たま)ふ。(《源氏物语・薄云》)
(〈藤壺(ふじつぼ)の宮(みや)が〉、たいそう若く盛りでいらっしゃるご様子を、もったいなく、悲しと〈冷泉帝は〉ご覧あそばされる。)
(〈冷泉帝〉见藤壶宫还很年轻的样子，感到痛惜、悲伤。)
【说明】此句系写冷泉帝去三条院探望病重的藤壶宫(=藤壶母后，即冷泉帝的生母)时所感。说话人使用"盛りにおはします"表述藤壶宫的情状，对其表示敬意。

但其例似不多见。

Ⅱ.郑重表达方式，即由"…に"下接郑重补助动词"…侍り、…候ふ"，以"…に侍り、…に候ふ"等形式构成。例如：

107. かぐや姫(ひめ)、「見れば、世間心細(せけんこころぼそ)くあはれにはべる。なでふ物をか嘆(なげ)きはべるべき」といふ。(《竹取物语・升天》)
(かぐや姫、「月を見ると、世の中が心細くしみじみと感じられるのです。なんのために物思(ものおも)いにふけって嘆いだりしましょうか」という。)
(辉夜姬言道："一见月亮便深切地感到世间令人不安。不知为什么陷入了沉思之中，不由地感叹起来了吧。")

【说明】此话乃辉夜姬回答伐竹翁问其为何眺望月亮时如此忧愁时所言。说话人辉夜姬用"あはれにはべる"郑重而谦逊地予以表达，直接对听者伐竹翁表示敬意。

108. 〈生昌〉また、「姫宮の御前の物は、例のやうにてはにくげにさぶらはむ。……」と申す……。(《枕草子·8》)
(〈生昌〉また、「姫宮さまの御食膳は、普通のものでは、大きすぎて見苦しいでございましょう。……」と言うと……。)
(〈生昌〉又言道："公主的膳食，如若普通的食器一般，则过大，看去恐不甚体面吧。……"。)

【说明】此系大进(中宫职的判官)生昌在中宫定子临幸其官邸，他对女官提及公主的膳食一事所言。说话人使用"にくげにさうらは"郑重而谦逊地予以表述，直接对听者定子的女官们表示敬意。

109. 「……世の中といふもの、さのみこそ、今も昔も定まりたることははべらね。中についても女の宿世は、いと浮かびたるなん、あはれにはべる」など聞こえさす。(《源氏物语·帚木》)
(〈紀伊守〉「……世の中というもの、このように、今も昔も、どうなるかわからものでございますが、その中でも、ことに女の運命などは、浮草のように定めないのが、気の毒でございます」などと、申し上げます。)
(〈纪伊守对源氏〉言道："无论过去或现今，世间就是如此地变化莫测。其中特别是妇女的命运更似水中之浮萍漂泊不定。此确令人感到可怜。"。)

【说明】此话系纪伊守在自家对夜晚来此的源氏谈及空蝉嫁于其父伊豫介一事时所言。说话人用"あはれにはべる"郑重而谦逊地予以表达,直接向听者源氏表示敬意。

110. 忠隆聞きて、台盤所の方より、「まことにやはべらむ。かれ見はべらむ」と言ひたれば、……。(《枕草子·9》)

(忠隆が聞きつけて、台盤所の方から、「ほんとうでございましょうか。それを見させていただきましょう」と言っているので、……。)

(忠隆听到后便从〈放置食器的〉台盘所〈出来〉说:"是真的〈翁丸=犬名〉吗?请让我看看吧。"故而……。)

【说明】此系藏人(=藏人所的官员)听了中宫定子的话后对女官(即此书作者清少纳言)所言。说话人使用"まことにやはべら"郑重而谦逊地予以表述,直接向听者女官表示敬意。

111. 小松殿、父の禅門の御まへにおはして、「あの舟波少将が事を、宰相のあながちに嘆き申し候が不便に候。……中宮やがて皇子御誕生あって、家門の栄花弥さかんに候べし」なンど申されければ、……。(《平家物语·三——赦文》)

(小松殿は父の入道の御前においでになって、「あの丹波少将のことを、宰相がしきりに嘆願しますのがかわいそうです。……中宮もすぐ皇子をご誕生になって平家一門の栄華はいよいよ盛んになるでしょう」などと申されたところ、……。)

(当小松殿来到父亲入道相国的跟前言道:"宰相屡次哀诉丹波少将之事,此情实为可怜。……中宫也就要生皇子了,平家一门的荣华将日益昌盛吧。"可是……。)

【说明】此话系小松公心想:为了中宫的安产、平家一门的荣

华，最大的功德莫过于召回如丹波少将等现在鬼界岛的流人，于是对其父亲入道相国而言。小松公用"不便に候"、"さかんに候"郑重而谦逊地予以表述，直接对听者入道相国表示敬意。

112. ……いたいけしたる小女房、かほばかりさしいだいて、「門たがへでぞさぶらふらん。是には内裏より、御使なンど給はるべき所にてもさぶらはず」と申（まう）せば、……。（《平家物语・六——小督》）

（……かわいらしい小女房が、顔だけさしだして、「家をまちがえたのでございましょう。こちらは、内裏から御使いなどいただくような所でもございません」と申すので、……。）

（……一个可爱、年轻的女官只是伸出脸来，言道："弄错人家了吧。此处不是宫中会派使者来的地方。"于是，……。）

【说明】此话系年轻的女官对为找小督（＝女官名）而来此家敲门、等候应答的弹正少弼（＝弹正弼为司掌警察事务的弹正台的官厅）的仲国所言。说话人用"所にてもさぶらは"郑重而谦逊地予以表述，直接对听者仲国表示敬意。

五、助动词"たり"与"なり"的敬语表达方式

关于尊敬助动词"す""さす""しむ""る""らる"和"す"的用法已见于上文。此项仅对完了助动词"たり"、断定助动词"なり"二者的敬语表达方式做一简析。

诚如所知，助动词"たり"和"なり"自身并无敬语表现，但可将二者的补助动词"あり"，即将由完了助动词"つ"的连用形"て"与"あり"二者融合为完了助动词"たり"之前的"あり"，以及由格助词"に"与"あり"二者融合为断定助动词"な

り"之前的"あり"换成敬语予以表示。但仅限于尊敬和郑重两种表达方式。

(一)完了助动词"たり"的敬语表达方式

Ⅰ."たり"的尊敬表达方式，即由"…て"下接尊敬补助动词，以"…ておはす、…ておはします"等的形式构成，但不接尊敬助动词"…給ふ"下。例如：

113. 地下の人は、まして、帝・東宮の御才かしこくすぐれて<u>お</u><u>はします</u>。かかる方にやむごとなき人多くものしたまふ頃なるに、……。(《源氏物語・花宴》)
(ましてや、地下の文人は、帝や東宮の御才学はすぐれて<u>秀</u><u>でておいでになる</u>。またこの詩文の方面に堪能な方々がそろっていらっしゃるという時世であるから、……。)
(何况不能上殿的阶下(=多指即便官至四位，也一直未得升殿的地方官员)文人，〈他们深感当今〉天皇和东宫的才学如此优秀超群，而今又是擅长诗文的人才荟萃之世，故而……。)

【说明】此句系写皇上在南殿举行樱花宴时，不能上殿的阶下文人见东宫等卓越的才华而大为赞叹之情状。作者用"すぐれておはします"表达天皇和东宫之才情，对其表示敬意。

114. 或時文覚申しけるは、「平家には、小松のおほいどのこそ心も剛に、はかり事もすぐれて<u>おはせ</u>しか、平家の運命が末になるやらん。こぞの八月薨ぜられぬ。……」(《平家物語・五――福原院宣》)
(ある時、文覚が申すことには、「平家の中では、小松内大臣殿が、剛勇で、智略もすぐれて<u>おられた</u>が、平家の運

命が終りになったのであろうか、去年の八月に亡くなられた。……」）

（有一天，文觉〈对兵卫佐赖朝〉言道："在平家的人中，唯小松内大臣殿生性刚烈、勇猛，且智谋也很出众。也许是平家的气数已尽了吧，〈他〉于去年八月就离却人世了。……"）

【说明】此话系被押解到伊豆国的法师文觉对兵卫佐赖朝所言。说话人用"すぐれておはせ"表述文觉在说话中所提及的小松内大臣（＝入道相国平清盛之子，平重盛）的才能，对其表示敬意。

此外，还有《荣华物语·一》"四郎忠平の大臣……世を政ごちておはす。"等。

Ⅱ．"たり"的郑重表达方式，即由"…て"下接郑重补助动词，以"…て侍り、…て候ふ"等形式构成。例如：

115. 寛平御時に、唐土の判官に召されて侍りける時に、……男ども酒飲べけるついでに、よみ侍りける。（《古今集·杂下——993·歌序词》）
（宇多天皇の御代に、遣唐使の判官を命ぜされました時に、……侍臣たちにお酒の下賜があったので、詠んだ歌。）
（此歌于宇多天皇治世年间，承召为遣唐使的判官时，……蒙上赐酒的众侍臣〈有感〉而作。）

【说明】此"歌序词"为歌人藤原忠房所写，此词系用于说明作此歌的背景和缘由等。歌人用"召されて侍り"郑重而谦逊地予以表达，直接对读者表示敬意。

116. …… 文に、「あさましく、対面せで月日の経にけること。忘れやし給ひにけむと、いたく思ひわびてなむ侍

る。……」……。(《伊势物语・46》)

(……手紙に、「お目にかからぬまま、あきれるほど月日がたってしまったことですね。お忘れになったのだろうかと、ひどく恋しく思っています。……」といってきたので、……。)

(〈友人〉在……信中写道:"那岁月几令人惊讶地流逝而过。〈其间〉终也未曾见您一面,是否把我忘却了。〈思之〉感到十分伤心。……",所以,……。)

【说明】此系去到他乡的友人担心将其忘却而给〈他〉写的信。写信人用"思ひわびてなむ侍る"郑重而谦逊地予以表达,直接对读者〈他〉表示敬意。

117. 男共、「……幡磨の国の明石の郡になむ住み候ふ。其れが一日失せて候へば、手を分て此の日来求め候つる也。……」と云て、……。(《今昔物语集・廿九——17》)

(二人の男は、「……幡磨国明石郡に住んでおりますが、それが先日また家出しましたので、手分けしてここ数日来捜していたのです……」と言って、……。)

(这两个男子〈对僧人们〉言道:"……〈他〉住在幡磨国明石郡,然而前几天又离家出走了。故而近几天来〈我们〉正分头在找。……"……。)

【说明】此话系两个男子对僧人们讲述〈他〉,即其父老法师离家出走一事。说话人用"失せて候へ"郑重而谦逊地予以表述,直接对听者僧人们表示敬意。

118. 高声に、「是は内裏より、仲国が御使に参って候。あけさせ給へ」とて、たたけども、たたけども、とがむる人もなかりけり。(《平家物语・六——小督》)

(〈仲国〉声高く、「これは宮中から、仲国が御使いに参ったのです。お開けください」といって、くりかえしたたかいたが、答える人がなかった。)

(〈仲国〉高声地言道："是由宫中派遣来的仲国来了，请开门吧。"〈言毕〉虽再三叩门，但无人应答。)

【说明】此话系奉命来寻女官小督的弹正少弼仲国在近龟山一带耳闻确为小督弹琴的声音后，便上那传出此音的人家去通名时对门里人所言。说话人用"参ッて候"郑重而谦逊地予以表述，直接对听者门里的人表示敬意。

119.〈大納言〉「……命だにいきて候はば、出家入道して、高野粉河に閉ぢ籠り、一向後世菩提のつとめをいとなみ候はん」と、申されければ、……。(《平家物语・二——小教训》)

(〈新大納言〉「……せめて命さえ生き延びましたなら、出家入道して、高野山・粉河寺に閉じ籠って、ひたすら後世の往生成仏のための修行をいたしましょう」と申されたところ、……。)

(当〈新大纳言对小松公〉言道："……只要活下去我便出家，闭门于高野山粉河寺，为来世往生成佛而一心修行吧。"……。)

【说明】此话系因谋反而被关入一居室的新大纳言成亲卿对乘车去西八条探望他的小松公(=即入道相国平清盛之子平重盛)所言。说话人用"いきて候は"予以表述，直接对听者小松公以示敬意。

此外，还有《源氏物语・椎木》"皆聞いてはべり。"等。

(二)断定助动词"なり"的敬语表达方式

Ⅰ."なり"的尊敬表达方式，即由"…に"下接尊敬补助动词

"おはす、おはします"，以"…におはす、…におはします"等形式构成，但不接尊敬补助动词"…給ふ"。例如：

120. 〈翁〉「この国に見えぬ玉の枝なり。この度はいかでかいなびまをさむ、人ざまもよき人におはす。などいひ居たり。」(《竹取物語・蓬莱玉枝》)

(〈翁〉「この日本の国に見えない玉の枝である。この度はどうしてお断りなんかしよう。〈皇子は〉御人品も立派な人でいらっしゃる。」などいっている。)

(〈伐竹翁〉言道："此玉枝乃不见于日本这个国家的。此番恐不能拒绝〈他〉了吧。〈而且，皇子的〉人品也十分高雅出众。"。)

【说明】此话系伐竹翁见了拿到蓬莱于枝而归的车持皇子后对辉夜姬所言。说话人用"人におはす"表述皇子的情状，对其表示敬意。

121. この大臣は、九条殿の三郎君、東三条の大臣におはします。(《大鏡・兼家》)

(この大臣は、九条殿師輔公のご三男で、東三条の大臣でいらっしゃいます。)

(此大臣乃九条殿师辅公三公子、东三条大臣。)

【说明】此句系《大镜・兼家》中所表平安中期太政大臣藤原兼家，即此大臣的生平。作者用"大臣におはします"表述此大臣的生平，对其表示敬意。

但需注意，有时为表示疑问、强调或委婉等意而在"…に"与"…おはす""…おはします"之间插入"は、も、や、か、ぞ、なむ、こそ"等系助词，或接续助词"て"等。例如：

122. 二条の后の、まだ帝にも仕うまつり給はで、ただ人にておはしましける時のことなり。(《伊勢物語・3》)

(〈これは〉二条の后が帝の后にもおなり遊ばさないで、普通の身分でおいでになられた時の話である。)

(〈此〉乃二条皇后尚未成为天皇之后，仅为普通身份时〈所遇〉之事。)

【说明】此句系说明二条皇后〈所遇之事〉是在她未成为天皇(=清和帝)的皇后之前(=此时为臣下藤原长良之女高子)所遇之事。作者用"ただ人にておはしまし"表述皇后当时，即为普通身份时的状况，对其表示敬意。

123. ……嫗、「己が主にておはしましつる人の失せ給へるを、あつかふ人の無ければ、かくて置き奉りたるなり。……」と言ひければ、……。(《今昔物語集・廿九──18》)

(……老婆は、「私の御主人でいらっしゃいましたお方がお亡くなりになりましたのに、お葬式のお世話をする人がおりませんので、このように〈なきがらをここに〉お置き申し上げたのでございます。……」と言ったので、……。)

(老婆子言道："我的主人去世了，但无人料理葬礼，于是就把〈他的尸体〉放在〈这里〉了。……"故而……。)

【说明】此话系老婆子回答那登上罗生门门楼上的盗贼见其拔尸体的头发时所问。老婆子用"主にておはしまし"表述她的主人(即躺着的尸体)的状况，对其表示敬意。

此外，还有《荣华物语・诸种喜悦》"宮内卿、九条殿の御子にぞおはしける。"、《荣华物语・初花》"ただ今の御年廿ばかりにこそおはしませど、……。"等。

Ⅱ."なり"的郑重表达方式，即由"…に"下接郑重补助动词"侍り、候ふ"，以"…に侍り、…に候ふ"等形式构成。例如：

124. うち笑ひて、「……故按察大納言は世になくて久しくなりはべりぬれば、えしろしめさじかも。その北の方なむ、なにがしが妹にはべる。……」と聞こえたまふ。(《源氏物語・紫上》)

(〈僧都は〉笑って、「……按察大納言は死んで久しくなりましたので、ご知りではありますまい。その北の方というのが、私の妹でございます。……」と申し上げなさる。)

(〈僧都〉笑而言道："……故按察大納言已去世多年了，故而您并不认识〈他〉吧。这位夫人是我的妹妹。……"。)

【说明】此话系僧都(=僧官名)对为求治时常发作的疟疾而来北山访问的源氏所言。说话人用"妹にはべる"郑重而谦逊地予以表达，直接对听者光源氏表示敬意。

125. 〈母君〉「……うちうちに思ひたまふるさまを奏したまへ。ゆゆしき身にはべれば、……。」のたまふ。(《源氏物語・桐壺》)

(〈母君〉「……〈わたしが〉心の中で考えております趣を、〈帝に〉申し上げて下さい。〈わたしは夫や娘に先立たれた〉不吉な身でございますから。……」などとおっしゃる。)

(〈母君〉言道："……请将〈我〉心中所思之旨趣上奏〈皇上〉，〈我是一个丈夫和女儿皆先我而去的〉不吉之身，故而……。")

【说明】此话系母君(=桐壶更衣的生母)于某一秋晚,奉桐壶帝之命来探望母君的命妇(女官名)所言。说话人用"身にはべれ"郑重而谦逊地予以表达,直接对听者命妇表示敬意。

126. その国の人の出でて語るやう、「……めづらかなる事にさぶらふ。」と語る。(《更级日记・富士川》)

(その土地の人が出て来て物語るには、「……ほんとうに珍しい事でございます。」と語る。)

(那个当地人出来言道:"……这实在是世间之奇事。"。)

【说明】此话系当地人对进京时途经富士川的菅原孝标女(=《更级日记》的作者)一行所言。说话人用"事にさぶらふ"郑重而谦逊地予以表述,直接对听者菅原孝标女一行表示敬意。

但需注意,与上述"なり"的尊敬表达方式相同,有时为表示强调、疑问或委婉等意而在"…に"与"…侍り、…候ふ"之间插入系助词"は、も、や、か、なむ、こそ"和接续助词"て"等,即为"…にもはべり""…にも候ふ"等)。例如:

127. ……人々たけとりの翁に告げていはく、「かぐや姫の、例も月をあはれがりたまへども、この頃となりては、ただごとにもはべらざめり。……」といふ。(《竹取物语・升天》)

(……人たちが、竹取の老人に告げていうには、「かぐや姫は、いつも月をしみじみとながめていらっしゃるけれども、このごろとなっては、ただごとでもなさそうです。……」という。)

(……侍女们告诉竹取老人:"辉夜姬总是若有所思地注视着月亮,然而及至近日其神情也似非寻常。"……)

【说明】此话系辉夜姬近边的侍女们因见辉夜姬总是注视月

亮，近日其状更是不同寻常，故而希望伐竹老人予以劝导时所言。侍女们用"ただごとにも侍ら"郑重而谦逊地予以表述，直接对听者伐竹老人表示敬意。

128. ……懸橋(かけはし)の上(うえ)に据(す)ゑて、郎等(らうどう)ども喜(よろこ)び合(あ)ひて、「そもそも、これは何ぞの平茸(ひらたけ)にか候(さぶら)ふぞ。」と問(と)へば、……。
（《今昔物语集·廿八——38》）
（……〈それを〉懸け橋の上に据え置いて、家来(けらい)たちは喜び合って、「いったい、これはどういう<u>平茸でございます</u>か。」と尋ねたところ、……。）
（大家将〈拉上来的筐子〉放在栈桥上，家臣们首先庆贺〈长官平安归来〉，继后问道："这些平菇究竟是怎么一回事啊？……。"）

【说明】此话系家臣们对被他们从谷底拉上来，坐在筐里，手拿三大把平菇的信浓国长官藤原陈忠所问。家臣们用"平茸にか候ふ"郑重而谦逊地予以表述，直接对听者长官以示敬意。

六、敬语叠用表达方式

在日本文言的敬语中，除上述的尊敬语、谦让语、郑重语等的敬语表达方式外，还有为了表述更加复杂的人我关系及其敬意而采用的一种敬语叠用的敬语表达方式。此种表达方式一般以"谦让语——尊敬语——郑重语"的先后为序，其中以两类敬语叠用方式居多，即为"谦让语+尊敬语""谦让语+郑重语"。至于由三类(即为"谦让语+尊敬语+郑重语")构成的敬语叠用方式，其例似不多见。现仅分别对上述两类举例说明如下：

——"谦让语+尊敬语"的敬语叠用表达方式——

此谓说话人（作者）为向动作的发动者和动作的接收者双方同时表示敬意而采用的一种语言表达方式。这种方式一般使用"谦让动词+尊敬补助动词"（如"<u>申</u>す <u>給</u>ふ""<u>聞</u>こえ <u>給</u>ふ""<u>参</u>り <u>給</u>ふ""<u>奉</u>り <u>給</u>ふ"等）、"谦让补助动词+尊敬补助动词"（如"<u>見</u> <u>奉</u>り <u>給</u>ふ""<u>教</u>へ <u>聞</u>こえ <u>給</u>ふ"等）等叠用方式予以表示。

（一）使用"谦让动词+尊敬补助动词"的叠用表达方式

129. かぐや姫、「物知らぬこと、なのたまひそ」とて、いみじく静かに、おほやけに御文 <u>奉</u>り たまふ。（《竹取物语・升天》）

（かぐや姫、「人情を解さぬことをおっしゃいますな」といって、ひどく落ち着いて、天皇に御手紙をさしあげなさる。）

（辉夜姬对〈天人〉言道："〈您〉别说这样不通人情的话。"〈随后她〉十分镇静，从容地向天皇呈上这封书信。）

【说明】此句系写辉夜姬在天人要她穿上羽衣，催其急速升天时向天皇呈上书信的情状。作者先用"奉り"谦卑辉夜姬的动作，间接地对天皇以示敬意。此后再用"（奉り）給ふ"对给天皇写信的辉夜姬表示很高的敬意。

130. ……御兄人堀河の大臣、大郎国経の大納言、また下﨟にて、内裏へ <u>参</u>り <u>給</u>ふに、いみじく泣く人あるを聞きつけて、……。（《伊势物语・6》）

（〈二条の后の〉兄君である堀河の大臣と大郎国経の大納言が、まだ身分が低くて、宫中へ参内なさる〈途中〉で、ひ

どく泣く人がいるのを聞きつけ、……。）

（〈二条皇后之〉兄堀河大臣和太郎经国大纳言〈当时〉的身份尚属低微，在进宫的途中听到有人大声哭泣〈的声音〉，……。）

【说明】此句系写当时的身份尚属低微的堀河大臣和太郎经国大纳言在去宫中的途中所遇之事。作者先用"参り"谦卑堀河大臣等二人的动作，间接地对宫中（系指宫中的皇上）以示敬意。随后再用"（参り）給ふ"对进宫晋谒皇上的堀河大臣等二人表示敬意。

131. 大納言殿の参りたまへるなりけり。（《枕草子・184》）
（大納言殿が、〈中宮の所に〉参上なさったのであった。）
（乃大纳言殿进宫拜访〈中宫〉了。）

【说明】此句系写大纳言（=伊周，任权大纳言）因天降大雪，便进宫问候中宫（=皇后定子）一事。作者先用"参り"谦卑大纳言的动作，间接地对中宫以示敬意。后又用"（参り）たまへ"对进宫拜访中宫的大纳言伊周表示敬意。

132. しばしありて、さき高う追ふ音すれば、「殿まゐらせたまふなり」とて、散りたる物取りやりなどするに、……。（《枕草子・184》）
（しばらくたって、先払いの声が高く聞こえるので、〈女官たちは〉「関白殿がご参内になるようです」と言って、散らかっていろいろな物を取り片づけなどするので、……。）
（稍过了一会儿，传来高声驱赶路人的开道声音，所以〈女官们〉说："像是关白公进宫来了。"于是便收拾散乱〈在房间里的〉各种东西，……。）

【说明】此话系女官们在听到驱赶路人的声音后推测关白公(=

藤原道隆。关白为辅佐天皇的最高官职）进宫问候中宫定子时所言。说话人先用"まゐらせ"谦卑关白公的动作，间接地对中宫定子以示敬意。后再用"（まゐらせ）たまふ"对进宫问候中宫的关白公表示敬意。

133. いづれの御時にか女御・更衣あまた侍ひ給ひけるに、……すぐれて時めき給ふありけり。（《源氏物語・桐壺》）
（どの帝の御代であったのであろうか、女御更衣たちが数多くお仕え申していられた中に、……きわだって帝のご寵愛をもっぱらにされるかたがあった。）
（不知是哪位皇上的治世年间，在〈后宫〉侍奉的众多女御和更衣中有一位……受到天皇特别宠爱的〈桐壶更衣〉。）

【说明】此句系为《源氏物语》的首卷"桐壶"中所表更衣（＝桐壶更衣，源氏生母）的情况。作者先用"侍ひ"谦卑众多女御和更衣的动作，间接地对天皇以示敬意。后再用"（侍ひ）給ひ"对众多侍奉皇上的女御和更衣们表示敬意。

134. 「……いかが見たまひつる」と聞こえたまへば、あいなう、御答へ聞こえにくくて、「ことにはべりつ」とばかり聞こえたまふ。（《源氏物語・紅葉賀》）
（〈桐壺帝〉「……どのようにごらんになられたか」と〈藤壺に〉お尋ねなさると、どうもお答え申し上げにくくて、〈藤壺〉ただ「格別でございました」とだけ言上なさった。）
（当〈桐壶帝〉问〈藤壶中宫〉道："您看如何？"时，〈她〉总感很难回答，便说了一句："太好了。"）

【说明】此句系写桐壶帝问藤壶中宫看了在清凉殿试演的舞蹈《青海波》后的感想，以及藤壶中宫之所答。作者在句中前一个

"聞こえたまへ"中，先使用"聞こえ"谦卑藤壶中宫的动作，间接地对桐壶帝以示敬意。后用"(聞こえ)たまへ"对桐壶帝发问的对象藤壶中宫以示敬意。在后一个"聞こえたまふ"中，作者先用"聞こえ"谦卑藤壶中宫的动作，间接地对发问的桐壶帝以示敬意。随后再用"(聞こえ)たまふ"对回答所问的藤壶中宫表示敬意。

(二) 使用"……谦让补助动词+尊敬补助动词"的叠用表达方式

135. 皇子のたまはく、「命を捨てて、かの玉の枝持て来たる」とて、「かぐや姫に見せたてまつり 給へ」といへば、翁持ちて入りたり。(《竹取物语・蓬莱玉枝》)
(皇子がおっしゃるには、「命がけであの玉の枝を持って来た」といって、「かぐや姫にお見せ 申してください」と言うので、翁は持って〈姫のいる室へ〉入った。)
(皇子言道："我冒着生命危险将那玉枝拿回来了。请让辉夜姬一观。"所以，伐竹翁便拿着〈玉枝〉进了〈辉夜姬所在的房间〉。)

【说明】此话乃车持皇子请伐竹翁拿玉枝给辉夜姬观看所言。皇子先用"…たてまつり"谦卑自己的动作，间接地向辉夜姬表示敬意，其后再用"…(たてまつり)給へ"对让拿玉枝给辉夜姬看的伐竹翁表示敬意。

136. 「村上の御時に、宣耀殿の女御と聞こえけるは、小一條の左の大臣殿の御女におはしましけると、たれかは知り聞えざらん。まだ姫君ときこえける時、父大臣のをしへきこえ 給ひけることは、『ひとつには御手をならひ給へ。……』……」などかたりいでさせ給ふ……。(《枕草

子・23》）

（〈中宮さまが〉村上天皇の御代に、宣耀殿の女御と申しあげた方は、小一条の左大臣殿の御むすめでおいでになったから、だれが存じあげない人があろう。まだ姫君でいらっしゃった時、父君の大殿がお教え申しあげあそばされたことは、『第一には、お習字をなさい。……』……。」などとおことばに出してお話しあそばされる……。）

（〈中宮〉言道："在村上天皇治世年间，有 称宣耀殿的女御的是小一条的左大臣之女。故而没有人不知道〈这位女御〉吧。当她还是闺秀时其父便教〈她〉说：'首先要习字，……'……。"）

【说明】此话系中宫定子向女官们讲述宣耀殿的女御(=村上天皇的女御芳子)能背诵全部《古今集》等逸闻中的一小节。说话人先用"……聞こえ"谦卑宣耀殿女御之父的动作，间接地对女御以示敬意。后再用"…(聞こえ)給ひ"，对教其女习字的父亲、即一条的左大臣表示敬意。

137.「……この世にののしりたまふ光る源氏、かかるついでに見たてまつり たまはんや。……」とて、……。（《源氏物语・若紫》）

（〈僧都〉「……この世で評判が立っていらっしゃる光源氏を、こういうついでに拝見なさらぬか。……」と言って、……。）

（〈僧都〉言道："……您何不就这样的机会，〈去〉拜见一下这位世间闻名的光源氏吗？……"……。）

【说明】此话系僧都(=僧官名之意，其僧位次于"僧正")得知所患疟疾且时时发作的光源氏来北山祈祷之事后，便劝尼姑去拜见光源氏时所言。说话人用"たてまつり"谦卑尼姑的动作，间接地

对光源氏表示敬意。随后再用"…(たてまつり)たまは"对受劝去拜见光源氏的尼姑表示敬意。

但需注意，存在这样一种情况，即有的句子中虽同时有谦让语和尊敬语二词，但只是对各自人物或事物表示敬意而已，并非上述对同一动作的双方表示敬意的敬语叠用的表达方式。例如：

138. むかし、賀陽の親王と申すみこおはしましけり。(《伊势物语・43》)

(昔、賀陽の親王と〈人々が〉、申し上げる親王がおいでになる。)

(昔日，有一亲王，人称贺阳亲王。)

【说明】此句系为《伊势物语・43》的起首对贺阳亲王(=桓武天皇第七子)的介绍。作者用谦让动词"申す"谦卑地称曰贺阳亲王的人们的动作，间接地对亲王表示敬意。作者又用尊敬动词"おはす"表述亲王的状态，直接对亲王表示敬意。由此可见，"申す"和"おはす"并未构成统一体，是对同一动作表示敬意。故在阅读时请加注意。

——"谦让语+郑重语"的敬语叠用表达方式

此谓说话人(作者)为向动作的接受者，同时又向听者(读者)表示敬意而采用的一种语言表达方式。这种语言表达方式一般采用"谦让动词+郑重补助动词"(如"参り 候ふ""まかで 侍り""申し 侍り"等)、"谦让补助动词+郑重补助动词"(如"うれへ 申し 侍り")等叠用形式予以表示。

(一)使用"谦让动词+郑重补助动词"的叠用表达形式——

139. 嫗に内侍のたまふ。「仰せごとに、かぐや姫のかたち、優におはすなり。よく見て参るべきよし、のたまはせつるになむ、参りつる」といへば、〈嫗〉「さらば、かく申しはべらむ」といひて、入りぬ。(《竹取物語・狩猟》)
(老婆に向って内侍は仰せになる。「天皇様の御詞に、かぐや姫の容貌はほんとに優美でいらっしゃるということだ。よく見て参れという旨をおっしゃいましたので、参りました」というと、〈嫗〉「では、〈姫に〉そう申しましょう」といってお婆さんは奥に入った。)

(内侍对老妪说："天皇言道：'听说辉夜姬的容貌十分美丽，命我去仔细地看一看！'所以我就来了。"〈老妪听后便〉道："那么，〈我对辉夜姬〉说说吧。"随后便走了进去。)

【说明】此系内侍奉天皇之命来老妪家观看辉夜姬的容貌，以及与老妪的对话。那听了内侍所求的说话人老妪用"申し"谦卑自身的动作，间接地向辉夜以示敬意，其后再用"(申し)侍ら"郑重而谦逊地予以表述，直接向听者、即奉命而来的内侍表示敬意。

140.「……うけたまはりはてぬやうにてなむ、まかではべりぬる」とて、御文奉る。(《源氏物語・桐壺》)
(〈命婦〉「……〈帝の御言葉を〉終わりまで承らぬような有様で、〈御前から〉退ってしまったのでございます」と言って、御手紙を差し上げる。)

(〈命妇〉言道："……〈我〉未听皇上把话说完就从〈御前〉退了出来。"〈言毕〉便向母君呈上皇上的书信。)

【说明】此话系命妇(＝女官)奉桐壶帝之命于秋晚时分访问桐壶更衣的母家，向母君(＝桐壶更衣之生母)传达圣意时所言。说话人用"まかで"谦卑自身的动作，间接地向令其来访的桐壶帝以示敬

意，其后再用"(まかで)はべり"郑重而谦逊地予以表述，直接对听者母君表示敬意。

但需注意，其中也有这样的用例，即动作的接受者和听者为同一人。例如：

141. 〈源氏〉「をちかた人にもの申す」と、ひとりごちたまふを、御随身ついゐて、〈随身〉「かの白く咲けるをなむ、夕顔と申しはべる。……」と申す。(《源氏物语・夕颜》)
(〈源氏〉「向かうのお方にお尋ね申す。そのそこに咲いている花は」と、独り言をおっしゃるのを、聞きつけた御随身が、ひざまずいて、「あの白く咲いております花を夕顔と申します。……」と申しあげる。)
(〈源氏〉自言自语地言道："〈去〉问问对面的那位，在那里开的是什么花？"那听到〈源氏〉所言的随从跪着对源氏禀报："那个开着白色花朵的称夕颜。……")

【说明】此系为源氏坐车去探望住在六条附近的身患重病的大贰乳娘(=源氏的乳娘)时见乳娘的邻家开着白色的花朵后与随从的对话。说话人(随从)用"申し"谦卑自身的动作，间接地对发问的源氏以示敬意。其后再用"(申し)はべる"郑重而谦逊地予以表述，直接对听者源氏表示敬意。

(二)使用"……谦让补助动词+郑重补助动词"的叠用表达方式，但其用例似不多见——

142. ……男のある、板敷のもと近う寄りきて、〈男〉「からいめを見さぶらひて、誰にかは憂へ申し候はむ。」とて、泣きぬばかりのけしきにて、〈清〉「何ごとぞ。」と問へ

ば、……。(《枕草子・314》)

(……一人の男が、簀子(すのこ)のそば近く寄ってきて、「ひどい目(め)に合(あ)いまして。どなたにお慈悲(じひ)をお願(ねが)い申したものでしょう。」といって、いまにも泣(な)き出(だ)しそうなようすなので、〈私が〉「どうしたの。」と聞くと、……。)

(……有一男子走近板条式的外廊地板的旁边，脸上显露出眼看要哭出来的神情，〈他〉言道："我遇上倒霉的事了。"〈当我听后〉便问道："是怎么回事？"……。)

【说明】此系一身遇不幸的男子对我(即《枕草子》作者清少纳言，中宫定子的女官)所言以及我之应答。说话人(男子)用"…申し"谦卑自身的动作，间接地向女官的我以示敬意。其后再使用"…(申し)候は"郑重而谦逊地予以表述，直接对听者的我表示敬意。

——"尊敬语+郑重语"的敬语叠用表达方式

此谓说话人(作者)为向动作的发动者，同时又向听者(读者)表示敬意而采用的一种语言表达方式。此种方式一般使用"尊敬动词+尊敬助动词+郑重补助动词"(如"仰(おほ)せ られ さぶらふ""思(おぼ)し召(め)され 候(さぶら)ふ"等，但也可将上述的"仰せられ""思し召され"等视为一个尊敬语动词，即"仰せらる""思し召さる"，也称"最高敬语""连语"等)，如《源氏物语・松风》"「かならず参(まゐ)りたまふべきを、いかなれば」とおほせられければ、……。"、《平家物语・十――腰越驿》"義経(よしつね)が勲功(くんこう)の賞(しゃう)に申(まう)しかへて、御命(おんいのち)ばかりは助(たす)け参(まゐ)らせ候ふべし。御心(おんこころ)やすく思(おぼ)し召(め)され候へ。"等。此外：

143. 少将(せうしゃう)のたもとにすがり、「……今(いま)より後(のち)、何(なに)としてかは聞(き)

くべき」とて、もだえこがれ給ひけり。少将、「まことにさこそはおぼしめされ候らめ。……」と、なぐさめ給へども、人目も知らず泣きもだえけり。(《平家物语・三——捶胸顿足、呼天哭地》)

(〈僧都俊寛は〉、少将の袂にすがりついて、「……今から後はどうしてそれを聞くことができましょうか」と言って、身もだえして都を恋しがられたのであった。少将、「ほんとうにこのようにお思いなさるのでございましょう。……」とお慰めなさったけれども、……。)

(〈僧都俊寛〉拉住少将的衣袖言道："……可今后怎能再听到这些消息呢？"其思念京都之情不胜悲痛。少将成经〈对俊宽〉安慰道："于此期间，您确实会这样想的。……"然而〈俊宽〉……。)

【说明】此系为得到入道相国(=平清盛)的赦免后即将离开流放地鬼界岛的少将(=丹波少将成经)与未得赦免、仍孤身一人留在此岛的十分思念京都的僧都俊宽(=僧都，僧官名)的对话。说话人(少将)用由"おぼしめさ"与"れ"构成的最高敬语"おぼしめされ"来表述俊宽的动作，对其以示很高的敬意，其后再用"(思し召され)候ら"郑重而谦逊地予以表述，直接对听者俊宽表示敬意。

144.「徳大寺は、何事の祈誓に、厳島までは参られたりけるやらん」と宣へば、「大将の御祈のためとこそ、仰せられさぶらひしか。」(《平家物语・二——徳大寺》)

(「徳大寺は、何事を祈るために厳島までは参られたのだろう」と〈入道相国が〉言われると、〈内侍ども〉、「大将になるお祈りのためと、おっしゃっておられました。」)

(〈入道相国〉言道："德大寺为了祈祷何事而来到严岛？"〈内侍们〉听后便说："说是为了祈祷晋升为大将〈而来严

岛的〉。"）

【说明】此系内侍(=舞姬，一说为巫女)们乘船从严岛送德大寺(=大纳言实定卿)回京后登门拜访入道相国(=平清盛)时与其的对话。说话人用由"仰せ"和"られ"构成的最高敬语"仰せられ"来表达德大寺的动作，对其以示敬意。其后再用"（仰せられ）さぶらひ"郑重而谦逊地予以表达，直接对听者入道相国表示敬意。

此外，有时也使用"非尊敬动词+尊敬助动词+郑重补助动词"予以表示。例如：

145. 重兼（しげかね）涙をはらはらとながいて申（まう）しけるは、「……都へのぼり候（さぶら）ひなば、西八条（にしはつでう）へぞ参（まゐ）り候（さぶら）はんずらん、『徳大寺殿（とくだいじどの）は何事（なにごと）の御祈誓（ごきせい）に、厳島（いつくしま）へは参（まゐ）らせ給（たま）ひたりけるやらん』と、尋（たづ）ねられ候（さぶら）はば、内侍（ないし）共ありのままにぞ申（まう）し候（さぶら）はむずらん。……」と申しければ、……。（《平家物语·二——德大寺》）

（重兼は涙をはらはらと流して申すに、「……都へ上りましたら、西侍どもは西八条へ参ることでしょう。そして平家（へいけ）から『徳大寺殿は何事のお祈りのために厳島へは参詣（さんけい）なさったのだろうか』と尋ねられましたら、内侍どもはありのままに申すことでしょう。……」と申したので、……。）

（重兼簌簌地流着眼泪说："若回到京都，内侍们会去西八条拜访的吧。若〈此时〉平家问起'德大寺为了祈祷何事而来参拜严岛的？'内侍们会如实地说的吧。……"故而……。）

【说明】此话系重兼(=藤原重兼，五位藏人)向因近卫大将一职为平家所夺的德大寺大纳言实定卿献计时所言。说话人(重兼)用"尋ねられ"表达西八条(=为入道相国平清盛在京都的别邸。此处则以居所代名)，即入道相国的动作，直接对其以示敬意。其后再用"（尋ねられ）候は"郑重而谦逊地予以表述，直接向听者德大寺以

示敬意。

——尊敬语与尊敬语的敬语叠用表达方式——

此种表达方式通称为"最高敬语"。它用于文章的叙述部分，此时系对天皇、皇后、皇太子以及太政大臣、摄政、关白、左右大臣等身份高贵者表示很高的敬意，但在会话中不限于此，其例尤多见于《源氏物语》等平安朝的古典作品中。无论用于文章的叙述部分还是会话中一般采用"非尊敬动词+尊敬助动词+尊敬补助动词"的方式（"…せ（させ、しめ）+給ふ（おはします、おはす"等），如"驚かせ　給ふ、渡らせ　おはしましながら、出家せしめ　給ふ"等。此外，还有上述"尊敬动词+尊敬助动词"（如"思さる、仰せらる、御覧ぜ　らる"等），以及"尊敬动词+尊敬动词"（如"聞し召す、思し召す"等）的表达方式。

关于由"非尊敬动词+尊敬助动词+尊敬补助动词"构成的"最高敬语"的用例已见于前文。此处仅对其作一补充。例如：

146. 勅使には、つきのいはかさといふ人を召して、駿河の国にあなる山の頂に持てつくべきよし仰せ給ふ。嶺にてすべきやう教へさせ給ふ。（《竹取物語·升天》）
（勅使には、調のいわがさという人をお呼びになって、駿河の国にあるという山の頂にもって行くようにとの御沙汰をお命じになる。そしてその頂上でしなければならない方法をお教えになる。）

（〈天皇〉召唤在敕使中有一名谓调岩嵩的人，令〈他〉将〈不死药〉拿到那据说在骏河国有一座山的山顶上，并还教他应如何处理的方法。）

【说明】此句系写天皇令一敕使去山顶焚烧辉夜姬献上的不死药以及书信一事。作者使用"（教え）させ給ふ"表述天皇的动

作，直接对天皇表示很高的敬意。

147.「少納言よ、香爐峯の雪いかならん」と仰せらるれば、御格子あげさせて、御簾を高くあげたれば、わらは せ給ふ。
（《枕草子・299》）

（「清少納言よ、香爐峯の雪はどんなでしょう。」と〈中宮様が〉おっしゃるので、〈私がほかの女房に〉御格子をあげさせて、御簾を高くあげたところ、〈中宮様は〉にっこりお笑いなさる。）

（〈中宫〉言道："清少纳言，香炉峰上的雪怎么样了。"于是我便让〈其他女官〉把格子窗支上，然后将帘子高高地卷起来。〈中宫见之〉嫣然一笑。）

【说明】此句系写正值冬日天降大雪之际，中宫定子让清少纳言（《枕草子》的作者，中宫定子的女官）拨帘观赏雪景一事。作者用"（わらは）せ給ふ"表述中宫定子让拨帘赏景的情状，直接对其表示很高的敬意。

148.関白殿の、黒戸より出でさせたまふとて、女房の廊にひまなく候ふを。……。（《枕草子・129》）

（関白さまが、黒戸からお出ましあそばされるということで、女房が廊にすき間なく伺候しているのを。……。）

（听说关白殿要从黑门出来，故而〈众多〉女官全部站在廊子里伺候着，……。）

【说明】此句系写女官们得知关白殿（=藤原道隆，平安中叶曾任摄政、关白等职）由黑户（=位于清凉殿北廊西的门户）出来一事。作者用"（出で）させたまふ"表述关白殿的动作，直接对其表示很高的敬意。

149. 〈惟光〉「さ思(おぼ)さんはいかがせむ。はやおはしまして、夜更(よふ)けぬさきに帰らせおはしませ」と申(まう)せば、……。(《源氏物語・夕顔》)

(〈惟光〉「どうお思いになるのでしたら、しかたありません。早くお出かけになりまして、夜の更けぬうちにお帰りなさいませ」と申しあげると、……。)

(当〈惟光〉言道："您若是这样想，那也就没办法了。您早些去吧，请不待夜深时分就返回〈宫中〉。"

【说明】此话系惟光(=大贰的乳娘之子，源氏的家臣，后称"民部大辅")对想去看看夕颜的遗体的源氏所言。说话人用"(帰ら)せおはしませ"表述源氏的动作，对其表示很高的敬意。

150. いとこまやかにありさま問はせたまふ。(《源氏物語・桐壺》)

(〈帝は〉、まことにこまごまと更衣の里の様子をお尋ねになる。)

(〈桐壺帝〉非常详细地询问了桐壶更衣母亲的情况。)

【说明】此句写桐壶帝向奉命夜访后回宫的命妇(=女官名)询问有关更衣母家状况一事。作者用"(問は)せたまふ"表达桐壶帝的动作，对其表示很高的敬意。

151. ……大弐(だいに)の居所(ゐどころ)は遥(はる)かなれども、楼(ろう)の上の瓦(かはら)などの、心にもあらず御覧(ごらん)じやられけるに、またいと近く観音寺(くわんおんじ)といふ寺(てら)の有(あ)りければ、鐘(かね)の声(こゑ)をきこし召(め)して、作(つく)らしめ給(たま)へる詩ぞかし。(《大鏡・时平》)

(……大弐のいる役所ははるかに離れていますが、その高い建物の上の瓦などが、見るともなくしぜんとお目(め)にとまりますうえに、また、すぐ近く観音寺という寺がありました

から、その鐘の声をお聞きになられて、お作りになったのが、つぎの詩ですよ。)

(……大贰(=太宰府的次官)所在的官署离得很远,但那高楼上的瓦片自然而然地映入眼帘,而且就在其近边有一名谓观音寺的寺庙,下面的那首汉诗正是听了该寺的钟声后〈有感〉而作。)

【说明】此句系写身遭时平(=藤原时平,左大臣)的陷害而被流放至九州的菅原道真(=也称"菅丞相"、右大臣)耳闻近边观音寺的钟声有感而作汉诗一事。作者用"(作ら)しめ給へ"表述道真的动作,对其以示很高的敬意。

152. 新院たまたまこの御所に渡らせおはしましながら、……。
（《保元物语・上》）

(新院が偶然この御所においでになっておられたのに、……。)

(虽说新院偶尔驾临此御所,但……。)

【说明】此句系写新院(=鸟羽天皇之子,崇德天皇)行幸御所一事。作者用"(渡ら)せおはしまし"表述新院的动作,对其以示很高的敬意。

153. 法皇もよにあはれげにおぼしめて、御涙せきあへさせ給はず。(《平家物语・灌顶卷——临幸大原》)

(法皇もまことに哀れな事に思われて、御涙をおさえる事がおできにならない。)

(法皇也不禁感到十分悲伤,难以抑制〈流下的〉泪水。)

【说明】此句系写临幸大原寂光院探望已然出家的建礼门院(=平清盛之女,高仓天皇的皇后)的法皇见到由山上下来的女院时的悲伤情状。作者用"(せきあへ)させ給は"表述法皇的动作,对其以

示很高的敬意。

但需注意：

其一，在"最高敬语"中，以"…せ(させ、しめ)＋給ふ"的表达方式最为多见，但有时出现在句中的"…せ(させ、しめ)＋給ふ"并非"最高敬语"，而是由使役助动词"す、さす、しむ"的连用形"せ、させ、しめ"与"給ふ"构成的"…せ(させ、しめ)＋給ふ"，故应与上述"最高敬语"严加区别。例如：

154. 夜うちふくる程に、題出だして、女房にも歌よませ給ふ。
（《枕草子・99》）
（夜が更けるころに、題を出して、女房たちにも歌をおよませになった。）
（于夜阑更深的时分，〈中宫定子〉出题，也让女官们作歌。）

【说明】此句系写中宫定子夜深时分出了歌题，让女官们振作精神作歌。上句"歌よませ給ふ"中的"せ"乃使役助动词"す"的连用形"せ"。接"せ"后的"給ふ"系表中宫的动作，对其示以很高的敬意。所以说，上句中的"（よま）せ給ふ"并非最高敬语，务请注意二者的区别。

155. ……右近を召し出でて、随身を召させ給ひて、御車引き入れさせ給ふ。（《源氏物語・夕顔》）
（〈光源氏は〉……右近をお呼び出しになって、警護の者を呼ばせなさり、お車を〈夕顔の家の庭に〉引き入れさせなさる。）
（〈光源氏〉……便唤出右近，让其去叫护卫，让护卫将车拉进〈夕颜家的庭园里〉。）

【说明】此句系写光源氏于八月十五日晚让右近叫车，将夕颜接至别墅一事。句中的"（召さ）せ""（引き入れ）させ"分别为使役助动词"す""さす"的连用形。作者为了对让右近去叫护卫，又让护卫将车拉入的行动者——光源氏表示敬意，故而分别在"せ""させ"下分别接以"給ひ""給ふ"予以表示。

156. 瘧病にわづらひたまひて、よろづにまじなひ、加持など、まゐらせたまへど、しるしなくて、あまたたびおこりたまひければ、……。（《源氏物语·若紫》）
（〈源氏の君が〉おこりにおかかりになって、いろいろとおまじないや祈りなどをおさせになるけれども、ききめがなくて、何度も発作が起こりになったので、……。）
（〈源氏〉患上疟疾后，虽让〈僧人们〉多方设法，念咒画符、祈祷等，但均无效应，〈其病〉依然多次发作，所以……。）

【说明】此句写源氏患疟疾，虽让人祈祷、念咒等，但仍多次发作，依然无效。上句"まゐらせためへ"中的"せ"乃使役助动词"す"的连用形。接"せ"后的"給へ"系表述源氏的动作，直接对其表示很高的敬意。可见上句的"（まゐら）せたまへ"并非最高敬语。望注意区别。

其二，"最高敬语"出现在会话、书信中，有时也用于非天皇等高贵者的动作，以示敬意。例如：

157.「物怖ぢをなむわりなくせさせたまふ本性にて、いかに思さるるにか。」と右近も聞こゆ。（《源氏物语·夕颜》）
（むやみに物を怖がりなされる性分で、どんなお気持ちでいらっしゃるやら。」と、右近も申し上げる。）

(右近也言道:"小姐生性十分胆怯,现不知其心情如何?")

【说明】此话系侍女右近对夜访夕颜时着了梦魇的源氏所言。夕颜出身并不高贵(自名"无家可归的流浪儿"),但说话人却使用了最高敬语"(わりなくせ)させたまふ"表述夕颜的神情,直接对其示以很高敬意。而对听者源氏仅使用了"聞こゆ",谦卑地表述自身的动作,间接地对源氏表示敬意而已。

其三,此种"最高敬语"随着时间的推移,约始从平安末期其尊敬对象的范围逐渐扩大,其敬意程度也逐渐减弱,有时甚至为表示一定程度的幽默、诙谐,在对话中也使用"最高敬语",但此种用例似不多见。如:

158. ……風のはげしく吹きけるを見て、この児さめざめと泣きけるを見て、僧のやはら寄りて、「などかうは泣かせ給ふぞ。この花の散るを惜しうおぼえさせ給ふか。……」と慰めければ、……。(《宇治拾遗物语・一——13》)

(……風が激しく吹いたのを見て、さめざめと泣いていた。それを見て、ある僧がそっと〈児の近くへ〉寄って来て、「どうしてこのように泣いておられるのか、この桜の花が散るのを惜しく思われなさるのか、……」と慰めたところ、……。)

(〈一少年〉见风劲吹,〈不禁〉潸然泪下。当一僧人见此状便悄悄地走近〈少年的身边〉,劝慰于他,言道:"您为什么如此哭泣?是为〈山上的〉樱花凋谢而感到惋惜吗?"。……。)

【说明】此话系某僧人对一乡间出身的寺院杂役少年而言。该少年见风吹樱花而联想到自己的麦花受打、恐无收成而不禁哭泣,但僧人不解其质朴而真切的感情,反而以为该少年不懂得四季风物

变迁之雅趣。诚上所言，该少年本是一个出身低微的寺院杂役，故而对他无须使用敬语，但僧人却使用"(泣か)せ給ふ"、"(おぼえ)させ給ふ"表述少年的动作。在此以"最高敬语"对其表示敬意中多少透露一种幽默、诙谐和揶揄的成分。

七、中世尊敬语的敬语表达方式

诚如所知，自进入中世镰仓时代后，除使用上述由"尊敬动词""尊敬补助动词""尊敬助动词"等构成的尊敬语的敬语表达方式外，还使用由"御＋名词+あり(なる)"（＝"お(ご)…になる"）构成的尊敬复合动词这一尊敬语的敬语表达方式。此种表达方式虽早见于平安时代，如《紫式部日记》"殿なむ参り給ふ、御宿値なるなど、もの騒がしき折もまじらず。"、《大镜·道隆》"…入道殿の土御門殿にて御遊びあるに、「かやうのことに権中納言のなきこそ、なほさうざうしけれ。"等，但其用例也并不多见。及至中世镰仓时代后，由于当时崇尚汉文化，故而汉字和汉文化也随之普及，且日益昌盛。此种体现了时代特点的强有力的尊敬语的敬语表达方式遂得广泛使用，其例多见于《平家物语》等的"和汉混淆文"中。

综上所述，此种敬语表达方式，虽见于平安时代，其确立、普及应在中世，故称其为"中世尊敬语的表达方式"。

诚如上言，此种尊敬复合助动词是由"御＋名词+あり(なる)"组成（其后的"あり""なる"均带有补助动词的性质，表尊敬之意："…なさる、…あそばす"等）。此一表达方式对动作的存在，间接地向动作主（如神佛、天皇、皇后、将军等高贵者）表示很高的敬意。但需注意，在"御＋名词+あり(なる)"中的名词中，多为动作性的汉语名词。也有和语名词，而且在这些名词中，既有敬语名词，也有非敬语名词，须加以区别。有的敬语名词前须冠以敬语接

头词"御"，如"御参内あり""御幸なる""御辞退あり"等，但有的敬语名词前无须冠以敬语接头词"御"，如"出御なる""行啓あり""叡覧"等。此外，诚上所言，也有非敬语名词，如"御鞠あり""御出家あり""御自害あり""御寝なる"等。其中的名词也有由动词的连用形构成，如"御嘆きあり""御尋ねあり""御祈りあり"以及"仰せあり"等。其用例多见于《平家物语》等的"和汉混淆文"中。以下分别通过用例对"御+敬语名词+あり(なる)""敬语名词+あり(なる)""御+非敬语名词+あり(なる)"，"御+动词连用形+あり(なる)"等表达方式予以说明。

（一）"御+敬语名词+あり(なる)"——

159. 其の時の御摂禄(ごせふろく)は、松殿(まつどの)にてましましけるが、中御門(なかのみかど)、東洞院(とうゐん)の御所(ごしょ)より御参内(ごさんだい)ありけり。(《平家物语・一——与殿下争道》)
(当時の摂政(せっしょう)は松殿、藤原基房(ふじわらのもとふさ)であられたが、中御門、東洞院の御所から、ちょうどその時分に、参内なさった。)
(当时的摄政是松殿藤原基房，〈他〉正巧于此时从中御门东洞院的御所进入皇宫。)

【说明】此句系写摄政松殿(=藤原基房，摄政，天皇年少、病弱时代行政治之职)正巧从其御所进宫一事。作者用"御参内あり"表述松殿的动作，对其表示很高的敬意。

160. 仁安(にんあん)三年三月廿日(はつかのひ)、新帝大極殿(しんていだいこくでん)にして御即位(ごそくゐ)あり。(《平家物语・一——立东宫》)
(仁安三年三月二十日、新帝は大極殿において即位された。)
(仁安三年三月二十日，新帝于大极殿即位。)

【说明】此句系写新帝(=后白河天皇第七位皇子，高仓天皇)于大极殿(=大内里朝堂的正殿)即位一事。作者用"御即位あり"表述新帝的动作，对其表示很高的敬意。

161. ……嘉応三年正月五日、主上御元服あッて、同十三日、朝覲の行幸ありけり。(《平家物语・一——鹿谷》)

（……嘉応三年正月五日、天皇はご元服なさって、同月十三日、院の御所へ朝覲の行幸があった。）

(……嘉应三年正月五日，主上举行冠礼，同月十三日，行幸院的御所行朝觐之礼。)

【说明】此句系写主上(=高仓天皇)举行冠礼，后行幸上皇、皇太后的御所一事。作者用"御元服あッ"表述主上的动作，直接对其表示很高的敬意。

162. 俊寛僧都の山荘あり。かれに常に寄りあひ寄りあひ、平家ほろぼさむずるばかりことをぞ廻しける。或時法皇も御幸なる。(《平家物语・一——鹿谷》)

（そこに俊寛僧都の山荘がある。〈成親らは〉その山荘にいつも寄り集まり寄り集まり、平家を滅ぼそうとする陰謀をめぐらしていた。ある時後白河法皇もおいでになった。）

(在那里(=鹿谷)有俊宽僧都的山庄。〈成亲等〉常常会聚在那个山庄，策划想要消灭平氏的阴谋。有时后白河天皇也行幸〈此地〉。)

【说明】此句系写对那独断王权、无视法度的平家甚感不满的后白河法皇，也来到这新大纳言成亲卿等人策划推翻平家的俊宽僧都(京都法胜寺执行，僧都)的山庄一事。作者使用"御幸なる"直接向动作主后白河法皇表示很高的敬意。

163. 主上夜ごとに清涼殿の石灰壇にて、伊勢大神宮をぞ御拝ありける。(《平家物語・三――天皇流放》)

(〈高倉〉天皇は、毎夜清涼殿の石灰壇において、伊勢の大神宮をご礼拝あそばされた。)

(〈高仓〉天皇每晚在清凉殿的石灰坛，礼拜伊势大神宫。)

【说明】此句系写高仓天皇为了那被关押在鸟羽殿的法皇的安全而礼拜伊势大神宫一事。作者用"御拝あり"表述高仓天皇的动作，直接对其表示很高的敬意。

164. 或人の申しけるは、「白河院は熊野へ御幸、後白河は日吉社へ御幸なる。……」とぞきこえし。(《平家物語・四――临幸严岛》)

(ある人が言うには、「白河院は熊野権現へ御幸になった。後白河院は日吉神社へ御幸になった。……」ということであった。」)

(据某人言道："白河院行幸熊野显圣。又，后白河院行幸日吉神社了。……"。)

【说明】此句系写治承四年(1180)三月上旬出现的传说。其中的某人分别用"御幸(なる)""御幸なる"表述白河院、后白河院的动作，对二者表示很高的敬意。

165. 同廿三日、天台座主覚快法親王、頻りに御辞退あるによって、前座主明雲大僧正、還着せらる。(《平家物語・三――城南之离宫》)

(同二十三日、天台座主覚快親王がしきりに辞退なさるので、前座主明雲大僧正が復職なさる。)

(同月二十三日，天台座主觉快亲王再三再四地要辞退，故而前座主明云大僧正恢复原职，〈再任天台座主〉。)

【说明】此句系写天台座主觉快亲王(=源显通之子，于仁安二年任天台座主)再三要辞退，即由前座主明云大僧正(僧正，为僧官名，其位高于"僧都")再任天台座主一事。作者用"御辞退ある"表述天台座主觉快亲王的动作，对其表示很高的敬意。

166. 春(す)過ぎて夏きたッて、北祭(きたまつり)も過ぎしかば、法皇夜をこめて大原(おほはら)の奥(おく)へぞ御幸(ごかう)なる。(《平家物语・灌顶卷——临幸大原》)

(そのうちに春が過ぎて夏が来て、賀茂(かも)の祭(まつ)りも終わったので、法皇はまだ夜の明けないうちに、大原の奥へ<u>御幸になった</u>。)

(其间春去夏至，贺茂神社的祭祀也已结束。故而法皇于天尚未明之际便行幸大原的山奥。)

【说明】此句系写后白河法皇得知建礼门院隐居在大原寂光院，便欲趁天气日渐转暖、祭祀尚未结束之际去探望女院一事。作者用"御幸なる"表述后白河法皇的动作，对其表示很高的敬意。

(二)"敬语名词+あり(なる)"——

167. 後冷泉院(ごれいぜいのゐん)の御宇(ぎょう)、天喜(てんき)五年二月廿六日、又焼けにけり。治暦(ぢりゃく)四年八月十四日、事始(ことはじ)めありしかども、作りも出(いだ)されずして、後冷泉院崩御(ほうぎょ)なりぬ。(《平家物语・一——大内》)

(後冷泉院天皇の御代(みよ)の、天喜五年二月二十六日、ふたたび焼けた。治暦四年八月十四日、造りはじめる儀式(ぎしき)があったが、着工(ちゃっこう)しないうちに、後冷泉院天皇は<u>崩御された</u>。)

(于后冷泉天皇治世年间的天喜五年二月二十六日，〈大极殿〉又烧毁了。治历八月十四日，虽举行了始建的仪式，但后冷泉院在其尚未动工再建时便驾崩了。)

【说明】此句系写后冷泉院未见那座前后两次曾被烧却的大极其殿的再建工程时便驾崩一事。作者用"崩御なり"表述后冷泉院的动作，对其表示很高的敬意。

168. ……其刀を召し出して叡覧あれば、うへは鞘巻の黒くぬりたりけるが、中は木刀に銀薄をぞおしたりける。(《平家物语·一——殿上暗害》)

(……その刀を召し出して御覧になると、上は鞘巻の黒く塗ったのであったが、中身は木刀に銀箔をはりつけてあった。)

(当〈上皇〉……令拿来此刀一观，却原来此刀在刀鞘上涂了黑色，而其刀身是在木刀上贴了银箔。)

【说明】此句系写殿上人提出"禁止无许可而带刀卫士入宫"，于是上皇便令平忠盛（=平清盛之父）带刀进宫当场检验一事。作者用"叡覧あれ"表示上皇的动作，对其表示很高的敬意。

169. 中宮は御車にたてまつつて行啓あり。(《平家物语·一——大内被焚》)

(中宮が、お車に乗られてお出ましなさる。)

(中宫坐上牛车行启他处。)

【说明】此句写听说山门僧众欲从比叡山下来大举进京的消息后，天皇便行幸法住寺了，中宫也就行启他处。作者使用"行啓あり"表示中宫的动作，对其表示很高的敬意。

170. 宇治左大臣殿は、東三条殿にて行はる。内裏にてありけるを、申されけるによりて、よそへ行幸ありけり。(《徒然草·156》)

(宇治の左大臣殿は、東三条殿で催しなさった。〈そこは当

時）内裏であったのを〈拝借できよう〉お願いなさったので、〈天皇は〉よそへお移りなさったそうだ。）

（宇治左大臣殿在东三条殿举行了〈大宴〉。据云，〈此殿在当时〉已是皇居，因左大臣恳请借用此殿，故而〈天皇〉行幸他处了。）

【说明】此句系写天皇因宇治左大臣殿(=藤原赖长)借用东三条殿(据云，此殿曾为近卫天皇的住处，故称皇居)举行新任大臣之大宴，故而行幸他处一事。作者用"行幸あり"表述天皇的动作，对其表示很高的敬意。

171. ……大きなるくちなは、数も知らず凝り集りたる塚ありけり、「この所の神なり」と言ひて、ことの由を申しければ、「いかがあるべき」と勅問ありけるに、……」（《徒然草・207》）

（……大きな蛇が数えきれないほど内部にかたまり集まっている塚があった。「この地所の神霊である」と言って、事情を後嵯峨上皇に申し上げたので、上皇から、「どうすればよいか」と御下問があった時に、……。」）

（……有一其中集聚巨蛇的坟头，人言此〈蛇〉为此处土地之神灵，故而〈大臣〉向嵯峨天皇奏上事由，上皇〈听后〉下问道："则如何处置为好？"此时，……。）

【说明】此句系后嵯峨上皇听了大臣上奏有关蛇的事由后询问"如何处置？"时所言。作者使用"勅問あり"表述上皇的动作，对其表示很高的敬意。

此外，还有《保元物语・上》"新院、母屋の御簾を引きほころぼして叡覧あり。"等。

（三）"御+非敬语名词+あり（なる）"——

172. 宮は宇治と寺との間にて、六度まで御落馬ありけり。これは、去る夜、御寝ならざりし故なりとて、……平等院にいれ奉ッて、しばらく御休息ありけり。（《平家物语・四——桥头会战》）

（高倉宮は宇治と三井寺との間で、六度までも落馬なさった。これは昨夜、お眠りになれなかったせいだというので、……平等院にお入れ申し上げて、しばらくご休息になった。）

（高倉宮在宇治和三井寺的途中，竟六次坠马。据云，这是因昨夜未得睡眠之故，……于是将〈高倉宮〉安置在平等院，〈让其〉稍事休息。）

【说明】此句系写高倉宮（即高倉天皇）在平氏众多兵将的追赶下，从三井寺（也称"圆城寺"）向宇治逃去的途中所遇之诸种情状。作者分别用"御落馬あり""御寝なら""御休息あり"等表达高倉宮的动作，对其表示很高的敬意。

173. ……中宮やがて百日のうちに御懐妊あッて、承保元年十二月十六日、御産平安、皇子御誕生ありけり。君なのめならず御感あッて、三井寺の頼豪阿闍梨を召して、「……」と仰せ下されければ、……。（《平家物语・三——赖豪》）

（……中宮はすぐ百日の内にご懐妊あそばれ、承保元年十二月十六日に御安産で皇子がお生まれになった。帝はひとかたならずお喜びになって、三井寺の頼豪阿闍梨を召して、「……」と仰せられたので、……。）

（……中宮〈果然〉在百日内怀孕了，承保元年十二月十六日平安分娩，生下了皇子。皇上〈为之〉不胜喜悦，便召三井

寺的頼豪阿闍梨〈进宫〉问道："……。"所以，……。）

【说明】此句系写皇上（=白河天皇）对由于高僧頼豪阿闍梨的祈祷，中宫贤子生下皇子之事感到十分喜悦，便召见頼豪阿闍梨问其欲何奖赏一事。作者分别用"御懐妊あッ""御誕生あり""御感あッ"表述皇上的动作，对其表示很高的敬意。

174. ……鳥羽の辺、古河といふ所にて御出家あり。御年世五。（《平家物语・三——大臣流放》）

（〈関白殿〉……鳥羽の辺、古河というところで出家なさった。御年は三十五歳である。）

（〈关白殿〉……在鸟羽的附近，名谓古何之地出家了。时年三十五岁。）

【说明】此句系写关白殿（=藤原基房）被入道相国平清盛左迁为大宰帅，并遭致流放镇西之罪，故而在古河出家一事。作者用"御出家あり"表述关白殿的动作，对其表示很高的敬意。

175. 寝殿のしつらひ、或は南枕、常の事なり。白河院は、北首に御寝なりけり。（《徒然草・133》）

（寝殿の造り方は、〈東枕か〉あるいは南枕が普通のことである。白河院は北枕でおやすみになったそうだ。）

（寝殿的建法一般为东枕，或为南枕。据云，白河院则以北枕而寝。）

【说明】此句系写白河院就寝时所枕之方向一事。作者用"御寝なり"表示白河院的动作，直接对其表示很高的敬意。

176. 鎌倉中書王にて、御鞠ありけるに、雨降りて後、いまだ庭のかわかざりければ、いかがせんと沙汰ありけるに、……。（《徒然草・177》）

（鎌倉中書王の屋敷で、けまりのお遊びがあった時に、雨が

降ったあと、まだ庭がかわかなかったので、どうしたものだろうと評定があったところ、……。)

(于镰仓中书王的府邸举行踢球(=蹴鞠(けまり))游戏时，正值雨后庭院未干，〈中书王〉正商量如何设法解决时，……。)

【说明】此句系写镰仓中书王(=宗尊亲王，为后嵯峨天皇第二皇子)在其府邸踢球一事。作者用"御鞠あり"表述镰仓中书王的动作，对其表示很高的敬意。

(四)"御+动词连用形+あり(なる)"——

177. 承暦(しようりやく)元年八月六日、皇子御年(むゆかのひ)四歳(わうじおんとしよんさい)にて遂(つひ)にかくれさせ給ひぬ。敦文(あつふみ)の親王(しんおうじやう)是(これ)なり。主上なのめならず御嘆(おんなげき)ありけり。(《平家物语・三——赖豪》)

(承暦元年八月六日、皇子は御年四歳でとうとうお亡くなりになってしまった。これが敦文の親王である。天皇はひとかたならずお嘆きになった。)

(承历元年八月六日，皇子四岁时终于归西了。其即为敦文亲王是也。天皇〈为之〉不胜悲叹。)

【说明】此句系写天皇(=白河天皇)为其中宫贤子所生皇子因病早逝而甚感悲叹一事。作者用"御嘆あり"表述天皇的动作，对其表示很高的敬意。

178. 法印(はういん)涙をおさへて申(まう)されけるは、「……中にも君の御憑(たのみ)ある、日吉山王七社(ひよしさんわうしちしや)、一乗守護(いちじようしゆご)の御(おん)ちかひあらたまらずは、……君(きみ)をばまもり参(まゐ)らッさせ給(たま)ふべき。……」などと申されければ、……。(《平家物语・三——法皇被逐》)

(法印は涙を抑えながら申されるには、「……なかでも君のふかく御信仰なさっておられる日吉山王七社が、法華経(ほけきょうしゅ)守

護の御誓をかえられない限り、……君を御護りくださるでしょう。……」などと申されたので、……。）

（法印忍着泪水言道："……其中尤其您深为信仰的日吉山王七社只要不改变守护法华经的誓愿，……会保佑天皇您的吧。……"所以，……。）

【说明】此话系法印（=静宪法印，法印为相当于僧正的最高的僧位）来到〈幽禁法皇的〉鸟羽殿安慰法皇时所言。说话人用"御憑ある"表述法皇的动作，对其表示很高的敬意。

179. ……上皇大きに驚きおぼしめし、忠盛を召して御尋ねあり。（《平家物语・一――殿上暗害》）

（……鳥羽上皇は非常に驚かされて、忠盛を召してお尋ねになった。）

（……鸟羽上皇听了〈殿上人所说〉非常惊讶，便召平忠盛来予以询问。）

【说明】 此句系鸟羽上皇听了殿上人诉说备前守平忠盛（=入道相国平清盛父）带刀进宫等事后召见忠盛一事。作者用"御尋ねあり"表述上皇的动作，对其表示很高的敬意。

但需注意：

其一，除上述"御＋敬语名词+あり（なる）"等表达方式外，还有"御＋敬语动词连用形+あり（なる）"的方式，但其例似不多见。如《平家物语・二――徳大寺》"……彼社へ御参あって（=ご参詣になって），……優なる舞姫共おほく候、……。"等。

其二，除上述"御…あり（なる）"等表达方式外，还有"御…候"的方式。诚如所知，"候ふ"原为谦让动词（见已出前文），但此处以"候ふ"取代"御…あり"中的"あり"，遂为"御…候ふ"。此种方式虽与"御…あり"一样，均表尊敬之意，但因其中

添加了郑重而谦逊的语气，便更增强了此种方式的敬意程度。它主要用在于神佛、贵人等的对话中，多为命令形的用法。例如：

180. ……君は、あの松の中へ入らせ給ひて、静かに御自害候へ。」とて、打ち行くほどに、……。(《平家物语·七——木曾之死》)

(〈今井四郎〉「……君にはあの松の中にお入りなされて、静かに御自害なされませ。」といってゆくうちに、……。)

(〈今井四郎〉言道："……您进入那边松林中去，从容地自尽吧。"在他言毕便策马前进时，……。)

【说明】此系写在源氏大军的追击下，只剩下生死与共、主从二骑的木曾义仲和今井四郎，于是今井四郎劝木曾义仲进松林自尽时所言。今井四郎使用"御自害候へ"表述木曾的行动，对其表示很高的敬意。同时又对听者木曾增添了郑重而谦逊的语气，对其表示敬意。

以上，对"尊敬语的敬语表达方式"等常见的七种日本文言敬语及其表达方式的构成、特点、用法做了简介，并附以大量实例及其背景的说明，或许多少有利于读者对敬语的理解吧。诚如所知，日本文言的敬语，尤在等级森严，十分讲究礼遇表现的平安时代更为复杂，自成体系，可谓学习文言及其文学作品的一大难题。故而除学习有关敬语的书籍和文章中，更需大量阅读古典作品，增加感性知识，在实践中逐渐提高理解、识别和把握敬语的能力。

注释：

① 本文主要参考了『古典読解の基本語法』(加藤是子著，新塔社)158-180页；『考究古典文法』(中田祝夫著，新塔社，1974年版)330-350页；『新編文語文法·新版』(大野晋監修，中央図書，1979年版)69-75页；『新版文語文法·教

授資料』（岩渕悦太郎著，秀英出版，1977年版）166-176页；『よくわかる国文法』（塚原铁雄等编，旺文社，1974年版）330-357页等。

② 此外，还参阅日本古语辞书中有关敬语及其表达方式的说明、解释，或采用其中所附的实例，如『古語辞典・第八版』（松村明等编，旺文社，1994年版）、『詳説古語辞典』（秋山虔等编，三省堂，2000年版）、『最新全訳古語辞典』（三角洋一等编，东京书籍，2006年版）等。

（本文1995年5月发表于《日本学・第四辑》（北京大学日本研究中心编，北京大学出版社），后以此为基础，经数次修改，遂将其集中在常见的七种日本文言敬语及其表达方式上，并附以大量实例及简要说明，这样编排或将有利于读者对敬语的理解和识别。）

从日本文言语法的历史变迁中考察随笔集《徒然草》一书所受若干中世语法的影响及其表现

在日本的国语史上，中世(镰仓、室町时代)是语言变迁最为剧烈的时期，也是古代日语逐渐近代化的过渡时期[1]。它对当时的社会语言生活、文学作品以及诸种文献均产生过不同程度的重要影响[2]。中世著名随笔集《徒然草》(约于1330—1331间)当然也不例外。

本书作者兼好法师(又名"吉田兼好"、"卜部兼好"，约1283-1350)为中世镰仓后期的著名歌人、随笔家。他出身于世代神祇官之家，通晓神佛儒教，有着深厚而广博的文学修养，其尤推崇、向往王朝贵族文化及其情趣，动辄哀叹"当代流行之事物都不免趋于卑俗""万物唯古昔者可慕"等等；撰文作歌无不以平安朝物语的语法为最高楷模[3]，正如日本国语学家西尾寅弥在论及《徒然草》的文章时所言，书中"很少当代口语的成分，而以平安时代的词汇、语法为基础"(着重号为笔者所加)[4]。尽管如此，身居此

---

1 一般认为，日本国语史上的中世始于日本中世的"镰仓时代(1184—1333)"(见『国語史概説』(松村明著，秀英出版，1980年版)13页。但也有学者认为，日本国语史上的中世始于11世纪末的"院政时代(1086—1192)"(见『新訂国語史要説』(土井忠生等著，修文馆，1978年版)79页；『増補国語史概説』(三泽光博著，三和书房，1972年版)188页。本文从前说。
2 见『国語史概説』15页；『増補国語史概説』188-189页。中世语言变迁的影响极为强烈，涉及词汇、文字、音韵、语法、文体等诸多方面。本文仅就《徒然草》所受该时代的语法变迁的影响做一简析。
3 见『時代別作品解釈文法』(大野晋等著，至文堂，1955年版)196-197页。
4 见『中世の敬語』(林四郎等编，明治书院，1978年版)135页。

世的兼好法师虽竭力崇尚、承袭前代(平安时代)的传统语法,但也不可能不受到时代及其剧烈的语言变迁的影响,故而不免在其书中也自然而然地融入了盛用于中世或中世镰仓时代的希望助动词"たし",使役助动词"しむ"、尊敬复合动词"御＋名词＋あり(なる)"、"连体形表示单纯结句的终止法"等。其深浅不同、浓淡不一地显示出中世语法在《徒然草》一书中所留下的烙印[1]。

本文拟从语法历史变迁的角度(或者说,将其置于语法历史变迁的背景中),并以大量实例对《徒然草》一书所受若干主要的中世语法的影响及其表现(如上述希望助动词"たし",使役助动词"しむ"等)做一较为系统的梳理和分析,或有利于读者在文言语法的历史变迁中去把握、厘清《徒然草》一书中的语法特色及其表现。

一、希望助动词"たし"

在日语文言中,"まほし"和"たし"二词均称希望助动词,可表希望之意(=…たい、…てほしい)。

表1

词	未然形	连用形	终止形	连体形	已然形	命令形	活用型
たし	○	たく	たし	たき	たけれ	○	"ク活用型"
	たから	たかり	○	たかる	○	○	

表2

词	未然形	连用形	终止形	连体形	已然形	命令形	活用型
まほし	まほしく	まほしく	まほし	まほしき	まほしけれ	○	"シク活用型"
	まほしから	まほしかり	○	まほしかる	○	○	

---

[1] 见『全解徒然草』(山岸德平等著,有精堂,1978年版)598-600页;『徒然草・古典Ⅱ』(阿部秋生编,东京书籍,1973年版)72-74页。

(一)"まほし"见于平安时代，盛用于此期的物语、日记等"假名文学"，也见于和歌[1]，但其例并不多见。如《源氏物语·习字》"経に心を入れて読み給へるさま、絵にもかかまほし。"、《后撰集·恋一——575》"身を分けてあらまほしくぞ思ほゆる人は苦しと言ひけるものを。"等，但不见于"汉文训读文"中。又如：

1. あるいはおのが家に籠り居、あるいはおのが行かまほしき所へ往ぬ。(《竹取物语·龙首珠》)
   (〈家来達は〉ある者は自分の家に引き籠り、ある者は自分の行きたい所へ立ち去る。)
   (〈家臣们中〉有的人躲在自己家里，有的人去到自己想去的地方。)

2. 人の子生みたる、男女とく聞かまほし。よき人はさらなり。えせ者、下衆の際だに聞かまほし。(《枕草子·159》)
   (人が子を生んだのは、男か女か聞きたい。身分の高い人についてはいうまでもない。つまらない者や、身分の低い人の場合でさえ聞きたいものだ。)
   (生了孩子的人都想问问是男是女。不用说身份高贵的人是如此，就连卑贱的人和身份低微的人也都想问上一问。)

3. 肴などあれば、酔はさまほしけれど、……。(《枕草子·278》)
   (〈酒の〉肴などもあるので、〈使者の方を〉酔わせたいと思うけれども、……。)
   (因为也有酒菜等。所以想让〈使者〉喝醉，然而……。)

4. 花といはば、かくこそ匂はまほしけれな。(《源氏物语·嫩

---

[1] 见『日本文法大辞典』(松村明编，明治书院，1983年版)807页；『古典読解の基本語法』(加藤是子著，新塔社)114页；『詳説古語辞典』(秋山虔等编，三省堂，2000年版)1130页。

菜・上》）

（花ならば、このようにこそかおってほしいものですなあ。）

（若是花，则望如此地芳香扑鼻。）

5. ときどきここにわたらせたまひて、御琴の音もうけたまはらまほしがる人なむはべる。（《源氏物语・逢生》）

（時々ここにおいでになって、お琴の音もお聞きしたがる人が、あります。）

（时而有人来此也想听听琴声。）

6. 紫のゆかりを見て、つづきの見まほしくおぼゆれど、人語らひなどもえせず。（《更级日记・源氏物语》）

（若紫の巻を見て、つづきが見たく思われるけれど、人にたのむなどもとてもできない。）

（读了"若紫"（《源氏物语》第五卷）一卷后不禁很想看其续编，然而就是托人也很难〈借到〉。）

7. 而るに国王の后と申すなる女人は如何なる有様がある。極めて見まほしきを、……。（《今昔物语集・十——34》）

（ところで、国王の后と申されている女性はどのようなお姿なのでしょうか。ぜひ会ってみたいのですが、……。）

（但，称为国王之后的女子〈不知〉具有何等姿色？无论如何想见一见，然而……。）

但，因见于平安后期的上述另一希望助动词"たし"的影响，"まほし"也随之衰微，其用例也日益减少。进入中世镰仓时代后，其初虽仍见有"まほし"的用例，如《平家物语・一——殿上暗害》"「弓箭に携らむ者のはかりことは、尤もかうこそあらまほしけれ。……」とて、……。"等。此外如：

8. あはぬまでも、〈谷に落ちた人を〉見に行かまほしけれ

ど、「さらに道も覚(おぼ)えず。……」といへば、……。(《宇治拾遗物语・六——5》)

(〈妻子たちは〉……会えないまでも、見にいきたいのだが、〈従者(じゅうしゃ)たちは〉、「いっこうに道も覚えていません。……」と言うと、……。)

(〈妻儿们〉……即便不能相会也想去见一见〈坠入山谷〉的人，但当〈从者们〉言道："连路也根本没有记住。……"时，……。)

9. ……文治二年の春の比(ころ)、法皇、建礼門院(けんれいもんゐん)大原(おほら)の閑居(かんきょ)の御(おん)すまひ、御覧(ごらん)ぜまほしうおぼしめされけれども、……。(《平家物语・灌顶记・临幸大原》)

(……文治二年の春の頃、後白河(ごしらかわ)法皇は、建礼門院の大原の閑居のお住まいを御覧になりたくおぼしめされたが、……。)

(……文治二年春天时分，后白河法皇想看看建礼门院在大原闲静的居处，但……。)

但其后，"まほし"随着"たし"的用例日益增多，明显地呈现出衰微的景象，遂仅作为雅语(即为用于和歌、古文的简练的"和语")用于和歌、拟古文等中。及至镰仓时代后期"たし"终于取代了"まほし"，并得广泛应用。

(二)诚上所示，"たし"这一希望助动词与上述"まほし"不同，见于平安时代末"院政期"(1086—1192)后，当时仅有二、三例而已，如《梁尘秘抄・379番》"琴のことの音(ね)聞(き)きたくは北の岡(をか)の上に松(まつ)を植ゑよ。"、《荣华物语・浅缘》"今朝(けさ)はなどかやがて寝暮(お)らし起きずして起きては寝(ね)たく暮るる間を待つ。"等。"たし"这一新词在当时被视为俗语、口头语，如著名的歌人、歌学家藤原定家在评定《十五百番歌合》中的"いざいかに深山(みやま)のお

くにしほれても心しりたき秋の夜の月"一歌时，认为歌中的"たき"为"俗人之语"，不可咏入"和歌之词"也，故而它很少见于"和文系"的文体中。自进入中世镰仓时代后，其初虽仍被视为"俗语"[1]，其后则逐渐作为书面语言得到广泛使用（但在崇尚传统的和歌等中依然避而不用），如《长门平家・一》"船に逆櫓を立て、艫舶を直なおさずとも駆かけたからん所をばかけ、ひきたからん所をば漕ぎちがふる支度しをせばや。"、《沙石集・四――7》"水に入りて後も……浮うきたくば、縄なはをひくべし。"等。此外如：

10.「故殿ことのに年比としごろ候ひしなにがしと申す者こそ参まゐりて候へ。御見参に入りたさぶらふがり候」といへば、……。（《宇治拾遺物語・五――8》）
（「今は亡なき殿様とのさまに長年お仕つかえしておりました。なにがしと申す者が参上いたしました。お目にかかりたがっております」と取次つぎの者が言うと、……。）
（当传达的人言道："现有多年来曾侍奉已故老爷的称某某的人〈前来〉拜访。很想见一见您。"……。）

11. 兵者つはものども、「これはきこゆる悪所あくしょにてあんなり。同おなじう死しぬるとも、敵かたきに逢あうてこそ死しにたけれ。悪所に落おちては死にたからず。」と口々くちぐちに申しければ、……。（《平家物語・九――老馬》）
（兵どもが、「ここは名高なだかい難所なんしょだという。同じく死ぬなら戦って死にたい。難所に落ちて死にたくない。……」と口々申したので、……。）
（士兵们纷纷言道："人云此处为著名的险关。若同样是死，则愿战死，可不愿坠落于险关而亡。……"，所以……。）

---

1 见『新訂国語史要説』119頁；『例解古語辞典』（佐伯友梅等編，三省堂，1980年版）453頁；『研究資料日本文法・第7巻』（鈴木一彦等編，明治書院，1985年版）84-85頁。

12. ……「屋島へ帰りたくは、一門の中へ言ひ送って、三種の神器を都へ返し入れ奉れ。しからば屋島へかへさるべし。」……。（《平家物语・十——宫中女官》）

（……「屋島へ帰りたければ、平氏一門の内へ申し送って、三種の神器を都へお返し申せ。そうすれば屋島へ帰すであろう。」……。）

（……"若想回到屋岛，则向平氏一族中的人传言，将三种神器归还京都。若这样做，则会将你(=本三位中将重衡卿)放回去吧。"……。）

13. 同じ遊び女とならば、誰も皆あのやうでこそありたけれ。（《平家物语・一——祇王》）

（同じ遊び女となるなら、誰も皆あの〈平清盛に寵愛されている祇王の〉ようでありたいよ。）

（若同为游女，则谁都会想：〈自己也〉定要像〈受到平清盛宠爱的祇王〉那样。）

14. 中将、「今は是程の身になって、何事をか申し候べき。ただ思ふ事とては出家ぞしたき」と宣ひければ、……。（《平家物语・十——千手姬》）

（中将は、「今は、このような囚人の身となって、何も申しあげることはない。ただ思うことは出家したいということだ。」と言われたので、……。）

（中将言道："我现在〈沦为〉如此囚人之身，并无任何可言。所想的仅是出家一事而已。"所以，……。）

15. ……七郎兵衛、涙をはらはらとながいて、「……ちかう参ッて見参にも入りたかりつれども、……。」とて、……。（《平家物语・十——维盛出家》）

（……七郎兵衛は涙をはらはらとながして、「……近くに参って、お目にかかりたかったが、……。」といっ

て、……。)

(……七郎兵卫簌簌地流泪,并言道:"我本想走近些见见他(=维盛),但……。"……。)

此外,还有《沙石集·九——3》"〈吾は〉念仏申て一期身安く、後世もたのもしくてすごしたく侍り。"、《曾我物語·十》"かやうのものをこそ一人なりとも召し使ひたけれ。"等。

(三)但在《徒然草》一书中,虽说崇尚传统语法的作者兼好法师使用"まほし"表希望之意的仍存有9例,如《徒然草·43》"いかなる人なりけん、尋ね聞かまほし。"等。其他则如:

16. 人は、かたち・ありさまのすぐれたらんこそ、あらまほしかるべけれ。(《徒然草·1》)
(人は、容貌・風采のすぐれていることが、まことに望ましいことであろう。)
(凡人都真切地希望容貌俊秀、仪表非凡的吧。)

17. いかなる人なりけん、尋ね聞かまほし。(《徒然草·43》)
(どんな人であったろうか。今も探して名を聞きたいものだ。)
(〈此年轻人〉是什么样的人?〈我〉现在也想寻找他,问问其姓名。)

18. 「わが宗なれば、さこそ申さまほしかりつれども、……」。(《徒然草·222》)
(……「自分の宗派のことなので、そのように申し上げたかったけれども、……」……。)
(……〈竹谷乘愿房言道:〉"〈念佛〉乃我宗(=净土宗)的宗旨,故而才如此地〈向东二条院〉禀明,

但……。"……。)

19. されば、盗人をいましめ、ひが事をのみ罪せんよりは、世の人の飢ゑず。寒からぬやうに世を行はまほしきなり。(《徒然草・142》)

(だから、盗人を捕まえて縛り、悪い事だけを罰するようなことをするよりは、世の人が餓えず寒くないように世の政治を行いたいものである。)

(因此，与其捕捉盗人，唯惩罚恶事，莫如期盼那为让世人免受饥寒之苦而治理世政。)

20. すこしのことにも、先達はあらまほしき事なり。(《徒然草・52》)

(ほんのちょっとしたことにも、その方面の先導役はあってほしいものである。)

(于此区区小事，亦望有"先达"指引为好。)

尽管如此，兼好法师在本书的"拟古文"[1]中也使用了"たし"，且有8例之多[2]，足见中世语法的变迁对其所产生的强烈影响。例如：

21. 我が食ひたき時、夜中にも暁にも食べて、睡たければ、昼もかけ籠りて、……。(《徒然草・60》)

(自分のたべたい時は、夜中でも夜明けでもたべて、眠くなると、昼間でも室にとじ籠って眠り、……。)

(自己想吃时，无论半夜或黎明都吃。想睡时，即便白天也闭门在屋中睡觉，……。)

---

[1] "拟古文"谓者，系指模仿古代文体所作的文章，此处指文人、歌人们以平安时代的和歌或文章为最高典范所作的文章。有的学者认为：在其"拟古文"中，使用了几乎不见于平安时代的"和文"、而是盛用于中世的"たし"，故称为"文法上的破格"。其言外之意即谓：《徒然草》中的"拟古文"已受到该时代语法变迁的影响，并未完全遵循前代的语法传统，因而出现"破格"现象(见『時代別作品解釈文法』196页)。
[2] 见『助動詞・助詞概説』(此島正年著，櫻楓社，1983年版)54-55页。

22. 家にあり*たき*木は、松・桜。松は五葉もよし。(《徒然草・139》)

(家に植えて*おきたい*木は、松と桜だ。松は、普通の松のほかに、五葉の松もよいものだ。)

(想种在家中的树是松和樱。在松树中除一般的松树外，五叶松也可以。)

23. 二つのわざ、やうやう境に入りければ、いよいよよくし*たく*覚えてたしなみけるほどに、……。(《徒然草・188》)

(この二つの芸は、次第に上達して本格的な境に入ったので、益益うまく*やりたく*思われて熱中している中に、……。)

(这两名艺妓渐入佳境，故不觉想使其日臻完善，于是正专心习练中，……。)

24. 帰り*たければ*、ひとりついたちて行きけり。(《徒然草・60》)

(〈その僧都は〉*帰りたく*なると、ひとりぷいと立って出て行った。)

(〈此僧都〉一想到要回去时，便忽地独自离席而去。)

25. おほかた、ものの音には、笛・篳篥。常に聞き*たき*は、琵琶・和琴。(《徒然草・16》)

(一般に楽器の音でおもしろいのは、笛・篳篥である。いつも*聞きたい*のは琵琶と和琴である。)

(一般讲，在乐器的音色中最优美的为笛、筚篥。平时想听的是琵琶与和琴。)

26. 「ただ今、御所にて、紫の朱奪ふことをにくむといふ文を御覽ぜられ*たき*ことありて、……。」と仰せらるるに、……。(《徒然草・238》)

(〈堀川大納言殿が〉「ただ今、御所で『紫の朱をにくむ』という本文を〈天皇が〉ご覧なさりたいことがあっ

て、……。」とおっしゃるので、……。)

(〈堀川大纳言〉言道:"〈天皇〉在御所即刻想御览'恶紫之夺朱也。'这一正文,于是……。"所以……。)

二、使役助动词"しむ"

(一)"しむ"系为最早出现的使役助动词,见于上代。此期仅表使役之意(=…せる、…させる)。

表3

词	未然形	连用形	终止形	连体形	已然形	命令形	活用型
しむ	しめ	しめ	しむ	しむる	しむれ	しめよ	"下二段型"

"しむ"盛用于散文和韵文中[1],如《宣命・33诏》"侍り坐せる人を率て来て、さらに帝と立てて天の下を治めしめむと念ひてある人もあるらし。"、《万叶集・十——2250》"春霞たなびく田居にいほりして秋田刈るまで思はしむらく。"等。此外:

27. 三柱の女神を、筑紫の洲に降らしめ給ひき。(《日本书纪・神代上》)

(〈素盏鸣の尊〉三柱の女神を、筑紫の洲にお天降らせになった。)

(〈素盏鸣尊〉让三柱之女神从天界降至筑紫洲。)

28. ……宿の梅の散り過ぐるまで見しめずありける。(《万叶集・廿——4490》)

(……お庭の梅の散り過ぎてしまうまで見せて下さらなかっ

---

1 见『古語大辞典』(中田祝夫编监修,小学馆,1984年版)803页;『古典語現代語助詞助動詞詳説』(松村明编,学灯社,1976年版)87-88页;『研究资料日本文法・第7巻』110-111页。

たとは。）

（……直至庭中梅花谢，不令观赏实可叹。）

（二）进入平安时代虽仍见其用例，如《土佐日记・1月26日》"……楫取(かぢとり)の申(まう)してたてまつる言葉、「この幣(ぬさ)の散(ち)るかたに、御舟(ふね)すみやかに漕(いそ)がしめ給(たま)へ。」と申したてまつる。"等。但就在这个时期，作为女性用语主要见于"和文系"的另一使役助动词"す""さす"二者日益发达，后遂得广泛使用，如《源氏物语・桐壶》"……急ぎ参らせて御覧するに、珍らかなる児(ちご)の御かたちなり。"、《平中物语・23》"常に、もの言ひ伝へさする人に、たまさかにあひにけり。"等。此外：

29. たけとり、泣(な)く泣(な)く申(まう)す。「……この十五日は、人々賜(たま)はりて、月の都(みやこ)の人まうで来(こ)ば、捕(と)へさせむ」と申す。（《竹取物语・升天》）
(竹取(たけとり)の翁(おきな)が泣く泣く申(あ)し上げる。「……この十五夜(じゅうごや)は、ご家来達(けらいたち)をいただいて、月の都(みやこ)の人がやって来たらば、捕えさせましょう」と申す。)
（伐竹翁边哭边言道："……就此十五日，〈皇上要〉派遣家臣们〈来〉，若月都中的人一到就让〈家臣们〉去抓吧。"）

30. ……手にうち入れて家へ持(も)ちて来ぬ。妻(め)の嫗(おうな)にあづけて養(やしな)はす。(《竹取物语・辉夜姫的生长》)
（……手のひらに入(い)れて、自分の家へ持って来た。〈そして〉妻のおばあさんにあずけて養わせる。）
（〈伐竹翁〉……便把〈这个孩子〉放在手心里带回家来。〈于是〉将其托付给妻子老婆婆，让她抚养。）

31. そこなる人にみな滝の歌よます。（《伊势物语・87》）
（〈布引(めのびき)に来た男は〉、そこにいる人にすべて滝の歌をよま

せる。）

（〈来到布引的男子〉让在那里〈观赏瀑布〉的人全都作首有关瀑布的歌。）

32. 朝には、狩に出だし立ててやり、夕さりは帰りつつ、そこに来させけり。（《伊势物语・69》）

（朝には〈いろいろと仕度を整えて〉狩りに送り出してやり、夕方には帰ってくると、自分のところに来させた。）

（早晨，〈做好各种准备〉送他出去狩猎，傍晚回来后便让他回到自己的住所来。）

33. ……「少納言よ、香爐峯の雪いかならん」と仰せらるれば、御格子あげさせて、御簾を高くあげたれば、わらはせ給ふ。（《枕草子・299》）

（〈中宮さまが〉「少納言よ。香爐峯の雪はどんなであろう」と仰せになるので、御格子を上げさせて、御簾を高く巻き上げたところが、お笑いあそばす。）

（〈中宫〉言道："少纳言呀。香炉峰上的雪怎么样了。"于是就让少纳言把格子窗吊起，高高地将竹帘卷上，〈中宫见之〉便笑了。）

此外，还有《源氏物语・嫩菜・下》"人々に物語を読ませたりしてお聞きになる。"、《大和物语・148》"人をやりてたづねさせむとすれど、うたてわが男聞きて、うたてあるさまにもこそあれ。"等。

但"しむ"与上述盛用于此期的"す""さす"正相反，在其影响下日趋衰微，平安时代的假名文学中已很少见到使用"しむ"的用例。据统计，其在《源氏物语》中仅有三例，而且仅限于僧侣等男性的用语中。"しむ"在平安末"院政期"后，作为男性用语

日益多用于公卿的"变体汉文"和《大镜》、《今昔物语集》等"汉文训读文"中了[1]，如《大镜·赖忠》"馬の上の随身左右に四人つがは<u>しむる</u>事も、この殿のしいで給へり。"等。此外：

34.〈僧都〉……「但し、若干の人を一度に涙を落して泣か<u>令むる</u>事は有可き事にも非らず……。」と云ひてぞ、……。
（《今昔物语集·十四——39》）
（〈実因僧都は……〉「だが、あれほど多くの人々をいっせいに落涙させて<u>泣かせる</u>ことはとうていできるものではない。……」と言って……。）
（〈实因僧都〉……言道；"但，让那么多人一齐落泪哭泣是绝对做不到的。……"……。）

35.高祖此の事を聞き驚きて、張良が言ばに随ひて、使を以て項羽の所に云ひ送りて云く、「……此の宮に有りと云ふとも、未だ璽及び公の財を動かさ<u>令めず</u>」と。（《今昔物语集·十一——2》）
（高祖はこれを聞いて驚き、張良の言葉に従って使者を項羽のもとにやり、「……私はこの宮殿にいるとはいえ、まだ国璽および国家の財宝には<u>手を付けさせて</u>おりません」といわせた。）
（高祖闻此事感到惊讶，于是便随从张良所言，派使者去项羽处与其传言道："我虽说身在此宫，但不让动用国玺及国家的财宝。"）

36.試楽といふ事、三日かねてせ<u>しめ</u>給ひしになん、参りて侍りし。（《大镜·道隆》）
（試楽という事を、三日前にお<u>行わせ</u>になりましたその折に

---

[1] 见『岩波古語辞典』（大野晋等编，岩波书店，1975年版）1429-1430页；『よくわかる国文法』（塚原铁雄等著，旺文社，1974年版）237-238页。

参りました。)

(于三日前令举行试乐一事,我在那时就已去了。)

37. 今は出家せ<u>しめ</u>て聖の道を習は<u>しめ</u>む。(《今昔物語集・一——17》)

(今は、<u>出家させ</u>て聖の道を<u>習わせ</u>ようと思っているのだ。)

(今思让其出家,修习圣道。)

38. 王、此の心を見て、大臣に仰せて固く城の四つの門を守ら<u>しむ</u>。(《今昔物語集・一——4》)

(王は、この心を見てとり、大臣に命じて城の四つの門を堅く<u>守らせ</u>た。)

(净饭王看出其子〈悉达多太子欲出家〉之意愿,故令大臣坚守城郭的四门。)

39. 天皇守屋の大連を寺に遣て、堂塔を破り、仏経を焼<u>しむ</u>。(《今昔物語集・十一——1》)

(天皇は守屋の大連を寺にやり、堂塔をこわし、経典を<u>焼かせ</u>た。)

(天皇派守屋的大连(=大和朝廷的执政官)去寺庙,毁坏堂塔,并令其焚烧经典。)

40. 女の云く、「其の蟹我に<u>令得</u>めよ。食の料ならば、わが家に死たる魚多かり。……」と。(《今昔物語集・十六——6》)

(「その蟹をわたしに<u>ください</u>な。食べる物なら、わたしの家に死んだ魚がたくさんあるわ。……」と娘が言うと。……。)

(当女儿言道:"〈你〉把那只螃蟹给我吧。若是吃的东西,我家有许多死鱼呀。……")

41. 彼れを召して祈ら<u>令め</u>ば、必ず霊験掲焉ならむ。(《今昔物

语集・十四——34》)

(彼を召して祈祷させたなら、必ずあらたかな霊験がございましょう。)

(若叫他〈去〉让其祈祷，必然灵验非凡吧。)

(三) 及至中世镰仓时代后，由于"しむ"承袭了前代多用于"汉文训读系"的传统，故作为书面语言盛用于《方丈记》《平家物语》等和汉混淆文中，然而一般不用于日常用语中。例如：

42. この法師……仏師等を供養して、我が像を造らしめたり。
(《宇治拾遺物語・三——13》)
(この法師が、……仏師たちに施しをして、我が像を造らせたのである。)
(此法师……供养着佛师们，让〈他们〉造我的像。)

43. 芸はこれ拙なけれども、人の耳を喜ばしめんとにはあらず。(《方丈記・方丈庵》)
(琵琶はうまくはないが、人の耳を喜ばせようというのではない。)
(琵琶〈弹得〉并不高明，但无意愉悦他人之耳。)

44. ……その首の見ゆるごとに、額に阿字を書きて、縁を結ばしむるわざをなんせられける。(《方丈記・飢饉》)
(〈隆曉法印という人は〉、……死骸を見るたびに、額に阿字を書いて、仏縁を結ばせることをなさった。)
(〈一称隆晓法印的人〉，……每当见到尸体便在他们额头上写一"阿"字，让其结佛缘。)

45. 平相国といふ者あり、四海を管領して万民を悩乱せしむ。
(《平家物語・七——祷文》)
(平相国という者があって、日本を支配して万民の心を乱し悩ませています。)

(有平相国者，〈他〉统领四海，扰乱了万民之心。)

46. 凡そは皇子御誕生あつて、祚をつがしめん事も、海内無為を思ふためなり。（《平家物语・三——赖豪》）

（だいたい、皇子が御誕生になつて、皇位をつかせようと願うのも、国内の安泰を思うためである。）

（凡皇子诞生，望让其继承皇位，这也是为了思虑国内之安泰。）

47. 養生経にいはく、口をして鼻の如くせしむれば、身の終るまで事勿しなどいへる文を思はへて、かやうにのたまへるにや。（《十训抄・四——1》）

（『養生経』の「口をして鼻のごとくあらしめば、一生の間、何事もない」といった文章を思い浮かべて、行基菩薩おっしゃったのであろうか。）

（也许是行基菩萨想起《养生经》上所载"若使口如鼻，则终身无事"的文句，方始才说的吧。）

此外，还有《古今著闻记・释教——二》"……「我をして戦に勝たしめ給ひたらば、四天王の像をあらわして寺塔を立てん」と。"、《平治物语・二》"「誠に王陵は無双の孝子なれば、我をして楯の面に伏せしめば、必ず楚に降らん」。"等用例。

（四）在《徒然草》中，以"す""さす"表示使役之意的用例也多见于"和文系"的文章中。例如：

48. 患ふ事あるには、……ことに多く食ひて、万の病を癒しけり。人に食はする事なし。（《徒然草・60》）

（病気にかかることがある時は、……ふだんよりも特に多くたべて、どんな病気をもなおした。そのいもがしらを他人

にたべさせることはない。)

(在有时患病时，……要吃比平时尤为多的芋头，〈以〉医治各种疾病，但从不让别人吃芋头。)

49. 亀山殿の御池に大井川の水をまかせられんとて、大井の土民に仰せて、水車を作らせられけり。(《徒然草・51》)

(亀山離宮の庭のお池に、大井川の水を引き入れなさろうとして、大井の里の土地の者にお言いつけになって、水車をお作らせになった。)

(〈后嵯峨上皇〉欲将大井川之水引入亀山殿内的水池，故命大井川的居民，让其制作水车。)

50. ……「遥かなるほどなり。口づきのをのこに、先づ一度せさせよ」とて、酒を出したれば、……。(《徒然草・97》)

(……〈具覚坊は〉「〈宇治までは〉遠い道のりだ。馬の口取の男に、まず一ぱい飲ませてやってくれ」と言って、酒をだすと……)

(……〈具覚坊〉言道："〈到宇治来迎我〉确实路途遥远。先让牵马的男子喝一杯吧。"〈言毕〉便拿出酒来，……。)

51. ……この法師を捕へて、所より使庁へ出したりけり。殺す所の鳥を頭に懸けさせて、禁獄せられにけり。(《徒然草・162》)

(……この法師をつかまえて、その土地から検非違使庁へ突き出したのであった。そこで、検非違使庁では承仕法師に殺された鳥を法師の首にかけさせて、牢にとじこめてしまわれた。)

(〈村里的男人们〉……抓了这个法师，并从当地将其扭送到检非违使厅。于是，在检非违使厅里，令法师将被其杀死的鸟挂在颈项上，并关入牢内。)

诚上所示，尽管"す""さす"多见于《徒然草》的"和文"中，而"しむ"盛用于"和汉混淆文"的这一语法变迁同样也明显地多见于此书《徒然草》中。例如：

52. 生を苦しめて、目を喜ばしむるは、桀・紂が心なり。(《徒然草・121》)

(生きものを苦しめ、〈自分の〉目を喜ばせるのは。〈残忍な暴君〉桀や紂と同じ心の持ち主である。)

(以虐生而愉悦一己之目者，则心同桀、紂〈无异〉。)

53. 大方生ける物を殺し、いため、闘はしめて、遊び楽まむ人は、畜生残害のたぐひなり。(《徒然草・128》)

(だいたい、生きているものを殺したり、痛めつけたり、たたかわせて遊び楽しむような人は、互いにかみあう畜生の仲間である。)

(一般说来，或虐杀生物、或折磨、或让其争斗以此取乐者，当为互相残害的畜生之类。)

54. 人を苦しめ、法を犯さしめて、それを罪なはん事、不便のわざなり。(《徒然草・142》)

(人民を苦労させ、その結果、法律を犯させるようにして、それを処罰することは、人民のためにはかわいそうな行いである。)

(让人民受苦，其结果则使其触犯法律，予以处罚。此对人民而言实为悲怜之举。)

55. 我負けて、人を喜ばしめむと思はば、さらに遊びの興なかるべし。(《徒然草・130》)

(自分が〈わざと〉負けて相手を喜ばせてやろうと思ったならば、一向にその遊戯の興味はないだろう。)

(若思以〈故意〉自负而使对方喜悦，此种游戏则将索然无味

吧。)

56. 身をやぶるよりも、心を傷ま<u>しむる</u>は、人を害ふ事なほはなはだし。(《徒然草・129》)

(肉体を傷づけるよりも、心を苦しめるほうが、人を害する点でがいっそうはなはだしい。)

(在伤害人这点上，与损坏身体相比则使人感到悲伤尤甚。)

57. 身を危ぶめてくだけやすきこと、珠を走ら<u>しむる</u>に似たり。(《徒然草・172》)

(身を危険にさらしてくだけやすいことは、〈ちょうど〉玉を<u>ころがす</u>のに似ている。)

(置身于危险之中则易于粉碎，此恰似滚珠一般。)

58. おろかなる人の目をよろこば<u>しむる</u>たのしみ、またあぢきなし。(《徒然草・38》)

(おろかな人が<u>見て</u>よろこんでいる楽しみもまたつまらないものである。)

(愚人见而感到的〈这种〉乐趣，也是毫无意义的。)

三、可能助动词"る""らる"

可能助动词"る""らる"早见于上代，均表可能之意(=…できる、…しうる)[1]。

表4

词	未然形	连用形	终止形	连体形	已然形	命令形	活用型
る	れ	れ	る	るる	るれ	れよ	"下二段型"
らる	られ	られ	らる	らるる	らるれ	られよ	

---

[1] 见『日本文法大辞典』905-906页，910-911页；见『古語辞典・第八版』(松村明等编，旺文社，1994年版)1248页，1254页。"る・らる"可表自发、可能、被动和尊敬(此意始见于平安时代)。因本文仅论述其可能的用法，故名。

(一)上述二词("る""らる")由于上代可能助动词"ゆ""らゆ"的存在,故而并不发达。前者"る"多与否定词"ず"等并用,构成否定表现(=…できない),如《万叶集・廿一4322》"わが妻はいたく恋ひらし飲む水に影さへ見えてよに忘られず。",但用例很少。后者"らる"略有不同,未见其在上代的文献中有肯定表现(=…できる)的用例。及至平安时代后,二者取代了上代的可能助动词"ゆ""らゆ",用例也日渐增多,但在表示可能之意时也与上代的"ゆ""らゆ"相仿,仅有少量肯定表现,如《源氏物语・须磨》"取り使ひ給へる調度も仮初にしなして、おまし所もあらはに見入れらる。"、《更级日记・出发》"南は、はるかに野の方見やらる。東・西は海近くて、いとおもしろし。"等,但大多为否定表现,即与否定词、反语并用,表示不可能之意。这一倾向在此期的"和文系"的文体中尤为明显[1]。以下仅通过实例分别对"る"和"らる"的可能表现予以说明。

——る——

59. ものは少しおぼゆれど、腰なむ動かれぬ。(《竹取物语・燕之子安贝》)

(気がすこしはっきりしたが、腰がなにしろ動かれない。)

(虽神志稍觉清醒,但腰仍不能动弹。)

60. ……国王の仰せ事を、まさに世に住み給はむ人の承り給はではありなむや。いはれぬ事なし給ひそ」と、……。(《竹取物语・狩猎》)

(……国王の仰せになることを現にこの世に住んでいらっしゃる人が、お聞きなさらないでおられましょうか。道理に

---

1 见『古語大辞典』1730页,1741页;『考究古典文法』(中田祝夫著,新塔社,1974年版)177页;『詳説古語辞典』1284页,1291页。

外れたことをなさるな」と、……。）

（当〈内侍〉言道："……现住于此处的人怎么能不听皇上的嘱咐？决不可违背这一道理。"……。）

61. 涙のこぼるるに、目も見えず、ものもいはれず。（《伊势物语・62》）

（涙がこぼれるので、目も見えず、口もきけない。）

（只因泪水〈从眼中〉溢出，眼也看不见，口也不能言。）

62. 物暗うなりて、文字も書かれずなりにたり。（《枕草子・321》）

（なんとなく薄くなって、文字も書けなくなってしまった。）

（总觉得变得昏暗了，故而字也不能写了。）

63. ……知らぬ人の中にうちふして、つゆまどろまれず。（《更级日记・宮中供职》）

（……知らぬ人の間で寝るために、少しも眠れない。）

（……因在不相识的〈同辈的〉女官中间睡觉，所以一点儿也睡不着。）

64. いらへに、何とかはいはれ侍らむ。ただ、「承りぬ」とて、立ち出で侍るに、……。（《湖月抄本源氏物语・帚木》）（此处的"かは"表示反语）

（その返答に、なんと言うことができましょうか、何とも言いようがありませんので、ただ「承知しましたよ」と言って、女の家を立ち去ろうとしますと、……。）

（对此，我能回答什么呢？故而只说了声："知道了。"后正要离开女家时，……。）

——らる——

65. ……おきふしよるはいこそ寝られぬ。（《古今集・恋一

605》)

(……私は起き上がったり臥せったりして、恋しさのために、夜は眠ることも<u>できない</u>。)

(……忽起又忽卧，皆为恋慕故，夜也不能眠。)

66. ……あの国の人をえ戦はぬなり。弓矢して射られじ。(《竹取物語・升天》)

(……あの〈月の〉国の人に対しては、とても戦うことはできないのです。弓矢で<u>射ることはできますまい</u>。)

(绝不可能向那月宫中的人开战。决不能用弓箭射〈他们〉。)

67.「二千里の外の故人の心。」と誦したまへる。例の涙もとどめ<u>られ</u>ず。(《源氏物語・須磨》)

(「二千里の外の故人の心。」とお読みになっているのは、いつものように人々は、涙も<u>とめられず</u>。)

(人们照例地为〈源氏〉所吟诵的诗句"二千里外故人心。"而流泪不止。)

68. 男はた、<u>寝られ</u>ざりければ、外の方を見出して臥せるに、……。(《伊勢物語・69》)

(男子もまた<u>眠ることができなかった</u>ので、外の方を眺めて横になっていると、……。)

(此男子〈为思念斋宫〉也未得入睡，故而正在他躺着眺望屋外的时候，……。)

69. しばしうち休み給へど、<u>寝られ</u>給はず。(《源氏物語・空蝉》)

(〈源氏は〉しばらくお寝みになるけれども、<u>お眠りになることができない</u>。)

(〈源氏〉虽稍稍睡了一会儿，但总也不得入眠。)

70. ……雨降りなどすれば、恐ろしくて寝も寝られず。(《更级日記・出発》)

（……雨が降ったりするので、恐ろしくてとても寝ることができない。）

（……由于天降大雨，吓得我根本无法入睡。）

（二）进入中世镰仓时代后，"る""らる"在表示可能时依然存在着多与否定词、反语并用，表示不可能之意的倾向。例如：

71. あるじの郡司(ぐんじ)は、郎等(らうどう)引(ひ)き具(ぐ)して出(い)でぬ。いもねられざりければ、やはらに起きて、……。(《宇治拾遗物语·九——1》)

（主人の郡司は、家来(けらい)をひき連れて出て行った。なかなか眠(ねむ)れなかったので、そっと起きて、……。）

（担任郡司的主人带领从者出去了。〈而我〉总也睡不着，于是便悄悄地起来，……。）

72. 静憲法印(じやうけんほふいん)あまりのあさましさに、つやつや物も申(まう)されず。(《平家物语·一——鹿谷》)

（静憲法印は、あまりの驚(おどろ)きに、ろくにものも申すことができない。）

（静宪法印由于受到过分的惊吓，〈他〉都不会口齿利索地说话了。）

73. 起(お)きあがらむとすれども、なじかは起きらるべき。(《源平盛衰记·五》)(此处的"なじかは"表示反语)

（起きあがろうとするけれども、どうして起きることができるだろうか、起きることはできない。）

（虽要起来，然而怎么也站不起来。）

74. ……変(か)り行くかたちありさま、目もあてられぬこと多(おほ)かり。(《方丈记·饥馑》)

（……〈死骸(しがい)が〉腐(くさ)って変りゆく様(さま)子は、〈実にむごたらしく〉目もあてられぬことが多い。）

(……〈尸体〉日益腐烂的形状,〈实为悲惨之极〉,令人目不忍睹之处甚多。)

"る"和"らる"随着时间的推移,虽说仍多见其否定表现,但也逐渐出现不与否定词、反语并用,单独表示可能的、即可能表现的用例。如《米泽本沙石集·九——10》"海人の親子三人ありけるが、毎日に魚を三つつ<u>られ</u>けり。"等,但其例仍不多见。

(三)在此书《徒然草》中,虽仍见其以"る"、"らる"表示可能的否定表现。例如:

75. しばしかなでて後(のち)、抜(ぬ)かんとするに大方(おほかた)抜<u>かれず</u>。(《徒然草・53》)
 (しばらく舞(ま)ってから、〈足鼎(あしかなえ)を〉抜こうとするけれど、<u>抜くことができない</u>。)
 (舞了一会儿之后,便欲将头从足鼎中拔出,然而怎么也拔不出来。)

76. ……山林(さんりん)に入(い)りても飢(う)ゑをたすけ、嵐(あらし)を防(ふせ)ぐよすがなくてはあ<u>られぬ</u>わざなれば、……。(《徒然草・58》)
 (……〈たとえ出家して〉山林にはいっても、飢えをしのぎ、風雨を防ぐ手段が<u>なくてはいられない</u>ものだから、……。)
 (……〈即便出家〉归入山林,若无忍饥、防风雨〈袭击〉的方法,也难以生存下去,故而……。)

77. 今様(いまやう)の事どもの珍(めづら)しきを、言(い)ひ広(ひろ)め、もてなすこそ、また受(う)け<u>られね</u>。(《徒然草・78》)
 (最近の珍しい、いつくかの事実を、他人に言い広めてもてはやすのは、これまた<u>納言(のうごん)できない</u>ことである。)

（向他人宣扬、盛赞最近少见的若干事实，这也是难以理解之事。）

尽管如此，其中也出现不少肯定表现的用例，而且这一现象在本书《徒然草》中表现得尤为明显[1]。例如：

78. 家の作りやうは、夏をむねとすべし。冬は、いかなる所にも住まる。（《徒然草・55》）

（家の造り方は、夏を主にするのがよい。冬は、どんな所にでも住むことができるものである。）

（建造房屋，宜以夏为主。冬日，无论何处皆可居住。）

79. 大かた、家居にこそことざまは、推しはからるれ。（《徒然草・10》）

（大体、住居によって〈その家の人の〉人柄は推量できる。）

（大体上可依据住居推测〈此家人之人品〉。）

80. 吾妻人こそいひつる事はたのまるれ。都の人は、言請のみよくて、実なし。（《徒然草・141》）

（東国の人こそ一たん言ってしまった事は信頼できる。都の人は、口先の引き受けだけがよくて、誠実さがない。）

（唯东国人口出之事当可信赖。然而，京都人只是口头应允，并无诚意。）

81. 悔ゆれども、取返さるる齢ならねば、……。（《徒然草・188》）

（後悔はするけれども、年齢というものは、取り返すことのできるものではないから、……。）

（虽然后悔，但〈逝去的〉年龄则是无法追回的，所以……。）

82. かくてもあられけるよと、あはれに見るほどに、……。（《徒然草・11》）

---

1 见『岩波講座 日本語 7・文法 II』（大野晋等编，岩波书店，1977年版）120-121页。

(「こんな〈物さびしい〉ふうでも住んでいることができたんだなあ。」と、しみじみと感じ入って見ているうちに、……。)

(思及"如此〈寂静〉之处竟能居住下来！"，不禁感慨万分，〈此时〉正见〈对面的庭园里〉，……。)

四、郑重动词"侍り"

"侍り"为"ラ変"动词，见下表：

表5

词	未然形	连用形	终止形	连体形	已然形	命令形	活用型
侍り	侍ら	侍り	侍り	侍る	侍れ	侍れ	"ラ変活用型"

（一）此词系由"這いあり"转化而来。它早见于上代，为"仕ふ""あり""をり"的谦让语（=伺候する、側近くお仕えする），如《日本书纪·雄略十二年》"天皇、便ちに御田を、その采女を奸せりと疑ひて、刑さむと自念して、物部（=刑吏）に付ふ。時秦酒公侍坐（=時に秦酒公、侍にハベリ）。琴の声を以て、天皇に悟らしめむと欲ふ。"、《宣命·41诏》"昼モ夜モ倦ミ怠ルコト無ク謹シミ礼マヒ仕ヘ奉リツツハベリ。"以及下例：

83. 天皇は大極殿におはします。古人大兄はべり。(《日本书纪》)

(天皇は、大極殿にいらっしゃる。古人大兄皇子がつつしんでおそばに控えている。)

(天皇在大极殿，古人大兄皇子侍奉于近侧。)

诚上所言，"はべり"见于上代，但在上代的文献中，未见有用"万叶假名"所书写的用例。进入平安时代后，虽仍有其用例，然日益少见。如：

84. 雷鳴の壺に召したりける日、大御酒など賜べて、雨のいたう降りければ、夕さりまで侍りて、……。(《古今集・离别——397・歌序词》)
(雷鳴の壺に帝がお召しになった日、お酒などいただいて、雨がたいへん降ったので、夕方までお仕え申し上げて、……。)
(〈醍醐天皇〉于雷鸣壶(=袭芳舍)召见之日，上赐酒等，此时天降大雨，一直侍奉到傍晚，……。)

85. ……御前のかたにむかひて、うしろざまに、「誰々か侍る」と問ふこそをかしけれ。(《枕草子・56》)
(……〈蔵人が〉……上の御前の方にむかって、後ろ向きに、「だれだれはひかえているか」とたずねる様子こそおもしろい。)
(〈蔵人〉……面向主上，背对卫士问道："某某来执勤了吗？"这种〈问话的〉样子真让人感到颇有意思。)

86. 「このわたりのうかれめども、あまたまゐりてさぶらふなかに、声おもしろく、よしあるものは侍りや」と問はせたまふに、……。(《大和物语・146》)
(「ここらあたりの遊女たちが大ぜい参上して伺候しているなかに、声がよく由緒ある者は伺候しているか」と〈帝〉がお尋ねになると、……。)
(当〈天皇〉问道："在这一带上府伺候的许多游女们中间，有否出身名门、其声悦耳动听的人伺候吗？"……。)

87. もの恐ろしき夜のさまなめるを、宿直人にてはべらむ。

(《源氏物语・若紫》)

(なんとなく恐ろしい夜のようすのようなので、宿直する人として〈姫君(ひめくん)の〉おそばにお仕(つか)え申(まう)し上げよう。)

(总觉得是个令人可怕的夜晚似的,所以作为值夜班的人要侍立在〈公主的〉近边。)

及至平安时代后,"侍り"主要用做郑重动词,即为"いる""ある"的郑重语(=おります、ございます)和郑重补助动词,即"…侍り"(=…ております、…でございます、…ます)。上述二者均以其极其郑重而谦逊的态度表达自己或自己一方的动作、存在,从而向读者或听者直接表达敬意,但与话题无关。它主要用于对话,故而也有"对话敬语"之称,很少见于和歌以及文章的叙述部分(=地の文),如《紫式部日记》"宰相(さいしやう)の君の顔(かほ)がはりし給(たま)へるさまなどこそ、いとめづらかに侍(は)りしか"等。以下试通过实例对"はべり"和"…はべり"的用法做一说明。

——侍り——

88.「さりとも、つひに見つくるをりも侍らん。……」といふ。(《枕草子・7》)
(〈忠隆(ただたか)〉「そんなにお隠しなさっても、いつか見つけるときもございましょう。……」という。)
(〈藏人忠隆〉言道:"即使藏起不出来,也会迟早找到的吧。……"。)

89.……「いかに」と問(と)はせ給(たま)へば、「正月(しやうがつ)の十よ日までは侍(は)りなん」と申すを、……。(《枕草子・87》)
(……「どうか」とおたずねあそばされるので、「〈この雪は〉きっと陰暦(いんれき)正月十日過ぎまでは〈残って〉ございましょう」と申しあげると、……。)

(……〈中宫〉问道："怎么样？"所以〈我〉答道："〈此雪〉定会残留到阴历正月十日后吧。"于是……。)

90. ある人、「北山になむ、なにがし寺といふところに、かしこき行ひ人侍る、……やがてとどむるたぐひあまた侍りき。……」となど〈源氏に〉聞こゆれば、……。(《源氏物语・若紫》)

(ある人が、「北山に、なんとか寺という所に、尊い行者がございます。……すぐに発作を止めるようなことが数多くございました。……」など申し上げるので、……。)

(某人〈对源氏〉言道："在北山的某寺中，有一尊严的修行僧。……〈此人〉当即控制了疟疾发作的事例，多不胜数。……"。)

——……侍り——

91. 嫗、内侍のもとに帰り出でて、「くちをしく、この幼きものは、こはく侍るものにて、対面すまじき」と申す。(《竹取物语・狩猎》)

(嫗は内侍のいる所に帰ってきて、「残念なことに、この小さい娘は強情者でございましてお会いしそうにもございません」と申しあげる。)

(老妪回到内侍所在处，向其禀告："非常抱歉，这小女孩非常固执、倔强，恐难以相见。")

92. 「……うちうちに思ひたまふさまを奏したまへ、ゆゆしき身にはべれば、……。」などのたまふ。(《源氏物语・桐壶》)

(〈母君〉「……〈わたしが〉心の中で考えております趣を〈帝に〉申し上げて下さい。〈わたしは夫や娘に先立たれ

た〉不吉な身でございますから、……。」などとおっしゃる。）

（〈母君〉言道："……请将〈我〉心中所思之旨趣上奏〈皇上〉。〈我是一个丈夫和女儿皆先我而去的〉不吉之身，所以……。"）

93. 忘れやし給ひにけむと、いたく思ひわびてなむ侍る。（《伊勢物語・46》）

（〈私のことなど〉お忘れになってしまっただろうかと、たいそう心細く思っております。）

（感到非常失望、不安：是把〈我〉忘却了吧。）

94. 「……夜ふけはべりぬべし。」とて急ぐ。（《源氏物語・桐壺》）

（〈命婦は〉「……夜も更けてしまいましょう」と言って帰参を急ぐ。）

（〈命妇〉言道："……夜已很深了吧。"〈言毕〉便急速回宫。）

95. 〈従者が、光源氏に〉「はや、御馬にて二条の院へおはしまさむ。人騒がしくなり侍らぬ程に、……。」（《源氏物語・夕顔》）

（「早くお馬で二条の院へいらっしゃるのがようございます。人の往来が多くなりませんうちに、……」。）

（〈从者〉对光源氏言道："还是尽快骑马到二条院去为好。趁〈现在〉人来人往还不多的时候，……"。）

此外，"…侍り"还用于书简文和敕撰和歌集《古今集》等的"歌序词"[1]中。例如：

---

1 见『詳解古語辞典』1004-1005页；『研究資料日本文法・第7巻』70-72页；『古典読解の基本語法』168页；『日本文法大辞典』693页。

96. うち泣きて書くことばは、「……過ぎ別れぬることかへすがへす本意なくこそ覚えはべれ。……」と、書きおく。(《竹取物语·升天》)
(〈かぐや姫が〉泣いて書く文句は、「……〈この国を〉過ぎ去ってお別れ致しますこと、何としても不本意に存じます。……」と書いておく。)
(〈辉夜姬〉哭泣着写了〈下面〉的话："……离开〈此国〉而去，确非出于我的本意。……")

97. 宮仕へ久しうつかうまつらで、山里にこもり侍りけるによめる。(《古今集·秋下——282·歌序词》)
(宮仕への出仕を長い間しないで、山里に引きこもっておりました時に詠んだ歌。)
(此歌乃(=歌人，藤原关雄)久未出仕宮廷，隐居于山村时所作。)

98. 桜の花の散り侍りけるを見てよみける。(《古今集·春下——76·歌序词》)
(桜の花の散りましたのを見て詠んだ。)
(此歌乃见樱花凋谢而作。)

但需注意，上例98中的"花の散り"纯属客观的自然现象，对其无须使用郑重语予以表示，但作者为了直接向读者表示谦逊、郑重之意，故而也使用了"…侍り"。此法也被称为："用于第三者的典型的郑重语"。

(二)另一郑重动词"候ふ"(自·八·四)与上述的"侍り"相同，原自上代起便为"仕ふ""あり""をり"等谦让语。然约至平安时代中期始为郑重动词(=おります、ございます)和郑重补助动词(=…ております、…でございます)。二者均用于对话、书简文等

中，似不见用于文章叙述部分。此词的敬意程度要比"侍り"强，故而世间日渐多用"候ふ""…候ふ"了。及至平安时代末"院政期"后，"候ふ"几乎取代了"侍り"，"…侍り"也就随之急速衰微[1]。此期的"候ふ"除少数的"候ふ"（见下例99外），多为"…候ふ"的用例。如：

99. 翁、皇子に申すやう、「いかなる所にか、この木はさぶらひけむ。……」と申す。（《竹取物语・蓬莱玉枝》）
   （翁が皇子に申しあげるには、「どのような所に、この木はございましたのでしょうか。……」と申しあげる。）
   （伐竹翁对皇子言道："在什么地方有这种树呢？"。）

100. 〈生昌〉「姫宮の御前の物は、例のやうにては、にくげにさぶらはん。……」と申すを、……。（《枕草子・8》）
   （〈生昌が〉「姫宮様の御膳は、ふつうのものでは、大すぎて見苦しいでございましょう。……」と申しあげるのを、……。）
   （〈生昌〉言道"公子（＝即时年仅四岁的修子内亲王）的用膳。若是平时〈大人用的〉食器则过大，不太相称吧。……"）

101. 童ぞ登りさぶらはむ。（《枕草子・87》）
   （子供たちが、〈きっと雪の上に〉登りましょう。）
   （孩子们〈定〉要登临〈雪山上〉。）

102. 「京にとくあげ給ひて、物語の多くさぶらふなる、ある限り見せ給へ。」と身を捨てて、……祈り申す……。（《更级日记・出发》）
   （「早く私を都に上らせて下さって、〈その都には〉、物語がたくさんございますと聞きます〈が、その〉ありったけ

---

1 见『研究資料日本文法・第7巻』72-74页；『古語辞典・第八版』531页。

を見せて下さい。」と一心不乱になって、……。)

(〈我〉专心致志地……祈祷："让我快上京都去吧。〈在京都那里〉有许多物语,让我看到那所有的物语。"……。)

103. 男共、「……其れが一日失せて候へば、手を分けて此の日来求め候ひつる也。……」と云て、……。(《今昔物语集・廿九——17》)

(二人の男は、「……それが先日また出家しましたので、手分けしてここ数日来捜していたのです。……」と言って、……。)

(二个男人言道："……此老法师前数天离家出走了,所以近几天正分头寻找。"……。)

(二) 自进入中世镰仓时代后,"候ふ"更得广泛应用,并用于文章的叙述部分,其例多见于军记物语《平家物语》等中,如《平家物语・灌顶卷——六道之沙汰》"女院……「……後生菩提の為には、悦とおぼえさぶらふなり。……」と……。"等。此外:

104. おとなしき郎等進み来て、「稀有の事候ひつるなり」といふ。(《宇治拾遺物语・一——18》)

(主だった従者が進み出て、「珍しいことがありましたのです」と言う。)

(主要的从者便上前言道:"真是少有的事。")

105. ……「まったく当国のうちには候はず。出羽国にや候らん」。(《平家物语・二——阿古屋之松》)

(……〈老翁〉「全然この国の内にはありません。出羽国にあるのでしょう」。)

(……〈老翁答道:〉"根本不在这个国内,而在出羽国吧。")

106.〈齋藤別当〉「……故郷へは錦を着て帰れといふ事の候。錦の直垂御ゆるし候へ」と申しければ、……。(《平家物語・七——実盛》)

(〈齋藤別当〉「……故郷には錦を着て帰れということがございます。錦の直垂をお許し下さい」と申したので、……。)

(〈斎藤別当〉言道:"有这样一句话'衣锦还乡'。请容许我穿上锦缎的直垂(=武士的礼服)。"所以,……。)

107.木曽殿の御まへに馳せ参ッて、「……名のれ名のれとせめ候ひつれども、終ひになのり候はず。声は坂東声で候ひつる」と申せば、……。(《平家物語・七——実盛》)

(〈手塚の郎等が〉木曽殿の御前に馬を走らせて参り、「……名のれ、なのれ」と責めましたが、ついにのりません。声は坂東なまりでした」と申すと、……。)

(当〈手塚的家臣们〉策马来到木曽殿的跟前禀报:"〈我等〉再三责令他'通名过来!'但终也未予通名,说话声带关东人的口音。"……。)

108.今井四郎申しけるは、「御身もいまだつかれさせ給はず。御馬もよわり候はず。……」とて、……。(《平家物語・九——木曽之死》)

(今井四郎の申すには、「お体もまだお疲れになってはおりません。御馬も弱っておりません。……」といって、……。)

(今井四郎〈対木曽〉言道:"您身体也尚未疲乏,马也不见示弱。……"……。)

109.これは三保の松原に、白竜と申す漁夫にて候ふ。(《謡曲・羽衣》)

(私は、三保の松原に住む白竜といいます漁夫でございま

す。)

(我乃家住三保松原的、名唤白龙的渔夫是也。)

(三)而"侍り"与上述的"候ふ"却不同。于此期则逐渐衰微，日趋古语化，或为老人用语，或作为书面语用于"拟古文"中。诚上所示，"侍り"和"…侍り"在平安时代主要用于对话、书简文等，极少用于文章的叙述部分。但自进入中世镰仓时代后，"侍り"和"…侍り"却多用于文章的叙述部分，二者以极其郑重的语气向读者或听者表达自己的感想或经验，尤其是后者的"…侍り"更是如此，多接表示自己感想和经验的动词后，故而此词"侍り"也被称为"预想到读者的一种郑重表现"。这一现象可见于中世随笔集《方丈记》(成书于1212年)中。例如：

110. また治承四年卯月のころ、中御門京極のほどより、大きなる辻風おこりて、六条わたりまで吹けること侍りき。(《方丈记・旋风》)

(また治承四年陰暦四月のころ、中御門京極のあたりから、大きなつむじ風が起って、六条辺まで吹きまくったことがありました。)

(又，曾于治承四年阴历四月时分，从御门京极一带吹起巨大的旋风，一直刮到六条附近。)

111. 治承四年水無月のころ、にはかに都遷侍りき。(《方丈记・迁都》)

(治承四年六月のころ、突然、遷都がありました。)

(又，治承四年六月时分，突然迁都〈于摄津国福原〉。)

112. ただ事にあらず。さるべきもののさとしかなどぞ、疑ひ侍りし。(《方丈记・旋风》)

(これはただことではない。〈何か変事が起こる事についての神仏の〉然るべきお告げなのではないか。」などと、人々が疑い怪しんだ事でありました。)

(人们怀疑：此风非寻常之事。也许是神佛所给予的有关将会发生变故一事的天启吧。)

113. 濁悪の世にしも生れあひて、かかる心うきわざをなむ見侍りし。(《方丈记·饥馑》)

(濁り切った末世に生れあわせて、このような情ないことをも〈私は〉目にしたのであった。)

(恰逢生于〈这一〉污浊不堪的末世。〈我〉亲眼目睹了如此悲惨、令人哀叹之事。)

114. おそれの中におそるべかりけるは、ただ地震なりけりとこそ覚え侍りしか。(《方丈记·地震》)

(恐ろしいことの中にも特に恐るべきものは、まったく地震であったなあと痛感した事でありました。)

(我感到在〈诸多〉可怕的事情中，尤其令人恐惧的当为地震了。)

（四）在与《方丈记》的问世约相距百余年的《徒然草》中，虽说也有使用"候ふ"的用例（如《徒然草·223》"弟子ども、「……念仏に勝る事候ふまじとは、など申し給はぬぞ」と申しければ、……。"等），但同样也受到上述语法变迁的影响。据统计，该书有"侍り"148例（其中用于文章叙述部分的88例，对话66例），有"候ふ"59例。若二者相比，"侍り"当占其很大的优势，而且在"侍り"用于文章叙述部分的88例中，占其半数以上的55例与表示"直接经验"的回忆（过去）助动词"き"相接，以表自己的感想、经验。由此可见，中世语法的变迁对该书影响之广之深了[1]。例如：

115. 聖徳太子の、御墓をかねて筑かせ給ひける時も、「……」

---

[1] 见『敬語講座・第3巻』(山田岩等著，明治书院，1974年版)153-155页。

と、侍りけるとかや。(《徒然草・6》)

(聖徳太子が、あらかじめ、自分のお墓をお筑かせになった時にも、「……」と言われたと、古書にございましたとかいうことである。)

(圣德太子预先建造自己的坟墓时言道："……"。据说，此事记在古书中。)

116. 神無月の頃、栗栖野といふ所を過ぎて、ある山里に尋ね入ること侍りしに、……。(《徒然草・42》)

(十月のころ、栗栖野という所を通って、ある山里に〈人を〉たずねていったことがありました時に、……。)

(曾于十月时分，经过名谓栗栖野之地，去某山村去寻访〈某人〉时，……。)

117. 法華堂などもいまだ侍るめり。是も又いつまでかあらむ。(《徒然草・25》)

(法華堂などもまだあるようである。しかしこれもまたいつまで残っているだろう。)

(法华寺等今也似乎存在，然而也未知此寺等〈可〉残留至何时！)

118. ……さびしきけしき、さる事侍りけん。(《徒然草・26》)

(……この歌の、寂しい様子は、そのようなこともございましたのでしょう。)

(……此歌中寂寞、荒凉的景象实际上也就是如此的吧。)

119. されば、「……女のはける足駄にて作れる笛には、秋の鹿必ず寄る」とぞ言ひ伝へ侍る。(《徒然草・9》)

(それだから、「……女の履いている下駄で作った笛の音には、秋のころの牡鹿はきっと寄ってくる」ということが言い伝えられております。)

(因而相传："……秋天时分的雄鹿定为，即为女子所穿木屐

做的笛子的声音所吸引而走了过来。")

120. 五月五日、賀茂の競べ馬を見侍りしに、車の前に、雑人立ち隔てて見えざりしかば、……。(《徒然草・41》)
(五月五日、賀茂の競馬を見物しました折に、私の乗っている牛車の前に下賤の者たちが立ちさえぎって競馬が見えなかったので、……。)
(五月五日,在观看贺茂神社的赛马时因卑贱的人群拥堵在我乘坐的牛车前而看不见赛马,故而……。)

121. 其の頃、東山より、安居院の辺へ罷り侍りしに、四条より上さまの人、皆北を指して走る。(《徒然草・50》)
(その頃、〈私は〉東山から安居院の辺へまいりましたが、四条から北の方の人が、皆北へ向って走る。)
(当时,〈我〉从东山去安居院一带时,向北边的人正从四条向北边跑去。)

122. 行成位署・名字・年号、さだかに見え侍りしかば、人皆興に入る。(《徒然草・238》)
(行成の官位、姓名、年号が、はっきり見えましたので、人びとはみな大いに感心しました。)
(行成的官位、姓名、年号均看得清清楚楚,故而众人皆为之感叹不已。)

123. その時見たる人の、ちかくまで侍りしが、語り侍りしなり。(《徒然草・216》)
(これは、その時に、この様子を見ていた人で、このごろまで存命しておりましたのが、わたくしに語りましたことです。)
(此乃〈有一〉当时见其实情,并直至近时尚存命于世的人对我而言。)

五、尊敬复合动词"御+名词+あり(なる)"

（一）所谓尊敬表现，诚上所言，即为说话人（或作者）为了直接向话题中的人物表示敬意，而对其动作、状态、事物等采取的一种尊敬的语言表达方式。其在平安时代多用"給ふ""御座す""思す"等尊敬动词[1]。例如：

124. 仁和帝、親王におましましける時に、人に若菜たまひける御歌。(《古今集・春上——21・歌序词》)
（仁和の帝が親王でいらっしゃったときに、人に若菜をお贈りになったときのお歌。）
（此御歌乃仁和帝（=光孝天皇）尚为亲王时，赠于人嫩菜时所作。）

125. かかる程に、門をたたきて、「車持皇子、おはしたり」と告ぐ。(《竹取物语・蓬莱玉枝》)
（こうしているうちに、〈かぐや姫の家の〉門をたたいて、「くらもちの皇子がいらっしゃった」と告げる。）
（正在这个时候，〈有人〉敲〈辉煌夜姬家的〉门，告"车持皇子来了。"）

126. 御送りして、とく往なむと思ふに、大御酒たまひ、禄たはむとてつかはさざりけり。(《伊势物语・83》)
（〈馬の頭は〉お送りして、早く自分の家に帰ろうと思っていると、親王はお酒を下さり、ごほうびを下さろうとして、お帰しにならなかった。）

---

[1] 见『増補国語史概説』267-268页，语法学家西尾寅弥在"徒然草・方丈記の敬語"一文中，则将尊敬复合动词"御+名词+あり(なる)"与"…せ(させ)給ふ"、"…給ふ"、"…る(らる)"等尊敬助动词、尊敬补助动词均归入"附加形式"中予以论述（见『中世の敬語』139-140页）。

(当〈右马头长官〉将〈亲王〉送至〈京都的御所〉后便想回自己家时，亲王赐其酒，并欲赠奖品，不让他回去。)

127. ……「この住吉の明神は、例の神ぞかし。ほしき物ぞおはすらむ。」……。(《土佐日记·2月5日》)

(……「この住吉の明神は、みなさま承知の〈物のほしい時には、きっと波風をたてる〉神様ですよ。〈きっと〉欲しいものがおありになるのだろうよ。」……。)

(……"此住吉明神是一个众所周知的，在索要东西时必然会兴风作浪的神。〈这次〉定有想要的东西吧。")

128. 母君もとみにえものものたまはず。(《源氏物语·桐壶》)

(〈命婦はもちろん〉、母君もすぐにものをおっしゃることができない。)

(〈命妇自不待言〉，连太君也不能立即说话。)

129. ……例ならずあやしとおぼしけるに、……。(《枕草子·23》)

(……〈女御は〉、いつもと違って変だとお思いになったところ、……。)

(……正当〈女御〉感到与往常不同，有些奇怪时，……。)

此外，也使用"…給ふ(おはす、おはします)"等尊敬补助动词以及"…る(らる)""…せ(させ、しめ)給ふ(おはします)""…せ(させ)られ"等尊敬助动词予以表示。例如：

130. 仁和帝、親王におはしましける時、布留の滝御覽におはしまして、帰り給ひけるによめる。(《古今集·离别——396·歌序词》)

(光孝天皇がまだ親王でいらっしゃった時に、布留の滝をご覧にいかせられ、さて帰ろうとなさった時に詠んだ歌。)

(此歌乃光孝天皇还是亲王时御览了布留的瀑布后即将回去时所作。)

131. 未（ひつじ）くだる程（ほど）に、南の寝殿（しんでん）に移（うつ）りおはします。(《源氏物语・藤里叶》)

(午後二時過ぎ頃に、〈冷泉帝（れいぜい）は〉南の寝殿に移っておいでになる。)

(约于下午二时后，〈冷泉帝〉驾临南寝殿。)

132. ……世になく、清らなる玉（たま）の男御子（をのこみこ）さへ生まれ給（たま）ひぬ。いつしかと心もとながらせたまひて、……。(《源氏物语・桐壶》)

(……この世（よ）にまたとないほど美しい、玉のような皇子までもお生まれになった。〈帝は〉早く〈見たいものだ〉待ち遠しくお思いになって、……。)

(竟生了一位几此世无双的俊秀、美貌的皇子。〈天皇〉急切地盼望能〈早日见到皇子〉，……。)

133. 関白殿（くわんぱくどの）、黒戸（くろど）より出でさせ給（たま）ふとて、……。(《枕草子・129》)

(関白殿が、黒戸からお出でになるというので、……。)

(听说，关白（=藤原道隆）要从黒门（=位于清凉殿北廊西边）出来，所以……。)

134. 御簾（みす）を高く上げたれば、笑（わら）はせたまふ。(《枕草子・299》)

(〈私が〉御簾を高く上げたので、〈中宮様が〉お笑いになる。)

(因为高高地卷起竹帘，〈中宫〉便笑了起来。)

135. 夜ふかく出（い）でさせたまひぬ。(《和泉式部日记・十月》)

(〈敦道親王は〉夜深くまでまだ明けていないうちに、出てお行きになった。)

(〈敦道亲王〉直到夜深，于天尚未明时便离去了。)

136. ……明石の駅といふ所に御宿りせしめ給ひて、駅の長のみじう思へる景色を御覧じて、作らしめ給へる詩いとかなし。(《大镜・时平》)

(〈この大臣(＝菅原道真)〉……明石の駅という所にお泊まりなさった時、駅長がひどくお気の毒に思っている様子をご覧になって、お作りなさった漢詩は、ほんとうに悲しいものです。)

(当〈此大臣菅原道真〉……留住在名谓明石驿馆的这一地方时，见驿长〈对己〉感到十分可怜、不幸的样子，于是便作了一首汉诗。〈此诗〉确实很是悲痛。)

137.「かの大納言、いづれの船にか乗らるべき」とのたまはすれば、……。(《大镜・公任》)

(〈入道殿は〉「あの大納言は、どの船にお乗りなさるつもりか」と仰せられたところ、……。)

(当〈入道殿〉言道："那位大纳言打算坐哪条船(＝因游船有诗之船、音乐之船、和歌之船之分)啊？……。)

138. 亦、元明天皇の御代に、和銅三年と云ふ年、此の寺を移して、奈良の京に造らる。(《今昔物語集・十一——16》)

(また、元明天皇の御代、和銅三年という年、この寺を奈良の京に移築なさった。)

(又，元明天皇治世年间，于和铜三年的这一年，遂将此寺移建到奈良京。)

139. 聖武天皇受伝へて被造れむと為る間、道慈と云ふ僧有り。(《今昔物語集・十一——16》)

(聖武天皇は、これを受けつかれて完成しようとなさったが、そのころ道慈という僧がおった。)

(圣武天皇本欲承继此事将其完成，然于此期间，有一名谓道慈的僧人。)

(二) 关于尊敬复合动词"御+名词+あり（なる）"（＝お…になる、…なさる）的这一尊敬语表达方式，其虽初见于平安时代[1]，如《紫式部日记》"殿なむ参り給ふ、御宿値なるなど騒がしき所もまじらず。"、《大镜・道隆》"……入道殿の土御門殿にて御遊びあるに、「かやうのことに権中納言のなきこそ、なほさうざうしけれ」とのたまはせて、わざと御消息聞えさせ給ふほど、……。"等，但其例并不多见。及至崇尚汉文化为中心的中世后方始盛用于《平家物语》等"和汉混淆文"中。

在进入中世镰仓时代后，虽说依然可见多用于前代的"給ふ"等尊敬动词、"…おはす"等尊敬补助动词以及"…ら（らる）"和"…せ（させ、しめ）給ふ"等尊敬助动词等以对话题中的人物表示尊敬的用例，如：

140. かかりし程に、後二条関白殿、御病かろませ給ひて、もとのごとくになら<u>せ給</u>ふ。（《平家物语・一——许愿》）
（そうしているうちに、後二条関白殿の御病気は<u>軽くなられ</u>て、<u>もとのようになられた</u>。）
（正在举行法华问答讲期间，后二条关白殿的病情〈逐日〉见轻，恢复到原来一样。）

141. 父の禅門の御まへにおはして、「あの成親卿うしなはれん事、よくよく御ぱからひて候べし、……」と申されければ、入道相国げにもとや思はれけん、死罪は思ひとどまり給ひぬ。（《平家物语・二——小教训》）
（父の禅門の御前に行かれて、「あの成親卿を<u>お殺しになる</u>事は、よくよくお考え下さい。……」と<u>申された</u>ので、入道相国はもっともだと思われたのであろう、成親を死罪に

---

[1] 见『必携古語辞典』（山田俊雄等编，角川书店，1988年版）295页。就限于笔者所见有关资料而言，对"尊敬复合动词"何时出现尚无明确记载。若暂据所见用例（即文中《紫式部日记》中的例句）予以推论，则为平安时代，但其例确实似不多见。

することは思いとまれた。)

(〈重盛〉走到父亲入道相国跟前言道:"关于杀成亲卿一事请多加郑重考虑。……",也许入道相国感到〈重盛〉言之有理吧,便打消了处成亲以死罪的主意。)

142. 御懐妊さだまらせ給ひしかば、……,有験の高僧貴僧に仰せて、……皇子御誕生と祈誓せらる。(《平家物语·三——赦文》)

(ご懐妊が確実になられたので、……,効験あらたかな高僧・貴僧にお命じて、……皇子がご誕生になるようにと祈られた。)

(〈中宫〉确实已然怀孕,故而命令那灵验非凡的高僧、贵僧,……祈祷皇子诞生。)

此外,还有《平家物语·一》"……都合世余人申文をささげて、陣頭へ参じけるを、後二条関白殿、大和源氏中務権少輔頼春に仰せてふせがせらる。"等。

尽管如此,随着此期崇尚汉文化,汉字和汉文的日益普及和影响,上述这一强有力地体现了时代特点的尊敬的语言表达方式"御+名词+あり(なる)"于中世遂得广泛使用。此种表达方式系由"御(ぎょ、ご、お、おん)+名词+あり(なる)"构成,以此表述动作的存在,间接地向动作主委婉地表示很高的敬意。但需注意,在"御+名词+あり(なる)"中的名词多为具有动作性的敬语名词(其中多为汉语词),如"御参内あり""御幸なる""御辞退あり"等,但有的敬语名词无须冠以尊敬语接头词"御"字,如"出御なる"、"崩御なる""叡覧あり""行啓あり"等。此外,也有非敬语名词,如"御自害あり""御鞠あり"等;也有由动词连用形构成的名词,如"御尋ねあり""御祈りあり""仰せあり"等。其用例多见于《平家物语》等"和汉混淆文"中,如《保元物语·上》

"新院・母屋の御簾を引きほころぼして叡覧あり"、《平家物語・三——城南之离宫》"天台座主覚快法親王、しきりに御辞退あるによって、……。"等[1]。此外：

143. 明年の秋のころ、必ず崩御なるべし。(《保元物語・上》)

　　(〈鳥羽上皇は〉来年の秋頃、きっとお隠れあそばれるであろう。)

　　(〈鸟羽上皇〉于明年的秋天时分，定然驾崩吧。)

144. 主上夜ごとに清涼殿の石灰壇にて、伊勢大神宮をぞ御拝ありける。(《平家物語・一——法皇被流放》)

　　(天皇が夜ごとに清涼殿の石灰壇で、伊勢大神宮をご礼拝あそばされた。)

　　(天皇每晚在清凉殿的石灰坛，礼拜伊势大神宫。)

145. ……中宮やがて百日のうちに御懐妊あッて、承保元年十二月十六日、御産平安、皇子御誕生ありけり。君のなめならず御感あッて、三井寺の賴豪阿闍梨を召して、「……」と仰せ下されければ、……。(《平家物語・三——賴豪》)

　　(……中宮はすぐ百日の内にご懐妊あそばされ、承保元年十二月十六日に御安産で皇子がお生まれになった。帝はひとかたならずお喜びになって、三井寺の賴豪阿闍梨を召して、「……」と仰せられたので、……。)

　　(……中宫果然在百日内怀孕了，承保元年十二月十六日平安分娩，生下了皇子。皇上为之不胜喜悦，便召见三井寺的赖豪阿闍梨〈进宫〉，并言道："……"……。)

146. 主上、御元服あッて、同じき十三日、朝覲の行幸ありけり。(《平家物語・一——鹿谷》)

　　(天皇はご元服なさって同月十三日〈院の御所に〉朝覲の行

---

[1] 见『古典読解の基本語法』176頁；『増補国語史概説』267-268頁。

幸なさった。）

（主上举行冠礼，同月十三日，去〈新院的御所〉行朝觐之礼。）

147. 宮は宇治と寺との間にて、六度まで御落馬ありけり。これは、去る夜、御寝ならざりし故なりとて、……平等院に入れ奉り、暫く御休息ありけり。（《平家物语・四——桥头会战》）

（高倉宮は宇治と三井寺との間で、六度までも落馬なさった。これは、昨夜お眠りになれなかったせいだというので、……〈宮を〉平等院にお入れ申し上げ、〈宮は〉しばらくそこでご休息なさった。）

（高仓宫在宇治和三井寺之间的途中甚至落马三次。据说，此因昨晚未得睡眠，……于是遂将高仓宫请入平等院，在此稍事休息。）

148. 承暦元年八月六日、皇子御年四歳にて遂にかくれさせ給ひぬ。敦文の親王是なり。主上なのめならず御嘆きありけり。（《平家物语・三——赖豪》）

（承暦元年八月六日、皇子は御年四歳でとうとうお亡くなりになってしまった。これが敦文の親王である。天皇はひとからならずお嘆きになった。）

（承历元年八月六日。皇子四岁时终于归天了。此人即是敦文亲王。天皇〈为之〉分外悲伤。）

149. ……鳥羽の辺、古河といふ所にて御出家あり。御年三十五。（《平家物语・三——大臣流放》）

（〈関白殿〉……鳥羽の辺、古河というところで出家なさった。御年は三十五歳である。）

（〈关白〉……于鸟羽附近，名谓古河之地出家了。时年三十五岁。）

（三）在《徒然草》中为了直接向话题中的人物表示尊敬之意时，兼好法师几乎大都承袭了平安时代的尊敬表现，即诚上所见的常用尊敬动词、尊敬补助动词以及尊敬助动词等方式予以表示。例如：

150. ……下人に問へば、「しかじかの宮のおはしますころにて、御仏事など候ふにや」と言ふ。（《徒然草・44》）
（……〈そこにいた〉しもべに尋ねると、「何々の宮様がちょうどおいでになっておられまして、ご法事などがございますのでしょう」と言う。）
（……当问及〈那里的〉下人，〈他〉答道："某某皇族现正在此，或许要做法事什么的吧。"）

151. 亀山殿の御池に大井川の水をまかせられんとて、大井の土民に仰せて、水車を作らせられけり。（《徒然草・51》）
（亀山殿の庭のお池に、大井川の水をおひき入れになろうとして大井川沿いの土地の住民にお言いつけになって、水車をお造らせになったことがあった。）
（〈后嵯峨上皇〉欲将大井川之水引入亀山殿内庭园的水池中，故命大井川沿岸的当地居民，让〈他们〉制作水车。）

152. 法顕三蔵の、天竺に渡りて、故郷の扇を見ては悲しひ、病に臥しては漢の食を願ひ給ひける事を聞きて、……。（《徒然草・84》）
（法顕三蔵がインドにでかけていって、故郷漢国の団扇を見ては悲しく思い、病気で寝ては中国の食事をお願いなさったということを聞いて、……。）
（听说有这样的事："法显三藏去到印度后，见了故乡的团扇便感到悲伤，卧病在床时则期待汉食。"……。）

153. 無量寿院ばかりぞそのかたとて残りたる。丈六の仏九体いとたふとくて並びおはします。（《徒然草・25》）

（無量寿院だけが、その〈法成寺の〉跡形として残っている。〈その中に〉一丈六尺の仏像九体が〈今なお〉たいそう尊いお姿で並んでいらっしゃる。）

（唯有无量寿院作为其〈法成寺的〉遗迹残存于此。〈其中〉九体一丈六尺的佛像依然整整齐齐地排列着，其姿容至今〈看去〉依然极为尊严。）

据统计，在以尊敬动词、尊敬补助动词、尊敬助动词等构成的尊敬表达方式中的"最高敬语"（最高敬语谓者，即为对天皇、皇后、皇太子，以及太政大臣、关白、左右大臣等高贵者表示最高敬意的一种表达方式）中，于此仅指其中的"…せ給ふ""…させ給ふ"的表达方式，此二种用例就多达26例[1]。例如：

154. 順徳院の禁中の事ども書かせ給へるにも、「おほやけの奉り物はおろそかなるをもてよしとす」とこそ侍れ。（《徒然草・2》）

（順徳院が宮中のいろいろのことをお書きあそばしたものにも「天皇のお召し物は、簡素なのをよいとする」とあります。）

（在順德院所写宫中诸事的《禁秘抄》中也写道："天皇的衣服则以简朴为好。"。）

155. 新院のおりゐさせ給ひての春、詠ませ給ひけるとかや。（《徒然草・27》）

（新しい上皇がご退位あそばされたその春、およみあそばしたとかいう。）

（据说，〈此歌〉似在新院退位的那个春天所作。）

156. ……「有職のふるまひ、やんごとなき事なり」と返す返す

---

1 见『中世の敬語』139-141页。

感ぜさせ給ひけるとぞ。(《徒然草・48》)

(〈上皇様は、〉「これこそ有職に叶ったやり方であって、実にたいしたことである。」と言われて、くり返して何度も感心あそばされたということである。)

(据云,〈上皇〉言道:"这才是合乎典章制度的做法,实在太了不起了。"多次反复地感动不已。)

157. ……かかることを聞かせ給ひて、憎ませ給ひける君の御心は、いと尊きことなり。(《徒然草・128》)

(……このようなことをお聞きなさって、憎らしくお思いあそばされた上皇のお心は、たいそう尊いことである。)

(……上皇听了这样的事情感到憎恶。〈其怜惜生灵之〉心甚为可敬。)

158. 竹谷の乗願房、東二条の院へ参られたりけるに、「亡者の追善には、何事か勝利多き」と尋ねさせ給ひければ、……。(《徒然草・222》)

(竹谷乗願房が、東二条院へ参上なさっていた時に、〈中宮東二条院が〉「死者への供養には、何がいちばんご利益が多いか」とお尋ねあそばされたので、……。)

(竹谷乘愿房拜访东二条时,〈中宫东二条院〉问道:"给死者做佛事,什么益处最多?"所以,……。)

诚上例所示,虽说作者兼好法师十分崇尚平安时代的尊敬的表现方式,但他同样在强烈的中世语言变迁的影响下也采用了上述"尊敬复合动词"这一表达方式,对话题中的人物表示很高的敬意。例如:

159. 宇治左大臣殿は、東三条殿にて行はる。内裏にてありけるを、申されけるによりて、他所へ行幸ありけり。《徒然草・156》

（宇治の左大臣殿は、東三条殿で催しなさった。〈そこは当時〉内裏であったのを〈拝借できよう〉お願いなさったので、〈天皇は〉よそに<u>お移りなさった</u>そうだ。）

（宇治左大臣殿要在东三条殿举行庆宴。据说〈当时，此御殿〉乃为皇居，因左大臣已请求借用此殿，天皇便行幸他处了。）

160. ……大きなるくちなは、数も知らず凝り集りたる塚ありけり。この所の神なりと言ひて、ことの由を申しければ、「いかがあるべき」と<u>勅問</u>ありけるに、……。(《徒然草・207》)

（……大きな蛇が数えきれないほど内部にかたまり集まっている塚があった。「この地所の主の神霊である」と言って、事情を後嵯峨上皇に申し上げたので、上皇から、「どうすればよいか」と<u>御下問</u>があった時に、……。）

（……有一其中集聚无数巨蛇的坟头。人言〈此蛇〉乃此处土地之神灵，故而〈大臣〉向后嵯峨上皇奏上事由，上皇〈听后〉问道："如何处置为好？"此时，……。）

161. 寝殿のしつらひ、或は南枕、常の事なり。白河院は、北首に<u>御寝</u>なりけり。(《徒然草・133》)

（寝殿の造り方は、〈東枕が〉あるいは南枕が普通のことである。白河院は北枕で<u>おやすみになった</u>そうだ。）

（寝殿的建造一般为东枕，或为南枕。据云，白河院则北枕而寝。）

162. 鎌倉中書王にて、<u>御鞠</u>ありけるに、雨降りて後、いまだ庭のかわかざりければ、いかがせんと沙汰ありけるに、……。(《徒然草・177》)

（鎌倉中書王のお屋敷で、<u>けまりのお遊び</u>があった時に、雨が降ったあと、まだ庭がかわかなかったので、どうしたも

のだろうと評定があったところ、……。）

（于镰仓中书王的官邸举行玩球游戏时，正值雨后庭院未干，正商量如何设法解决时，……。）

六、活用词连体形表示单纯结句的终止法

（一）在说明"活用词连体形表示单纯结句的终止法"之前，则需对予以重要影响的"连体形终止法"做一简要的解释。

所谓"连体形终止法"（＝"連体形止め、連体止め"），也称"余情表现"，系指句中虽无"ぞ""なむ""か""や"等系助词的"呼应规则"（＝"係り結びの法則"）的要求，但为表示余韵、余情、感叹、委婉等语感而以活用形连体形结句的一种终止法。若将其与常见的以单调、且无感情色彩的终止形结句的终止法相比，此法会使读者产生一种联想，即接连体形下的被省略了的体言的心情（＝…ことよ、…だったことよ），故有所谓"意在言外""言犹未尽"之感。

此法早见于上代，此类句子不仅见于动词，也用于助动词，乃至其后所有活用词。例如：

163. 如何にある布勢の浦ぞもここだくに君が見せむとわれを留むる。（《万叶集・十八——4036》）

（どんなに美しい布勢の浦であろう——。こんなにもあなたが見せよと私を引きとめなさるのだ。）

（美哉布势浦，欲让观此景。留我为此事，叹君多热忱。）

164. ……さ夜更けて暁露にわが立ち濡れし。（《万叶集・二——105》）

（……夜がふけ、あけ方の露に、私はすっかりたち濡れてしまったことだ。）

（……夜深伫立久，晓露湿衣襟。）

约进入平安时代中期后，这种柔和的"连体形终止法"广为贵族社会以及时人所好，主要用于会话，同时也见于和歌和书简文中。一般而言，用于会话、书简文时多表示感叹、委婉的语感[1]。例如：

165. かぐや姫のいはく、「月の都の人にて父母あり。……いみじからむ心地もせず悲しくのみある。……」といひて、諸共にいみじう泣く。（《竹取物語・升天》）

（かぐや姫がいうには、「私には月の都の人である両親があります。……今、〈月の世界に帰ることも〉ひどく嬉しい気持ちもしない、ただもう悲しくだけです。……」といって共々にひどく泣く。）

（辉夜姬言道："我有双亲，均为月都上的人。……〈回到月亮的世界〉我也并非感到十分高兴，唯有悲伤而已。……"〈言毕〉一起痛哭起来。）

166. 「……月の出でたらむ夜は、見おこせ給へ。見捨てたてまつりてまかる空よりも、落ちぬべき心地する。」と書きおく。（《竹取物語・升天》）

（〈かぐや姫〉「……月の出ているような夜は、〈月を〉見やってください。〈お二人を〉お見すて申して帰って行く空から落ちてしまいそうな気持ちがいたしますことよ」と書いておく。）

（〈辉夜姬在信上〉写道："……请在月亮出来的那样的夜晚，远望月亮吧。我似感到自己从舍去二老而去的上空欲将掉落下来一般。"）

167. 皇子のたまはく、「命を捨てて、かの玉の枝持ちてきたる」とて、「かぐや姫に見せ奉り給へ。」といへ

---

1 见『古典読解の基本語法』146-147頁，151-152頁，185-186頁；『国語史概説』104-105頁。

ば、……。(《竹取物语・蓬莱玉枝》)

(皇子のおっしゃるには、「一命をなげ捨てて、例の玉の枝を持って来たよ。」といって、「かぐや姫にどうぞ見せて下さい。」といわれたので、……。)

(皇子对〈伐竹翁〉言道:"我冒着生命的危险,〈终于〉把那个玉枝拿来了。"然后又说:"请给辉夜姫看看。"所以,……。)

168.「雀の子をいぬきが逃がしつる。伏籠のうちに籠めたりつるものを」とて、いとくちをしと思へり。(《源氏物语・紫姫》)

(〈紫上〉「雀の子を、いぬきが逃がしちゃった。伏籠の中に入れておいたのにね。」といって、たいそう残念がっている。)

(〈紫上〉言道:"犬君把小麻雀放跑了。虽说我把〈小麻雀〉放在盖笼里了,但……。"感到十分惋惜。)

169.「海賊の舟にやあらむ。小さき舟の飛ぶやうにて来る。」となどいふものあり。(《源氏物语・玉鬘》)

(「海賊の舟であろうか。小さい舟が飛ぶように追ってくることよ。」などと言う者がいる。)

(有人说,"是海盗的船只吧。小船飞似地追了上来。")

170.「この下蕨は、手づから摘みつる。となどいへば、……。」(《枕草子・99》)

(〈明順の朝臣が〉「この下蕨は、私自身摘んだものですよ。」などと言うので、 ……。)

(〈明顺朝臣〉言道:"这样〈嫩的〉蕨菜是我亲自摘的啊。"所以……。)

171.みよしのの山の白雪ふみわけて入りにし人のおとづれもせぬ。(《古今集・冬——327》)

（吉野の山の白雪を踏み分けて、はいってしまった人の、便りもしないことだ。）

（踏雪上吉野，深山白皑皑，〈彼为求道故〉，不予通信息。）

172. ……ありとは聞けど見るよしもなき。（《古今集・物名——447》）

（……〈ほととぎすが〉いるとはその声によって聞くけれども、姿は見るてだてもないことよ。）

（……闻声知〈杜鹃〉，其姿不得见。）

173. ……いつのまに稲葉そよぎて秋風の吹く。（《古今集・秋上——172》）

（……いつのまに稲葉がそよそよという音をたてて、秋風が吹くことだ。）

（……不觉秋风起，稻叶声飒飒。）

　　诚上所示，此法在平安中期主要用于会话、和歌和书简文，表示感叹、余韵等语感，几不见于文章的叙述部分（=地の文），仅有少数见于"日记"等长于主观表达的用例，如《紫式部日记》"うき世の慰めには、かかる御前をこそたづねまゐるべかりけれど、うつくし心をばひき違へ、たとしへなくよろづ忘るるにも、かつはあやしき（=妙な自分の心だと思わずにはいられないことだ）"等。

　　（二）但及至平安末的"院政期"后，由于上述"连体形终止法"及其大量用例，加之时代语言变迁的普及和影响，遂开始出现可用于文章的叙述部分的、以连体形表示单纯结句的用例。其初多为助动词"けり""たり"等的连体形"ける""たる"，不久动词也可以予以表示（而与"けり"同为过去助动词的"き"的连体形

"し"的用例，则初见于中世)，后得日益普及[1]。例如：

174. 今は昔、鎮西筑前の国に相ひ知る人も無き尼有りける。（《今昔物语集・十五——41》）

（今は昔のことだが、九州の筑前国にだれ一人知るべのない尼がいた。）

（昔日，在九州的筑前国有一竟无一个相识者的尼僧。）

175. ……父の云く、「我れ年既に老ひたり。事近きに有り。汝ぢ、其の後は何にしてか世には有らむと為る」とて、尚合はせむと為る。娘父母に云く、……。（《今昔物语集・卅——13》）

（……父は、「わしはもうすっかり年を取った。いつ死ぬやも知れぬ。そうなったら、お前はどうして生きて行くつもりだ。」と言って、なおも夫を持たせようとする。すると娘は父母に……。）

（……父亲言道："我已风烛残年，早晚要死的。我若死了，你打算如何度日？"依然要让〈其女儿〉嫁人。于是，女儿便对父母……。）

176. 此、陸奥守貞盛と云ける兵の孫也。亦、其時に平致頼と云兵有りける。（《今昔物语集・廿三——13》）

（これは陸奥守貞盛といった武人の孫である。また、同じこと、平致頼という武人がいた。）

（此一为名谓陆奥守贞盛的武人之孙也。又，于相同时候，有一名谓平致赖的武人。）

此外，还有《却废忘记・下》"アハレニ心ニトマリオボユルト云。"等。

---

1 见『増補国語史概説』229页；『新訂国語史要説』108页。

上述这一重要现象说明：连体形已具有取代终止形兼表终止法的功能。这种表示单纯结句的终止法与上述表示感叹、余韵等语感的"连体形终止法"是完全不同的两种终止法。而且在进入中世后此法更得发展，日益普及，及至室町时代中期后几取代了终止形，即均以连体形表示结句。其后，随着时间的流逝，终在江户时代终止形与连体形二者完全同化，终止形也就逐日消亡了。

（三）进入中世镰仓时代后，虽仍多见以"连体形终止法"表示感叹、余韵等的用例，但已呈现出日益减少的倾向，如《新古今集・夏——218》"ほととぎす深き峰より出でにけり外山の裾に声の落ち来る。"、《新古今集・冬——565》"冬の来て山もあらはに木の葉降り残る松さへ峰に寂しき。"等。此外如：

177. 別れては昨日今日こそ隔てつれ千世しも経たる心地のみする。（《新古今集・恋四——127》）
（お別れしてからは、わずかに昨日・今日と隔てただけですのに、千年も経ているような気持ばかりがすることです。）
（别后仅隔昨与今，却感〈逝岁〉越千年。）

178. ……おほくなみゐたりける平家の侍共、「あつぱれ其馬は、をととひまでは候ひし物を」、「昨日も候ひし」、「けさも庭乗し候ひつる」なンど申しければ、……。（《平家物语・四——竞武士》）
（……大勢列座していた平家の侍どもが、「ああその馬が一昨日まではいましたのに」、「昨日もいました」、「今朝も庭で乗りまわしていましたよ」などと申したので、……。）
（……许多在座的平家武士们说："那匹马前天还在，可……。""昨天还在哪。""今晨还在院子里练马转圈哪。"所以，……。）

与此同时，而以连体形表示单纯结句的用例随着时间的推移则日益增多。如：

179. 昔、池の尾に、善珍内供といふ僧住みける。(《宇治拾遗物语・二——17》)

（昔、池の尾に、善珍内供という僧が住んでいたということだ。）

（据云，昔日于池之尾，住着一个称为善珍内供的僧人。）

180. この侍いふやう、「……無下に候ひし時も御跡に臥せさせおはしまして、夜中、暁、大壺参らせなどし候ひし。……」と言ふ。(《宇治拾遗物语・五——8》)

（……この侍は、「……御重態になりました時も、御足もとに寝かせてお置きになって、夜中や明け方に便器を差し上げなどいたしました。……」と言う。）

（此武士言道："……就在〈已故老爷〉病危时，他还让我躺在其脚下，在半夜和黎明时给他送上便壶。……"。）

181. 我昨日物語せんと思ひしに、〈汝〉我を見ざりし。(《古今著闻集・释教2》)

（我は昨日はなそうと思ったが、〈汝は〉我を見なかった。）

（我昨天就想〈对你〉说，但〈你〉未见到我。）

182. たとひ、人、われをころさむとするとも、われは、人にうらみをなすべからず、あたをば恩にて報ずるといふことあり。(《宝物集》)

（たとえ、人が私を殺そうとしても、私は人に恨みをなしてはいけません。あだを恩で報ずるということがあります。）

（纵然人欲杀我，我也不可怨恨于人，此即谓以恩报怨。）

183. かやうの事をも、しりながら、酒をこのむものもおほく侍

る。(《宝物集》)

(このような事をも、知りながら、酒をも好むものもおおいのです。)

(虽说〈明〉知这样的事,然而仍有众多好酒者。)

184. 天のあたへをとらざるは、かへつてとがをうるといふ。(《曾我物语》)

(天のあたえを取らないのは、かえって咎を得るという。)

(据云,不取天之与,则反招叱责。)

(四)在《徒然草》中,上以连体形表示单纯结句的终止法的这一现象依然有着明显的反映。例如:

185. ……西行が見て、「鳶のゐたらんは、何かは苦しかるべき。この殿の御心さばかりにこそ」とて、その後は参らざりけると聞き侍るに、……。(《徒然草・10》)

(……西行が見て、「鳶が屋根にいるとしても、それが何で差支えがあろうか。この実定公の御心はまあそんな程度であろうか」といって、その後はこの邸に参らなかったと聞いておりましたところが、……。)

(西行见后言道:"老鹰即便停在屋顶上,这又有何妨?可见这位大臣(=实定公)的心地大抵也就如此吧!)",其后便不再去此大臣的宅邸了,……。)

186. 「昨日は西園寺に参りたりし」、「今日は院へ参るべし」、……などいひあへり。(《徒然草・50》)

(〈人々は〉「昨日は西園寺に行っていた」、「今日は持明院へ行くだろう」、……などと言いあった。)

(〈人们〉相互言道:"昨日,〈鬼〉去了西园寺的官邸,今日当去持明院的御所吧。")

187.「奥山(おくやま)に猫またといふものありて、人をくらふな<u>る</u>」と、人のいひけるに、……。(《徒然草・89》)

(「奥山に猫またというものがあって、人を食う<u>そうだ</u>」とある人が言ったところ、……。)

(有人言道："深山里有一种称猫股的〈猫股兽〉,听说〈此兽〉吃人。"……)

188.……或ひじりの申(まう)しし事、耳(みみ)に止まりて、いみじく覚(おぼ)え侍(はべ)<u>り</u>。(《徒然草・111》)

(……ある聖が申した事が耳にとまっていて、大変すぐれた<u>ことと</u>おもわれております。)

(某高僧所言仍留在耳边,〈至今依然〉觉得极为深奥,富有见地。)

189.……「かばかりになりては、飛(と)びおる<u>る</u>¹ともおりなむ。如何(いか)にかくいふぞ」と申(まう)し侍(はべ)りしかば、……。(《徒然草・109》)

(……「これくらいになったからには、<u>飛び降りても降りら</u>れよう。それなのに、どうして、そう言うのか」とわたしが申しましたところ、……。)

(……当我问道："既然我已下到这样的高度,即便跳也能跳下去吧。可是,那您为什么还要这样说呢?"……。)

190.また、「人に酒勧(す)む<u>る</u>とて、己(おの)れ先(ま)づたべて、人に強(し)ひ奉(たてまつ)らんとするは、剣(けん)にて、人を斬(き)らんとするに(に)似たる事なり。……」と申しき。(《徒然草・125》)

(又〈この男〉が、「人に酒をすすめるというので。自分がまず飲んで、それから人に強い申し上げようとするのは、

---

1 见『全解徒然草』285-287页;『明解徒然草』(金子武雄著,新塔社,1972年)205-206页。接续助词"ども"本应接终止形"おる(自・ラ・上二)"下,但因受"连体形终止法"的影响,故接其连体形"おるる"下(大多数版本似均为"おるる")。据上述『全解徒然草』著者山岸德平称,仅"正彻本"仍为"おるとも"。

ちょうど剣で人を切ろうとするようなことである。……」
と申した。)

(又,〈此男人〉言道:"因劝他人饮酒而自己先饮,然后再强求他人饮酒。此种做法正如欲使用剑砍人一般。")

七、比况助动词"ごとし"

(一)比况助动词"ごとし"早见于上代,为当时的口语,盛用于散文和韵文之中。其接体言、活用词连体形,以及格助词"が""の"下,表示类似、同等、例示以及不确实的推断等意,如《万叶集·三——477》"あしひきの山さへ光り咲く花の散りにしごときわか大君かも。"、《万叶集·五——804》"世間のすべなきものは年月は流るるごとしとり続き追ひ来るものは百種にせめ寄り来る……。"等。此外:

191. 国稚く浮きし脂のごとくして、くらげなすたたよへる時、……。(《古事记·上》)

(国土がまだ出来上がらないで、〈水の上に〉浮いた油のようになって、クラゲのようにただよっている時、……。)

(国土尚未形成,犹如浮在〈水上〉的油脂,海蜇般地漂浮不定的时候,……。)

192. 緑子の乳乞ふがごとく天つ水仰ぎてぞ待つ……。(《万叶集·八——4122》)

(幼児が乳を欲しがるように、天の恵みの雨を仰いで待っている。……)

(犹如幼儿渴求乳水一般,〈百姓们〉期盼着恩赐雨水。……)

193. ……行く水の帰らぬごとく吹く風の見えぬがごとく……。

(《万叶集・十五——3625》)

(……流れている水が、再び帰らないように、吹く風が、目に見えないように、……。)

(……宛若风吹眼不见，流水不再回似地，……。)

194. 世の中を何と譬へむ朝開き漕ぎいにし船のあと無きごとし。(《万叶集・三——351》)

(この世の中を何にたとえよ。朝、港を漕ぎ出していった舟の何の跡形もないようなものだ。)

(如何譬喻此世间，似晨划出港外去，不见踪影一叶舟。)

进入平安时代后，虽说仍见有用于"和文"的"ごとし"的用例。如：

195. ……つひに本意のごとくあひにけり。(《伊势物语・23》)

(……とうとうかねての望みどおり夫婦となった。)

(……〈二人〉终如夙愿，结为夫妇。)

196. 五日、風波やまねば、なほ同じ所にあり。……六日、昨日のごとし。(《土佐日记・1月5、6日》)

(五日、風や波がおさまらないので、やはり同じ所に停泊している。……六日、昨日の日と同じである。)

(五日，风和浪尚未平息，所以船仍停泊在原处〈大凑〉。……六日，同昨日一样〈停于原处〉。)

但就在此期出现另一比况助动词"やうなり"，接活用词连体形和格助词"が""の"下。此词语感柔和，为女性用语，盛用于"和文"，但不见于"和歌""汉文训读文"中。例如：

197. ある時は風につけて知らぬ国に吹き寄せられて、鬼のや

うなるもの出で来て殺さむとしき。(《竹取物語・蓬莱玉枝》)

(ある時には、風の吹くにつれて知らぬ国に吹き寄せられて、鬼のようなものが、出て殺そうとした。)

(有时，随风被吹到不知名的国家，出现鬼一般的东西欲杀死我等。)

198. これを見れば、春の海に秋の木の葉しも散れるやうにぞありける。(《土佐日記・1月21日》)

(この有様を見ると、ちょうど春の海に秋の木の葉が散っているようである。)

(见此情景，宛如在春天的海面上飘散着一片片秋叶似的。)

199. 大人になり給ひて後は、ありしやうに御簾の中にも入れ給はず。(《源氏物語・桐壺》)

(〈源氏が元服して〉おとなにおなりになってあとは、以前とおなじように〈藤壺は源氏を〉御簾の内にもお入れになることをなさらない。)

(〈在源氏元服〉成人后，〈藤壶〉已不会像以前那样让〈源氏〉进入帘内了。)

200. ……女の新しき折敷のやうなるものを笠に着て、いとおほく立ちて歌をうたふ。(《枕草子・226》)

(……女の人が新しい折敷のかたちをしたものを笠にかむってとても多勢立って〈いて〉、唄をうたっている。)

(……女人在头上戴着宛若新的托盘样子的草帽，许多人站着唱歌。)

201. ……金椀のやうならむも、おそろし。(《枕草子・233》)

(〈男の目〉……金属製の碗のようであろうのは、おそろしい。)

(〈男人的眼睛〉要是〈大得〉像金属碗似的，这也〈让人感

到〉害怕。)

而"ごとし"由于受上述盛用于此期的"やうなり"的影响，其用法也日渐变狭，遂主要作为书面语、男性用语见于"汉文训读文"中(据统计，"ごとし"在《源氏物语》中仅有10例，而"やうなり"却多达680余例，为其60余倍之多)。例如：

202. 善悪の報は、影の形に随ふが如し。苦楽の響は、谷の音に応ふるが如し。(《灵异记·上——1》)
 (善悪の報いは、影が形について離れないようなものである。苦や楽が人人の行いに応じて的確に現れることは、それぞれの声が谷のこだまとなって正直に返ってくるようなものである。)
 (善恶之报如影随形，苦乐之响如应谷音。)

203. 紅蓮の水の中より出でたるがごとし。(《金光明最胜王经》)
 (紅蓮が水の中からでているようである。)
 (红莲如出自水中。)

204. その中に、楊貴妃ごときは、あまりときめきすぎてかなしきことあり。(《大镜·道长上》)
 (その中で、楊貴妃のような人〈など〉は、あまり寵愛がすぎて悲しい出来事がある。)
 (其中，如杨贵妃那样的人等由于过分宠爱而导致出现可悲的事件。)

205. その貌、生き給へりしごとし。(《今昔物语集·十一——1》)
 (その〈亡くなった聖徳太子の〉容貌は、生きていらっしゃった時と同じである。)

(此〈已故圣德太子的〉容貌同其在世时一般。)

206. 彼等が身、聞くごとくば、浮きたる雲の如くして、居たる所を定めず。(《今昔物语集・廿五——1》)
(彼らの身は、聞くとおりならば、浮いている雲のようで、住んでいるところを定めない。)
(若同所闻，彼等则如浮云，居无定处。)

但在和歌中虽仍用"ごとし"，但其例似不多见。如下例等：

207. 目には見て手にはとられぬ月のうちの桂のごとき君にぞありける。(《伊势物语・73》)
(目では見ていながら、手に取ることはできないあの月の中の桂のようなあなたなんだあ。)
(君如月中桂，虽见不可得。)

（二）进入中世镰仓时代后，"ごとし"承袭了前代主要用于"汉文训读文"的传统，在《平家物语》《方丈记》等"和汉混淆文"中遂得广泛使用。例如：

208. おごれる人も久しからず、ただ春の夜の夢の如し。(《平家物语・一——祇园精舍》)
(おご〈り高ぶ〉っている者もいつまでも続かず、全く春の夜の夢のようだ。)
(骄奢者不得久长，全若春夜梦一场。)

209. 末代の賢王にてましましければ、世の惜しみ奉る事、月日の光をうしなへるがごとし。(《平家物语・六——上皇晏驾》)
(末代の賢王でいらっしゃったから、世人が惜しみ申し上げ

る事は、月日の光を失ったようだ。）

（〈高倉上皇〉乃是末代之贤王，故而世人为之十分痛惜。此如失去日月之光辉一般。）

210. 入道相国やまひつき給ひし日よりして、水をだにのどへも入れ給はず。身の内のあつき事、火をたくが如し。（《平家物语・六——入道死去》）

（入道相国は病気にかかられた日からして、水をさえのどへもお入れにならない。体内の熱いことは、火をたいているようである。）

（入道相国自患病之日起连水都咽不下。体内滚热，犹如焚火一般。）

211. ……あまッさへ伊豆国へ流罪せられ候へ。遠路の間で候。土産糧料ごときの物も大切に候。……（《平家物语・五——文觉被流放》）

（……おまけに、伊豆国へ流されることになりました。遠い路のりです。引出物・食糧みたいなものも、大切でございます。）

（……最后，我〈文觉〉却反被流放到伊豆国，〈此段〉路程很长。礼物、食粮一类东西也十分重要。……）

212. 療治も術道も験を失ひ、仏神の祈誓も空しきが如し。（《源平盛衰记・六》）

（治療も術道も験を失い、仏神の祈誓もむなしいようである。）

（无论治疗还是道术均失去效验，向神佛祈愿也似乎枉然。）

213. 檜皮・葺板のたぐひ、冬の木の葉の風に乱るるが如し。（《方丈记・旋风》）

（屋根に葺いた檜皮や葺板のようなものは、〈一面に舞い上って〉冬の木の葉が風に吹き乱れているかのようだ。）

（葺盖在屋顶上的桧皮和薄板一类的东西，恰如冬日的枯叶被风吹得满天飞舞似的。）

214. ……立居につけて、恐れをののくさま、たとへば、雀の鷹の巣に近づけるがごとし。（《方丈记・世间难生存》）

（……立居振舞につけて〈たえず〉びくびくしているありさまは、たとえてみれば、ちょうど雀鷹の巣に近づいているようなものだ。）

（……无论起居也总感到恐惧、惶惶不安的一片情景。此正如家雀接近鹰巢一般。）

215. 塵灰立ちのぼりて、盛りなる煙のごとし。（《方丈记・地震》）

（〈そのため〉塵や灰がもうもうと立ち上って、まるで盛んに吹きあげる煙のようである。）

（〈为此〉尘土四处飞扬，犹如不断猛烈吹起的烟似的。）

216. ……喩へば、牧士の荒れたる馬を随へて、遠き境に至るがごとし。（《发心集・序》）

（……たとえば言えば、牧人が気性の荒い馬をあやつって、遠い所につれてゆくようなものである。）

（……譬如牧人驾着一匹烈性马，带向远处而去似的。）

（三）在《徒然草》中，虽说仍见有上述盛用于平安时代"和文"中的"やうなり"的用例，如《徒然草・1》"人には木の端のやうに思はるるよ。"、《徒然草・230》"「誰そ」と見むきたれば、狐、人のやうについゐて、さしのぞきたるを、……。"等。此外：

217. 思ふやうに〈水車が〉めぐりて、水を汲み入るることめでたかりけり。（《徒然草・51》）

(〈その水車が〉思うとおりにまわって、水を汲み入れることが見事であった。)

(〈水车〉转动自如,将水汲入〈龟山殿水池〉。此景令人赞叹不已。)

218. 世の人の飢ゑず寒からぬやうに、世をば行はまほしきなり。(《徒然草・142》)

(世の人が飢えず寒くないように、世の政治を行いたいものである。)

(望执政治国,要使世人免于受冻挨饿。)

此外,还有《徒然草・73》"わがため面目あるやうに言はれぬる虚言は、人いたくあらがはず。"等。

但于此期,上述"ごとし"盛用于"和汉混淆文"的这一现象,于《徒然草》中同样依稀可见,尤在涉及有关人生、哲理、宗教等的论说中。例如:

219. 金はすぐれたれども、鉄の益多きにしかざるがごとし。
 (《徒然草・122》)
 (〈それはちょうど〉金はすぐれているけれども、鉄の効用の多いのに及ばないようなものである。)
 (〈此恰〉如金子可贵,然不及铁之功用之多也。)

220. 後の世は、人の智恵を失ひ、善根を焼くこと火の如くして、悪を増し、万の戒を破りて、地獄に堕つべし。(《徒然草・175》)
 (〈きっと〉来世では、人として知恵を失い、善根をやき尽くすことは〈あたかも〉火のようで、悪行を重ね、いろいろの戒めを破って、地獄に落ちるにちがいない。)

（定在来世，失去人的智慧，烧却善根，此如火一般〈炽烈〉，定然做尽恶事，破诸种戒规，遂堕落于地狱。）

221. 老いて智の若き時にまさされること、若くしてかたちの老いたるにまさされるがごとし。（《徒然草·172》）
（年老いて、知恵が若いときよりまさっていることは、若いときに、容貌が年老いた者よりまさっているのと同じである。）
（年老后〈其〉智慧胜于年轻时之事，如与年轻时〈其〉容貌胜于年老者同。）

222. 次に、銭を奴の如くして使ひ用ゐる物と知らば、永く貧苦を免るべからず。君の如く、神のごとく畏れ尊みて、従へ用ゐる事なかれ。（《徒然草·217》）
（次に、お金を召使いのように考えて使い用いるものと思ったならば、いつまでも長く貧乏の苦しみから脱することはできない。〈お金を〉主君のように、また神のように恐れ尊んで、〈決して〉意のまくままに使用してはならない。）
（其次，若以为：将金钱视为仆人似地使用，则永远也无法从贫穷的痛苦中摆脱出来。〈需将金钱〉当作主君、当作神一般地予以敬畏，决不可随心所欲地使用。）

八、完了助动词"ぬ"与"ナ变"动词"しぬ"的接续

（一）完了助动词"ぬ"属"ナ变型"活用。可表完了、强调和并列等意。它早见于上代，但直至平安时代末"院政期"前，仅见其接"ナ变"动词"死ぬ"以外的其他活用种类以及助动词下的用例，如《宣命·27诏》"岡の宮に御宇しろしめしし天皇の日嗣は、かくて絶えなむとす。"、《万叶集·十九——4198》"情

もなく離れにしものと人は言へど、逢はぬ日多み念ひぞ吾がする。"、《宇津保・俊蔭》"おほろげにては、かく参り来なむや。"、《竹取物語・輝夜姫的生长》"翁心地あしく、苦しき時も、この子を見れば、苦しき事もやみぬ。腹立たしきことも慰みけり。"等。此外：

223. 今の世にし楽しくあらば来む生には虫に鳥にもわれはなりなむ。(《万叶集・三――348》)
    (この現世で楽しかったなら、来世では虫にでも鳥にでも私はなろう。)
    (今世若能得快乐，来世纵然为虫鸟。)

224. 秋来ぬと目にはさやかに見えねども風の音にぞおどろかれぬる。(《古今和歌集・秋上――169》)
    (目前の景色を見ているだけでは、秋が来たとはっきりはわからないけれども、吹く風の音を聞くと、さすがに秋であると感じられることである。)
    (唯睹景中物，难察秋日临，但闻金风起，不告知秋令。)

225. おはしましぬと人には見え給ひて、三日ばかりありて漕ぎ帰り給ひぬ。(《竹取物語・蓬莱玉枝》)
    (〈皇子は九州の地へ〉おでかけになったと人には思われるようにして、三日ばかり後、漕いでお帰りになられた。)
    (装着被人以为〈皇子〉去了〈九州之地〉，然约三天后又划船回来了。)

226. 黒き雲にはかに出で来ぬ。風吹きぬべし。(《土佐日记・1月17日》)
    (黒い雲が急に出てきた。きっと〈激しい〉風が吹いてくるにちがいない。)
    (骤然黑云出现了。一定会刮来大风的吧。)

227. 暮れぬれば、まゐりぬ。(《枕草子・83》)
(日が暮れてしまったので、職に参上した。)
(天已黑了，故而去了职院。)

228. ……人のそしりをもえ憚らせ給ばず、世のためしにもなりぬべき御もてなしなり。(《源氏物語・桐壺》)
(……人のそしりをも気兼ねすることもお出来なさらず、世の中の言い草になってしまうにちがいない御待遇である。)
((桐壶帝)……竟不顾他人的非难，而此等〈破例的〉宠爱必然会成为社会的话柄。)

229. いほなども浮きぬばかりに雨降りなどすれば、恐ろしくていも寝られず。(《更级日记・启程》)
(草の仮家なども浮いてしまうほどに雨が降ったりするので、恐ろしくてとても寝ることができない。)
(因天降大雨，竟连〈所住的〉草茸的租屋几乎要浮起来，故而感到害怕，根本不得入睡。)

230. 送りにきつる人々、これより皆帰りぬ。(《更级日记・翌日晨由此出发》)
(見送りに来た人々は、ここからみんな帰ってしまった。)
(来送行的人们均由此地回去了。)

231. 御舟海の底に入らずは、雷落ちかかりぬべし。(《竹取物語・龙首珠》)
(お船が海の底に沈まなければ、必ず雷が落ちかかってくるにちがいない。)
(若御船不沉入海底，那雷也定会打下来的。)

(二)在进入平安末"院政期"后，虽仍见有上述完了助动词"ぬ"接除"死ぬ"外其他活用种类以及助动词等的以下用例：

232. ……守の乗りたりける馬しも、掛橋の端の木、後足をもて踏み折りて、守さかさまに馬に乗りながら、落ち入りぬ。
（《今昔物语集・廿八——38》）

（……よりによって国守の乗った馬が懸け橋の外側の木を後ろ足で踏み折りて、守はさかさまに馬に乗ったまま谷へ落下した。）

（……〈在人们所骑的许多马匹中〉，唯独长官骑的那匹马用其后腿将栈桥外侧的边木踩断了，于是长官骑着马，就这样倒载进了山谷。）

此外，还有《今昔物语集・廿四——25》）"……守、「然ななり」とて、左衛門の尉、「其の構へ、仕らむ」とて忙ぎ出ぬ。"等。

尽管如此，"ぬ"于此期不接"死ぬ"的这一现象始得改变，遂见有"死にぬ""死にけり"等的用例出现。

233. 其の詞終らざるに、即ち死にぬ。（《今昔物语集・二——29》）

（その言葉の終わらぬうちに、立ちどころ息絶えた。）

（其言未毕，即气绝身亡。）

234. ……第七日に至りて、家の人に万事を言ひ置きて、俄に死ににけり。（《今昔物语集・九——28》）

（〈孔恪は〉……七日目に至り、家の者に万事を言い置いてにわかに死んでしまった。）

（〈孔恪〉……至第七日，将一切留言于家人后突然死去。）

235. ……乗りたる狐逆さまに落ちて死にぬ。（《今昔物语集・五——20》）

(……とたん、乗っていた狐が真っ逆さまに転落絶命した。)

(……正当此时，坐着的狐狸倒栽葱似地堕落身亡。)

若究其原因，一般认为：完了助动词"ぬ"是由另一个同为"ナ变"动词的"往ぬ"的词头母音"い"脱落而成(即如"咲き＋往ぬ→咲き往ぬ(sakiinu)→咲きぬ(sakinu)")，故而不接"ナ变"动词"死ぬ"。但据推测：及至"院政期"后多因不明或忘却"ぬ"的词源而出现上述诸例吧。

自进入中世镰仓时代后，其用例日益增多，如《平治物语・二》"真弘が、真向に二つに打割られて、のけに倒れて死ににけり。"、《长门本平家・八》"父は自害して死にぬれば、水を進むるに及ばず。"等。此外：

236. 風たちまち異賊の方へ吹き掩ひて、凶徒悉く焼き死にぬ。(《平家物语・十一》)

(風がたちまち賊どもの方へ吹きおおって、悪者がことごとく焼け死んだ。)

(转眼间，风忽然向贼寇的一边猛吹过去，凶徒全都烧死。)

237. 敵に首は取られねども、痛手なれば、死ににけり。(《平家物语・十一——嗣信之死》)

(〈菊王は〉敵に首は取られないけれども、深い傷であるから、死んでしまった。)

(〈菊王〉虽未被敌人割取首级，然因伤重而身亡。)

(三)在《徒然草》中，"ぬ"接"死ぬ"下的用例虽说不多，但这一语法变迁的影响同样散见于本书中。例如：

238. 年久しくありて、なほわづらはしくなりて、死ににけり。
（《徒然草・42》）

（長年たって、ますます病気がひどくなって、死んでしまった。）

（〈行雅僧都〉过了许多年后，终因病势日益沉重而去世。）

239. 買ふ人、明日その価をやりて牛を取らむといふ。夜の間に牛死にぬ。（《徒然草・93》）

（買う人が、明日その代金をはらって牛を引取ろうといったところが、夜の間に死んだ。）

（买牛者言道："则明日付款取牛。"然而，牛于当晚便死了。）

240. 二人河原へ出であひて、心ゆくばかりに貫きあひて、共に死ににけり。（《徒然草・115》）

（二人は河原へ出で対決して、思う存分貫きあって、いっしょに死んでしまったそうです。）

（据说，二人便来到了河滩决斗，拼力交战，互不相让，遂皆身亡。）

241. ……いと真しからず思ひけるに、信願馬より落ちて死ににけり。（《徒然草・145》）

（……〈周囲の人々〉はあまり信用できることではないと思っていたのに、信願は〈そのことばのとおり〉馬から落ちて死んでしまったそうだ。）

（……据说，尽管〈周围的人〉并不信以为真，但下野入道信愿果然〈如秦重躬所言〉坠马而身亡。）

九、造语 "やらむ"

（一）此语 "やらむ"（やらん）系由 "…にやあらむ" ＝（…で

あろうか)"构成的连语(如《竹取物语・龙首珠》"……大納言、南海の浜に吹き寄せられたるにやあらむと思ひて、息づき臥し給へり。")、《枕草子・38》"狭山の池。「みくり」といふ歌のをかしくおぼゆるにやあらむ。"等)转化而来。其接体言、用言连体形、副词和助词等下，表示疑问、推量、委婉等意(=…のだろうか、…のであろうか、…とかいうようだ)。"やらむ"的用例初见于平安时代，如《浜松中納言・一》"この世のありにくくなりにたるやらん。"。此外：

242. 女、「此は何かに為る事やらむ」と心得ねども、……。
（《今昔物语集・廿九――24》）
（女は、いったい、どうするつもりだろうと不審に思ったが、……。）
（女子觉得奇怪："〈男子〉究竟要打算做什么。"于是，……。）

但，"やらむ"的最后形成则在中世镰仓时代初，盛用于中世[1]，如《源平盛衰记・一》"童にもあらず、法師にもあらず、こは何ものの貌やらん。"、《梦中问答・下》"そのままにて置くべきやらん。"等。此外：

243. ……いかさま、これは祇といふ文字を名に付いて、かくはめでたきやらん。……（《平家物语・一――祇王》）
（……これはきっと、祇という文字を名にもつから、あれほどめでたい身の上になれたのでしょう。……。）
（这定然是在名字里有"祇"这个字，所以才会遇上如此可喜的运气吧，……。）

---

1 见『古語辞典・第八版』1211页；『日本文法大辞典』878-879页。

244.「あはれ是は、家に伝はれる小鳥といふ太刀やらん」なんど、よにうれしげに思ひ見給ふ処に、……」(《平家物語・三——无文》)

(「ああこれは、わが家に伝わる小鳥という太刀ではかしら」などと、少将がたいそううれしそうに思って見ておられると、……。)

(少将很高兴地觉得："啊！这也许是家传的名谓小鸟的大刀吧。"正在看的时候，……。)

245. 法皇のにはかに見えさせ給はぬは、いづ方へ御幸やらむ。(《平家物語・七——主上出奔》)

(法皇がにわかにお見えにならないのは、どちらへ御幸なさったのであろう。)

(法皇遽然不见，是行幸何方去了吧。)

246. 木曽大きに悦びて、「此勢あらば、などか最後のいくさせざるべき。ここにしぐらうてみゆるはたが手やらん」。(《平家物語・九——木曽之死》)

(木曽がたいへん喜んで、「この兵力があれば、どうして最後の合戦のできないことがあろうか。ここに密集して見えるのは誰の軍であろうか」。)

(木曽非常高兴，言道："要有这些兵力，怎么不能把仗打到最后呢？看去密集于此的是谁的兵士？)

247. 此の法師、この牛は思ふ事有るやらん、たびたび来ると云ひて、馬屋に引き入れてつなぎつ。(《沙石集・八》)

(この法師は、この牛は思うことがあるのだろうか。何度も来るといって、馬屋にひきいれてつないだ。)

(此法师言道："此牛有思念之事吧，故而多次来此。"于是将其牵入马厩拴上。)

248.「かくのみあらんには、御物詣なども、今は御心にまか

すまじき事やらん」とぞ仰(おほ)せける。(《平家物语·六——横田河源交战》)
(法皇は、「いつもこんな状態ばかりでは、寺社参詣(じしゃさんけい)なども、もう思うままにならないのだろうか」と言われた。)
(法皇言道："若总是身处这种状态下，也许再也不能随我所愿地参拜寺院、神社了吧。")

但需注意，此词约于中世末期由"やらん"转为"やらう"，其后又转化为副助词"やら"。其可表不确定之意(=…だろうか)，如《狂言·太刀夺》"何物やら、手に太刀をさげて通る。"，也可表并列、列举之意(=…やら…やら)，如《净琉璃·丹波与作》"うれしいやら悲しいやら、一倍いとしさ増すものを。"等。

249. なにほど鼻をかむやら、もどりには一枚も残らぬ。(《净琉璃》)
(いったいどれほど鼻をかむのだろうか、帰るときには紙が一枚も残っていない。)
(究竟擤了多少次鼻涕？回来时也一张纸也没剩下。)

250. こな様に逢うことはならうやら、なるまいやら、これが別れにならうやら。(《净琉璃·丹波与作待夜之小室节》)
(あなたさまに逢うことができるやら、できないやら、また永い別れになってしまうのやら。)
(能见到您，还是见不到您，〈或就此与您〉永别啦。)

(二)上述盛用于中世的这一连语"やらん"在《徒然草》中也有四例。例如：

251. ……口(くち)ひきの男、「いかに仰(おほ)せらるるやらむ、えこそ聞き

知らね」といふに、……。(《徒然草・106》)

(口取りの男は、「何とおっしゃるでしょうか、ちっとも聞いてもわかりません」と言うので、……。)

(……牵马的男子言道："您说些什么啊？〈我〉一点也听不明白。"所以……。)

252. 堀川内大臣殿(ほりかはのないだいじんどの)は、「岩倉(いはくら)にて聞(き)きて候(さふら)ひしやらん」と仰(おほ)せられたりけるを、……。(《徒然草・107》)

(堀川の内大臣殿は、「岩倉で聞いておりましたように思います」とおっしゃったので、……。)

(堀川内大臣言道："我觉得似在岩仓(=地名)听说过。"所以……。)

253. 鞠(まり)も、かたき所を蹴(け)出だしてのち、やすくおもへば、必ず落(お)つと侍(はべ)るやらむ。(《徒然草・109》)

(鞠もむずかしいところを蹴(け)り当(あ)てたのち、安心だと思うと、必ず〈鞠が〉地面に落ちるとかいうようでございます。)

("蹴鞠"也似同此理吧。若在险处踢出一球后便以为安然无恙了，〈此时〉球则必坠落在地。)

254. 父が云(い)はく、「仏(ほとけ)には、人の成りたるなり」と。また問(と)ふ、「人は何(なに)として仏には成(な)り候(さふら)ふやらん」と。(《徒然草・243》)

(父は、「仏には、人間が成っているのだ」と言う。そこで、また「人は、どのようにして、仏になりますのでじょうか」と尋ねた。)

(父答道："佛，乃由人所成。"于是〈我〉又问："人是如何成佛的？"。)

以上通过对希望助动词"たし"、使役助动词"しむ"、可能

助动词"る""らる"、郑重动词"侍り"、尊敬复合动词"御+名词+あり（なる）"、活用词连体形表示单纯结句的终止法（連体止め）、比况助动词"ごとし"、完了助动词"ぬ"与ナ变动词"しぬ"、连语"やらむ"等诸项所举的大量用例及所做的说明，足见《徒然草》的作者兼好法师虽竭力承袭前代的传统语法，但依然受到该时代强烈的语言变迁的影响。窃以为：了解其所受的影响有利于我们对《徒然草》一书的语法特色、以及时代的语言变迁对作家及其作品所起到的不可忽视的作用的把握。

（本文原于1998年3月发表在《解放军外国语学院学报·第2期》（《解放军外国语学院学报》编辑部编辑出版）上。后以此为基础，经修改、整理、补充而成。）

后 记

在本书的前言中,我对有关编写本书的初衷、内容、构成以及其中的不足之处等均已作了简要的说明,恕不赘述。

关于本书的修改及幸得出版之事我有以下感想。

其一,在我修改、补充本书的过程中,除需以认真负责的态度尽力使其完善外,更需要有大量可供查阅、比较、选择和验证的相关资料。在此,我要感谢北京大学外国语学院图书馆和日语系借阅于我的日本文言语法书、古典作品及辞书等工具书,以及承蒙日本专家赠予我的各类日本文言语法著作和古典作品读本等。若无上述宝贵资料作为我修改、补充的依据,则绝无可能完成本书。此外,在修改时我还得到了曾两次担任北京大学日语系专家的渡边爱二先生的帮助,在此一并致谢。

其二,本书的修改、补充工作前后断断续续地大约用了六七年时间,其间对其最终能否出版一直未做过分奢望,只想等修改完毕后再作考虑。今日幸得出版机会,对此我首先要感谢北京大学日语系的关心和支持,感谢2012~2013年度北京大学卡西欧奖教金的出版资助以及2014年北京市社会科学理论著作出版资助,还要感谢北京大学出版社兰婷编辑的鼎力帮助。

潘金生

北大承泽园

2014年7月